Mit dem Staatszirkus der DDR durch Europa
Unterwegs mit Elefanten

Für Tiffany

Die Zeitebenen, sie sind oft derart verflochten und gedreht,
dann existiert kein Gestern, kein Heute, kein Morgen,
alles scheint ein Ganzes. Zeit? Zeit ist nur eine Illusion.

Shawn Ayahuasca Vega

Mit dem Staatszirkus der DDR durch Europa

Unterwegs mit Elefanten

Bibliografische Information der Deutschen Nationalbibliothek:
Die Deutsche Nationalbibliothek verzeichnet diese Publikation in der Deutschen Nationalbibliografie;
detaillierte bibliografische Daten sind im Internet über http://dnb.dnb.de abrufbar.

© 2017 Shawn Ayahuasca Vega
Cover Autor
Fotos Autor, Harald Kirschner (24)
Herstellung und Verlag: BoD – Books on Demand, Norderstedt
ISBN: 978-3-7431-0272-9

Inhalt

Vorwort
7
Der andere Planet - *Winterquartier Hoppegarten 1978*
10
Ein Hauch Freiheit - *Zirkus AEROS auf ĆSSR-Tournee 1978*
21
Elefanten-Gang - *Zirkus AEROS auf DDR-Nordkurve, Jaroslavl und Kasan 1979*
46
Grenzenlos - *Niederlande-Deutschland-Tournee 1980*
74
Chaos - *Zirkus AEROS auf DDR-Tournee, Ufa und Kriwoi Rog 1981*
91
Dimensionen - *Zirkus AEROS auf Kaukasus-Tournee 1982*
106
Auswärtsspiel und Abschied - *Österreich-Tournee 1983*
134
Zirkus AEROS, Mitarbeiter und technische Basis
145
Die Elefanten der Geschichten
Part 1, Porträts und Lebensdaten
Part 2, In der Show - *Fotos*
Part 3, Die Elefanten-Gang im Frühsommer 1981 - *Fotos*
148
Ein Nachtrag
Part 1, Zirkus-Elefanten heute
Part 2, Elefant-Sein
Part 3, Elefantenhaltung im Staatszirkus der DDR
166
Lebensdaten aller Elefanten des Staatszirkus der DDR
175
Entstehen und Geschichte des Staatszirkus der DDR
Part 1, Zur Geschichte der Ursprungszirkusse vor 1960
Part 2, Die drei Großzirkusse ab 1960
Part 3, Tourneen der Staatszirkus-Unternehmen
Part 4, Ensemblegastspiele und Einzelengagements 1960-1989
Part 5, Betriebsteile
192
Foto-Galerie
1978-1984: Zirkus AEROS, Elefanten, Auslandsgastspiele
198
Quellen, Literatur und Danksagung
232

Vorwort

Die Geschichten im Buch trugen sich im vergangenen Jahrtausend zu und so mögen sie im Vergleich mit der heutigen Sichtweise auf den Umgang mit Tieren, den neuesten Erkenntnissen über Biologie der Elefanten und dem Haltungs-Management einiger weniger, fortschrittlicher Zoos auch erscheinen.

Im 20. Jahrhundert aber war es in zoologischen Einrichtungen Normalität, Elefanten auf winzigen Beton-Plattformen auszustellen und sie den größten Teil des Tages, spätestens dann, wenn Pfleger Dienstschluss hatten, an Ketten zu fixieren. Von klein an, bis zum Tod, ein Leben in Ketten. Die zu jener Zeit modernen Elefantenhäuser verfügten dafür extra über tief verankerte Eisenringe. Das von den Menschen so bestaunte Riesen-Wesen - zeitlebens ein Gefangener. Bei den üblichen kleinen, selten gestalteten oder mit Beschäftigungsmöglichkeiten ausgestatteten Anlagen galt es als erforderlich, den Tieren durch engen Umgang etwas Abwechslung zu verschaffen und auch für die Körperpflege zu sorgen. Überall wurden deshalb Elefanten in alter Mahout-Tradition im Direkten Kontakt gepflegt, was nichts anderes bedeutet, als durch Dominanz der Pfleger. Jene oberste Position in der Rangordnung, jene möglichst totale Kontrolle, jener Versuch des Beherrschen der grauen Riesen lässt sich, entgegen verträumter Vorstellungen weltfremder Tierfreunde, nicht mit liebevollen Worten und Zucker durchsetzen. Das Sinnbild der Elefantendressur war und ist der Parier-Haken. Trotzdem bleibt es Irrglaube, ein so intelligentes Wesen vollständig kontrollieren zu können. Was setzt wohl ein Zweibeiner fünf Tonnen oder bei einem Elefantenkind auch *nur* einer halben Tonne entgegen? Unfälle mit Todesfolge durch Angriffe von Elefanten in Zoo und Zirkus im Direkten Umgang sind auch heute noch aktuell. Der Elefant ist ein außergewöhnliches Wesen, kein Zweifel, aber er ist nicht so wie die Benjamin-Blümchen-Verniedlichung für kleine und große Kinder. Er liebt nicht bedingungslos alle Menschen und offenbar ist die Gewalt, welche von ihm ausgehen kann, den Wenigsten bewusst. Man sieht es am völlig naiven Herantreten an einen Zirkus-Elefanten, am arglosen Aufsitzen von Kindern im Schnelldurchlauf für ein Foto im Nacken, am *lustigen* Ritt als Tourist durch exotische Natur oder alleine bei der Vorführung in der Manege. Glaubt wirklich jemand, die niedrige Piste ist ein Hindernis für die Tiere und man sitzt in einem Hochsicherheitsbereich mit Garantie auf Unversehrtheit?

Natürlich ist ein Elefant, wie alle Tiere, ausgenommen Tier Mensch, nicht von Natur aus bösartig oder aggressiv. Er ist Elefant. Mich verwundert immer wieder, wieviel Geduld und Nachsicht diese herrlichen Wesen ihren Zweibeinern überhaupt entgegen bringen. Doch die Behauptungen der Dresseure, ihre Tiere seien völlig harmlos, sind entweder grenzenlose Einfältigkeit oder, vorrangig, reines Geschäftsgebaren. Ein *aufmerksamer, pflichtbewusster* Tierhalter, eng mit seinen Pfleglingen und Partnern lebend, wird deren Charakter, Verhalten und Eigenwilligkeiten sehr gut kennen und vorausschauend reagieren können - und doch bleibt ein Quantum Ungewissheit über das, was im anderen Kopf vorgeht. Zum Glück, sonst würde die Tierwelt aus genormten Wesen mit on/off- Schalter bestehen.

Alle Tiere im Zirkus, bis auf eine Handvoll Ausnahmen weltweit, und auch immer noch der Hauptbestand der Zoos sind Tiere, welche in ihrer Heimat wild gefangen und als viel zu junge Tierkinder importiert wurden, selten schon von der Mutter entwöhnt. Dies Trauma - der Geborgenheit von Mutter und Familienverband entrissen, mit unverwandten, unbekannten Leidensgefährten willkürlich zu Gruppen zusammen gestellt zu sein, abgeriegelt vom natürlichen Lernverhalten, beraubt jeglicher Möglichkeit, Elefant zu sein, frei zu entscheiden, einen Mutterverband zu gründen, ein arttypisches Herdenverhalten zu entwickeln - bringt Konflikte, welche sich oft erst spät entladen. Noch vor wenigen Jahren (!) war es üblich, dass Zoos ihre *bösartigen* Bullen und Kühe töteten, weil eine weitere Haltung in den dürftigen Häusern lebensgefährlich wurde. Den Stempel bösartig und aggressiv erhielt ein Tier schnell, eben dann, wenn es sich dem Druck widersetzte, weil es erwachsen wurde oder weil psychische Probleme, durch die und in der Tristesse der Haltung, in seinem Kopf Gewitter auslösten und sich in Gewalt entluden, gegen Pfleger, Artgenossen, Mauern.

Von 1982 bis Mai 2011 wurden in Zoos weltweit 54 Menschen durch Elefanten im Direkten Kontakt getötet, mindestens 108 schwer verletzt. 80% der Verursacher waren Kühe (*Datenbank der European Elephant Group*).

Unfälle werfen Schatten auf das Geschäft, zeugen unangenehme Fragen und Diskussionen und werden deshalb gerne verschwiegen und so ruht die genaue Anzahl in tiefer Finsternis zirzensischer und zoologischer Unternehmen.

Auch im Staatszirkus der DDR war es normal, seine Elefanten in Ketten zu halten. Die wissenschaftlich geführten Zoos, bis heute als *die* Instanzen für Tierwohl von der Mehrheit bedenkenlos akzeptiert, sie taten es, warum hätte da ausgerechnet der Zirkus anders handeln sollen?

Ich kannte ausschließlich einen Direkten Umgang mit den grauen Riesen, ich liebte ihn und gab mir bei der 24h-Rundum-Betreuung größte Mühe. Wir boten bestmögliches Futter, eine Heizung auch in kühlen Sommernächten, eine Warmwasserversorgung und Duschen mit Schlauch und Wurzelbürste in Handarbeit, Späne satt zum Scheuern, viel Astwerk zur Beschäftigung und dicke Strohlagen als Nachtlager. Im Staatszirkus wurden die Grundbedürfnisse fortschrittlicher erfüllt als heute im Zirkus, Jahrzehnte später! Trotzdem erlaubten wir den Tieren kaum eigene Entscheidungen und wir wurden ihrer Natur, dem Elefant-Sein, nicht gerecht. Nein, zufrieden und glücklich haben wir sie kaum gemacht. Wir ließen sie veterinärmedizinisch bestens betreuen, fuhren aber mit ihnen wochenlang in unbeheizbaren Waggons durch halb Europa und im Winter ins tiefste Russland. Wir haben sie geliebt, aber zur Befriedigung menschlicher Schaulust benutzt.

Ich würde mir wünschen, dass in wenigen Jahren Menschen auf das Heute der Elefanten-Haltung sehen und so den Kopf schütteln, wie ich es mit der Sicht auf das Gestern tue.

So sind die Episoden erzählenswert, ein kleines Stück Zeitgeschichte, weil sie an ein Kapitel in der Tierhaltung erinnern und vom leichtfertigen Umgang berichten, aber auch viel vom Wesen dieser tollen Tiere zeigen.

Jene Leser, welche schöne, rührende Erlebnisse mit Elefanten erwarten, werden nicht enttäuscht, sie mögen aber den Umgang mit den Riesen und ihr Bild über diese Tiere ehrlich hinterfragen. Zirkusinteressierte finden Alltagsgeschichten und einige Daten aus der Zeit des Staatszirkus der DDR. Mancher Tierfreund mag etwas ernüchtert erkennen, dass Elefanten wundervolle Wesen dieser Erde sind, aber ebenso wenig wie die in Menschenhand missbrauchten Delfine und Wale den Menschen aus einem naturgegebenen Grundbedürfnis heraus bedingungslos lieben. Sie sind Wildtiere, keine zahmen Kuscheltiere.

Zirkusfreunde mit dem Engagement für Exoten und allgemein Tiere im Zirkus werden arg enttäuscht. Zirkus und verhaltensgerechte Tierhaltung schließen, bis auf eine geringe Anzahl von kleinen Haustieren, einander komplett aus, somit auch ehrliche Tierliebe.

Das vorliegende Buch ist kein Plädoyer für Elefanten (und alle Exoten) im Zirkus und in zoologischen Einrichtungen.

Der Autor

Der andere Planet

Erste Schritte, Berlin-Hoppegarten 1978

An einem frostigen Wintertag im Februar 1978 hatte uns die S-Bahn in Berlin-Hoppegarten angelandet.

Da standen wir junges Paar nun neben dem umfangreichen Gepäck, atmeten tief durch und waren voller Aufregung in der Erwartung auf den neuen Lebensabschnitt. Ich konnte damals nicht wissen, dass mich diese Zeit für immer prägen würde.

Mit einem Zischen schlossen die Türen. Das in Berlin allgegenwärtige und typische Fahrgeräusch ertönte und die S-Bahn entschwand ihrem nächsten Halt entgegen. Wir nahmen die Sachen, gingen den Bahnsteig entlang zum Treppenhaus und bewältigten die vielen steilen Stufen hinunter auf Straßenniveau. Dort angekommen, unter der Gleisbrücke und neben der Kopfsteinstraße weitertrabend, stoppten wir an der winzigen Schleife einer Menschenverteilerstelle und hielten vergeblich Ausschau nach einer Transportmöglichkeit. Ein Fahrplan, knapp und mit wenig Zahlen, zog klare Grenzen. Ein Linienbus fährt ab und an in die gewünschte Richtung. Jetzt aber nicht - so am Vormittag. Später Nachmittag wäre möglich. Nein, danke, kaum entzifferbare Tabelle, zu viel des Wartens.

Ein Schild gegenüber markierte einen Haltepunkt für Taxis, immerhin. Doch auch nicht mehr, Taxis waren hier nicht unbedingt häufig, soweit außerhalb und am Rande von Berlin. Die Handvoll Mitangelandete hatten sich bereits unauffällig in der waldigen Landschaft verteilt, in Richtung ihrer Häuser, irgendwo in der Ferne, unsichtbar für Fremdlinge. Die Auflösung war perfekt und wir fanden uns verloren im Nirgendwo. Ein wenig warteten wir, in der Hoffnung auf ein Taxi, schließlich war uns der Weg bekannt und wir fürchteten ihn angesichts unserer Traglasten. Dann aber wurde das Warten zur Last, schwerere als das Gepäck, und wir marschierten los.

Wir waren damals lernfähig. Verstanden bereits im nächsten Winter, die letzte S-Bahn-Tür zu kapern, um beim Halt, jung wie wir waren, über Bahnsteig und Treppen den Mitbewerbern davon zu schweben und so ein eventuell parkendes Taxi, verloren in der Einsamkeit, zu erbeuten. Zimperlich durfte man nicht sein, sonst war das Ziel der Begierde mit anderer Menschenfracht enteilt.

Bis zum bogenförmigen vieltürigen Eingangsportal der Galopprennbahn, schon viele, viele Minuten Fußweg lagen hinter uns, konnten wir auf einem Sandweg dem gealterten Kopfsteinpflaster ausweichen. Hier endete diese Art Fußgängerweg, jetzt schlängelte sich die Straße kilometerweit am Objektzaun der Rennbahn entlang, dann entschwand diese hinter Waldstreifen und rechterhand tauchten alte Villen auf. Düster und heruntergekommen lagen sie aneinander gereiht zwischen alten Bäumen und doch ließ sich ihre ehemalige Schönheit unter all dem Grau, den verwaschenen Farben und trotz zerbrochener Verzierungen und bröselnder Backsteine, erahnen. Ausruhphasen rückten näher zusammen, die Gepäcklast hatte sich verdoppelt, die Arme waren gewachsen und die Taschen berührten immer öfter die buckligen Pflastersteine. Hinter der großen Biegung und das erste menschliche Anwesen fast greifbar, sahen wir die schnurgerade finale Etappe. Dort in der Ferne lag das Ziel, das Ende des Pilgerpfades, und es sollte uns neue, nicht geahnte Horizonte öffnen. Endgültig letzte Ausruhpause, entschieden wir und hielten es wenig später doch nicht ein. Aber erst einmal lockerten wir die Arme, streckten den Rücken und musterten gedankenversunken die Allee mit den kahlen Bäumen.

D. und ich hatten den sicheren, eingefahrenen Jobs als Tierpfleger in einem Zoo gekündigt und uns für Abenteuer entschieden. Besonders ich fühlte mich eingeengt, gegängelt und sah im Zoo keine Zukunft. Ich liebte in jener Zeit Zoos und die Arbeit dort, doch der Gedanke, das ganze bevorstehende Leben im ewig gleichen Rhythmus an gleichem Ort verbringen zu sollen war nicht vorstellbar. Einfach unerträglich die beständige Bevormundung und der Druck der linientreuen Direktion und deren Lakaien an *gesellschaftlichen Tätigkeiten* teilzunehmen. Ich gehörte weder dem kommunistischen Jugendverband an, noch war ich bereit zum für das berufliche Weiterkommen notwendigen Beitritt in *Die Partei*, die bekanntlich, im Größenwahn verloren, immer recht zu haben glaubte. Zuwider waren mir die wöchentlich stattfindenden *Belegschaftsversammlungen*, für welche die Teilnahme quittiert und für deren Nichtteilnahme man sich erklären musste. Diese Pflichtveranstaltungen drehten sich um *gesellschaftspolitische Fragen*, höchstens am Rande ging es um Ziele oder Aufgaben im Zooalltag. Jämmerliche Versuche einer Gehirnwäsche, ermüdend und peinlich lächerlich. Sie fanden in regulärer Arbeitszeit statt, das bedeutete für mich bereits wieder ab Mittag die Elefanten bei schönstem Wetter in ihr Haus zu holen und bis zum nächsten Morgen an den Ketten zu parken. Politische Phrasen, wichtiger als Tierrechte - in einem Zoo. Dann musste ich für ein zweites Gespräch zur Direktion. Bei der ersten Verwarnung blieb ich im Interesse der Elefanten so einer Versammlung fern, diesmal hatte ich nicht an der Maiparade teilgenommen, jenem verordneten Bewinken und Bejubeln seniler Münchhausens auf der Tribüne vorm Rathaus. Ich erfuhr von meinen Defiziten bei der *gesellschaftspolitischen Einstellung* und danach vorrangig beurteilte man einen Zootierpfleger 1976 in der DDR. Ich hatte verloren und wir starteten den immer wieder verzögerten Anlauf zu einer Bewerbung beim VEB Zentral-Zirkus Berlin.

Zirkus Berolina gastierte im Berliner Plänterwald und da saßen meine Freundin und ich beim Einstellungsgespräch als Tierpfleger im Direktionswagen mit dem stellvertretenden Direktor D. Graetz. Wir hatten alles abgesprochen, waren einverstanden mit dem Vertraglichen und erfüllten wohl auch weit mehr an Voraussetzungen, als Berolina je erwartet hatte. So folgten die erforderlichen schriftlichen Bewerbungen, welche einen Briefverkehr der beiden zuständigen Betriebe bezüglich "Kaderakten" nebst "Beurteilungen" auslösten. Hinter dem Rücken der Betroffenen, übliche Praxis. Dann kam zu unserem völligen Erstaunen die Absage vom Berolina…

Monate später spielte jener in Neubrandenburg und ein Zufall fügte es, dass wir uns für einige Tage in der Nähe aufhielten. Nun wollten wir es doch genauer wissen, nach dem einst so positiven Gespräch. Herr Graetz war sichtlich erstaunt über unsere Hartnäckigkeit und ehrlich genug, die Zusammenhänge zu erklären. Was, um ihm gerecht zu werden, schon ungewöhnlich war. Da hatte der Zoo tatsächlich unsere *"Unabkömmlichkeit"* betont und war nicht bereit, uns einfach wechseln zu lassen. Er gab die Akten nicht heraus und den geballten schlagkräftigen Argumenten der Partei konnte der Sonderling Zirkus wohl nichts entgegen setzen und Berolina fügte sich. Wir waren nicht wenig beeindruckt ob unserer ungeahnten Wichtigkeit für den Zoo. Wer hätte das gedacht? Herr Graetz betonte, wir können es im nächsten Jahr doch erneut mit einer Bewerbung versuchen. Ja, klar! So ausgebufft war der Herr Stellvertreter dann eben doch nicht.

Unsere Enttäuschung war riesig und ich sah mich als ewig kleiner Tierpfleger im Zoo bei Maidemonstrationen, Versammlungen und mit Parteibeitrittsoption für meinen sozialistischen beruflichen Weg. Nein, so nicht! Und dann stand Zirkus AEROS irgendwann Sommer `77 in Ilmenau, wo wir Urlaub machten. Ein Aufbautag. Laute, ausnahmslos westliche Musik begleitete den Chapiteau-Aufbau. Zirkuswagen rollten heran, wurden rangiert. Viele Zuschauer sahen dem steten Wachsen der Zeltstadt erstaunt zu. Der Zirkus hatte uns infiziert, wir nahmen allen Mut zusammen und gingen zum Direktionswagen. Herr Schoof, stellvertretender Direktor, empfing uns freundlich und hatte sofort ein offenes Ohr für die vorgetragene Bewerbung. Was nicht verwundert, war der Zirkus doch stets klamm bei seinem Personal. Er holte Direktor O. Bark hinzu und dieser, in jenem Jahr neuer Chef vom AEROS, war clever genug von seiner vorausgegangenen Tätigkeit beim Fernsehen, zeigte sich sogleich angetan und hatte für das offen erklärte Problem zwischen Zoo und Berolina eine Lösung. *Keine großen Bewerbungen, im Zoo kündigen, mit der notwendigen Fristwahrung und dann sofort vom AEROS eingestellt werden. Fertig! Wo liegt das Problem? Wir sehen uns bald und bereisen im nächsten Jahr die CSSR.*

So erhielten wir die Zusage vom Zirkus AEROS und hätten bereits vor einigen Monaten diese Kopfsteinstraße entlanglaufen können, wenn nicht im Herbst meine Einberufung zum Reservistendienst erfolgt wäre. Die Grundwehrpflicht lag kaum zwei Jahre zurück und mit solcher Überraschung der denkbar negativsten Art hatten wir beide überhaupt nicht gerechnet. Doch die greisen paranoiden Militärs, im Kalten Krieg immer bereit zum *Klassenkampf*, brauchten Menschenmaterial für ihre Heimatverteidigungspläne und gaben sich weder mit den mir bereits gestohlenen anderthalb Lebensjahren, noch mit meinen Vorsprachen um Aufhebung der neuerlichen Einberufung wegen bevorstehender Heirat und Arbeitsplatzwechsels zufrieden und erreichten erst Befriedigung durch meine sechswöchige *staatsbürgerliche Ehrenpflicht* als Reservist. Auch meine Beteuerung, ich würde gerne auf jene Ehre zu Gunsten anderer verzichten, blieb den eifrigen Lakaien mit Hang zur Wichtigtuerei im Wehrkreisamt unverständlich, ihr Dasein kreiste in anderen Sphären. So missbrauchte man mich erneut, mit einer Ausbildung als Rettungssanitäter auf dem Schlachtfeld eines Atomkrieges. Abgesehen von den mir absolut fremden Gedankenwelten in verknoteten Hirnwindungen dafür zuständiger Militärstrategen, blieb die Ausbildung eine Posse. Nur einberufene unwillige Reservisten aller Altersstufen, inklusive der zum Ausbilden genötigten Ärzte, was wird das wohl? Notdürftig eingekleidet mit Resten aus dem Magazin, kaum jemandem passte irgendetwas, fanden wir Benutzten uns in langen grauen Wintermänteln, schwerer und steifer als jede Pferdedecke, vor der Kaserne wieder und damit auch unseren Zynismus. Ein wüster Haufen, wie das lächerliche Aufgebot der letzten Stunde. Im Halbdunkel und wankend in der Kluft sahen wir für einen Beobachter mit offenen Augen sicher wie eine Bedrohung aus der Geisterwelt aus. Zombies aus dem Schattenreich. Es blieb ein geballtes Trinkerfest mit Geländespielcharakter einer Unterstufe. Gut, für einige zwischendurch, auch mich, mit ein paar Tagen Arrest wegen *"Ungehorsam"*, aber darauf waren wir stolz. Und wir entströmten die Kaserne so klug wie wir sie vorher zu betreten gezwungen wurden, aber sechs Wochen hatte man uns zusätzlich vom Leben geraubt und die Haare aus Rache wegen permanenter Unwilligkeit kurz vor Entlassung noch einmal extra gründlich geschoren. Skinheads, in der DDR. Mir brachte das dann wenige Wochen später Ärger an der Grenze ein. Das eingereichte Passfoto zeigte mich mit schulterlangen Haaren und Vollbart, scheußlich, aber damals zeigte man damit eine Haltung. Nun verließ ich den *Ehrendienst* mit millimeterkurzer Stoppel*frisur* und… einem 4-Wochen-Bart. Denn, nach zwei Wochen in Uniform, wollte mir einer der Ärzte helfen, dem alten Aussehen wieder näher zu rücken und diagnostizierte eine Bartflechte. Nein so etwas aber auch. Ich durfte mich nicht rasieren, musste allerdings, damit es auch echt wirkt, eine weiße Salbe dick im Gesicht verteilen. Da sah ich wie ein Weissclown meines zukünftigen Arbeitgebers aus und kam mir genauso vor. Trotzdem *vergaß* ich das Schminken gern, trug aber zur Sicherheit die wertvolle Tube mit der Lizenz zur Maskerade nebst einer Ausrede stets bei mir. Man wusste mit uns bockigen Reservisten wenig anzufangen, deshalb wurden wir regelmäßig zur Bewachung der Kaserne abgestellt. Meist durfte ich da um die Munitionsbunker herum lungern, abseits und getarnt im dichten Tann. So war ich aus dem Blickwinkel der Stabsoffiziere, welche wenig erfreut über meine *Krankheit* waren. Ich konnte ja nicht einmal eine Gasmaske aufsetzen und musste dann wie ein unartiges Kind in der Ecke stehen und konnte grinsend den anderen beim Spielen zusehen. Dann entglitt einem Offizier der Überblick und ich stand am Kasernentor Wache. Morgens, als der Kommandeur, begleitet von *Achtung!*, Strammstehen und Grüßen, zum Dienst die Tür durchschritt. Die flitterdekorierte Hoheit verlor beim Erblicken meines Gesichts über das seine jegliche Kontrolle, ich musste mir auf die Zunge beißen, um über diese Situation nicht in Lachkrämpfen zu zerfließen. Bei solchen Gelegenheiten erkennt man, wie brüchig der Steg zwischen Affe und Mensch ist. Es folgte ein Riesengeschrei mit dem Diensthabenden Offizier und dann *durfte* ich nicht mehr *stolz* mit Kalaschnikow über der Schulter am Tor stehen. Ich schälte mit anderen untragbaren Reservisten nun wochenlang Kartoffeln in der Küche und fraß mich durch die Vorräte der Offiziersmesse…

Kaserne und Heirat lagen eine Woche hinter uns und das Neue schlich bei diesen Gedanken langsam näher. Endlich das bekannte große Schild an der Weggabelung, am

Ende des Holperweges und nun die verwohnten Villenschönheiten im Rücken: das Symbol des kugellaufenden Löwen vor dem Chapiteau und der Schriftzug VEB Zentral-Zirkus Berlin. Darunter „VEB Zentral-Zirkus, Winterquartier" und die Hinweise auf Objekt I und II, getrennt durch eben jene Hoppelstraße mit unmittelbarer Auffahrt auf die B1, damit Anschluss an den nahen Berliner Ring und direkt ins Berliner Stadtzentrum. Im Objekt II hatte Zirkus Berolina seinen Wintersitz, mit festen Stallungen und einer Probemanege, dort befanden sich riesige Wagenunterstellhallen, Lagerhallen für Heu und Stroh, sowie eine Ausrüstungshalle der Zentral-Zirkus-eigenen Volksfest-Unternehmen (*Kirmes*). Wir bogen nach links ab, Richtung Objekt I. Rechts hinter dem Objektzaun lag das Elefantengehege, der beeindruckende Stallkomplex für Elefanten, Pferde und Exoten der Zirkusse AEROS und Busch, mit Stroh- und Heulager, Aufenthaltsräumen und Duschen im Dachgeschoss, und die angeschlossene Raubtierhalle mit den Außenkäfigen und das Hauptheizhaus. Alles dicht umstellt von Zirkuswagen in dunkelroter Umrandung mit dem markanten engen Schriftzug AEROS und in blauer Umrandung mit den einzelnen Buchstaben BUSCH. Dann das Pförtnerhaus und eine ziemliche Strecke Schaulaufen. Trotz aller Geschäftigkeit, die Unternehmen bereiteten sich auf ihre Ausreisen vor, hatte man stets ein Auge für Neuankömmlinge. Und D. war zudem einen gründlichen Blick wert. Das Büro vom AEROS lag in einer unscheinbaren, sichtlich überalterten Baracke, über Werkstätten, unter dem Dach. Eine enge, gebrechlich knarrende Treppe, winzige Büros mit schrägen Wänden, spartanisch, ohne jeglichen Luxus eingerichtet, wo möglich, hingen AEROS-Plakate. So also waren wir angekommen, wurden begrüßt von O. Bark und bekamen wenig später unseren Wohnwagen zugewiesen.

Dieser stand inmitten unzähliger anderer, alle ordentlich geparkt neben- und hintereinander in vielen Reihen auf einer Betonfläche seitlich der Kantine. Erwartungsvoll betraten wir das neue Zuhause und wurden nicht enttäuscht. Klein, aber gemütlich, mit Schränken, einem Sideboard unter dem einen Fenster und gegenüber am anderen ein kleiner Tisch mit zwei Stühlen, am Ende ein Doppelbett. In der Ecke neben dem Eingang die Gasheizung, Herd und Waschbecken. Hell war es, mit den drei Fenstern und dem Oberlicht, trotz der dunklen Holzfurniere, und unvergleichlich freundlicher als unser Kellerzimmer in der Heimatstadt Warnemünde, mit Blick auf die Füße der Passanten und Bad mit WC eine Treppe höher, für drei Parteien. Wir strahlten vor Glück und Stolz, küssten uns und waren auf einem anderen Planeten gelandet.

In der Schneiderei, die zwei Frauen saßen am Ende der beidseitigen langen Wandschränke mit dem Kostümfundus im hellen Vorderabteil an der Aufarbeitung farbenprächtiger Kostüme, erhielten wir komplett neue Betten, Kissen, Decken und Bezüge. Eine der Annehmlichkeiten im reisenden Staatszirkus: neben dem großen Waschabteil für die private Wäsche mit Waschmaschinen und Schleuder wurde die Bettwäsche zweiwöchentlich von der Schneiderei angenommen und gewaschen, täglich wurden die Manegen-Uniformen, Kostüme und selbst die Nylonkittel dort abgegeben, gesäubert und am nächsten Tag frisch herausgegeben. Ebenso kostenlos wie die Bereitstellung des

Wohnwagens, der Strom- und Gasverbrauch, der Wasseranschluss. Absolut durchorganisiert und eine Erleichterung in den zumeist vielen Arbeitsstunden eines Tournee-Alltages. Wir haben es zu schätzen gewusst.

Wir nahmen ein erstes Mittagessen in der Kantine ein. Hier sorgten die Köche und Helferinnen der drei Betriebsteile in den Wintermonaten gemeinsam für die Essen aller Zirkusleute. Frühstück und Mittag, Abendessen auch mit warmen Gerichten nach Wahl. Schließlich wohnten bis auf wenige Artisten, Dresseure und Direktion, alle anderen Zirkusleute entweder in ihren Wohnwagen, in den zwei Wohnheimen oder der Wohnbaracke. Deshalb gab es auch in der Kantine einen Kiosk mit Lebensmitteln, denn die nächste Einkaufsmöglichkeit lag viele Kilometer entfernt, die Kopfsteinstraße zurück und dann mit der S-Bahn bis zur nächsten Haltestelle, dort lag am Bahnhof eine neue, große, moderne Kaufhalle. Ziemlicher Aufwand für eine Tüte Zucker oder Kaffee oder Getränke. Dafür gab es also den Kiosk, der ein weit größeres Sortiment handelte, als der Name vermuten lässt und deren Betreiber auf Bestellung auch Gewünschtes besorgte. Die Kantine war der Treffpunkt bis in die Nacht, Austragungsort für Gesprächsrunden und Zechgelage. Sie war Kulisse für Streitigkeiten und gerne für handfeste Auseinandersetzungen zwischen Leuten von AEROS, Busch und Berolina. Stolze und selbstbewusste Betriebszusammengehörigkeit und Konkurrenzdenken wurden groß geschrieben, egal ob man das Winterquartier teilte. *Hier* war AEROS, *hier* Busch. Und Berolina hatte es noch schwerer, die galten immer als Eindringlinge im Objekt 1. So wie AEROS und Busch in *ihrem* Objekt 2.

Natürlich kannten wir Stammleute uns gut und besuchten einander auch. Aber es blieb dabei, misstrauisch beäugte man sich. Was eigentlich wollten die nun hier? Sind noch alle neuen Futtereimer da, die Laubharken? Fehlt irgendetwas? Was ist mit den Hammerstielen? Nur keine Schätze aus den Augen lassen, bis die Aliens wieder fort sind!

So war die Kantine benutzungsbedingt ein heißer Ort, besonders abends mit gestiegenem Alkoholpegel. Einmal wöchentlich kam sogar das Kino, kostenlos, mit aktuellen Filmen, ohne den sonst üblichen Propagandavorfilm "Der Augenzeuge"- für dessen Flimmern hätte der Vorführer seine Gesundheit riskiert. Für uns ehemalige Normalbürger Kino mit völlig neuem Erlebnisfaktor. Mit diesen vielen Funktionen war die Kantine der gesellschaftliche Mittelpunkt. Aufmarschort für *gesellschaftspolitische Veranstaltungen und Konferenzen* war er nicht. Wahrscheinlich gab es das Vokabular nicht einmal im Wortschatz. Die zuständigen Kader des Zoo R. wären ob dieses Vergehens ins Koma gefallen...

Nach dem Essen gingen wir die breite Straße von der Kantine in Richtung Stallkomplex, vorbei an Ausrüstungs- und Werkstatthallen, vorbei an Materialwagen von Busch und AEROS. Durch die Tür des großen Eisentores betraten wir den ersten Stallbereich mit Pferdegruppen des Zirkus Busch. Weitergeleitet vom damaligen Stallmeister P. John öffneten wir dann die nächste Tür und fanden uns in der zentralen Probemanege wieder. Auf der anderen Seite lag der AEROS-Bereich. Und da, gleich rechts hinter der

Tür, die Wärterstube. Dann die Begegnung mit einem ungewöhnlichen Mann, welcher, von Vielen gefürchtet wegen seiner Strenge und seines Wesens, für mich ein Glücksfall und eine Bereicherung in meinem Leben war. J. Schilinski, Stallmeister des AEROS. Untersetzt, kräftig, immer im Kittel und mit Hut, mit wachsamen Augen und durchdringenden Blicken, stets strenge Falten auf der Stirn. Wie knallhart er war, würden wir erleben, aber auch wie erfahren und fair. Wir beide lernten einander schätzen. Dazu brauchte es Zeit, aber dann verschwanden auch die zusammengezogenen Augenbrauen und wir konnten über alles reden und lachen. Ein besonderer Mensch und für die gemeinsamen Jahre bin ich noch heute dankbar. Er lehrte mich mehr über die Einstellung zu Tieren und den Umgang mit ihnen, als ich im Zoo erfahren konnte. Erst einmal aber musterte er uns misstrauisch, war kurz und knapp in seinen Fragen und Anweisungen und er verhehlte nicht seinen Unmut über die Einstellung einer Tierpflegerin. Ermutigend war der Einstieg nicht.

Ein bunter Haufen seltsamster Charaktere bevölkerte den Stallbereich. Gestrandete fast alle. Auf der Flucht vor Dämonen der eigenen Vergangenheit, der unwirklichen Realität der Außenwelt, dem genormten Alltag, dem Anpassungszwang im gewünschten Gleichschritt. Auf der Suche nach einem Stückchen Heimat mit Freiraum für sich, nach Akzeptanz der eigenen Lebenseinstellung und dem Rausch der Abenteuerlust. Auch finanzielle Gründe gab es. Doch jene mit diesen Erwägungen, sie scheiterten schnell und oft war die Tasche mit den Habseligkeiten nicht einmal ausgeräumt, wenn sie wieder jenseits der Zirkuszäune abtauchten in den Strudel der Alltäglichkeit. Sehr gutes Geld war zu verdienen, aber durch Tag für Tag viele Überstunden und sehr schwere Arbeit. Abenteuer gab es unendliche, man musste frei dafür sein und bereit für Entbehrungen. Das erforderte aber eben jene anderen Entscheidungen für den Schritt auf den Planeten Staatszirkus. Dann begann damit bereits das Abenteuer und es blieb allgegenwärtig, der Verdienst war schöner Nebeneffekt. Es ging um Lebenseinstellung. Immer war es nur ein kleines, enges Team von Stammleuten. Vom ersten Tag an erlebte ich unzählige Durchläufer im Stall- und Zeltbereich, ohne Erinnerung an einen Namen und der überwiegende Teil ist gesichtslos geblieben. Es war schwer für Stall- und Zeltmeister, die so notwendige feste, verlässliche Mannschaft aufzubauen.

Bei unserem Eintreffen im AEROS-Stall, beim ersten menschlichen Kontakt in der unbekannt exotischen Welt, entdeckten wir ein wahrhaftig kurioses Sammelsurium von Zweibeinern. Alle zollten dem Stallmeister größten Respekt, gingen eifrig ihren Arbeiten nach, während wir miteinander *sprachen*. Unter den vielen unbedeutenden, weil bald aufgebenden, Typen waren nur drei nennenswerte und wirklich gute. Markus, der Sohn von G. Quaiser, später selbst Dresseur. Ein schmächtiger, aber zäher, gelernter Schäfer, S., welcher auch neu war und Willi, welcher auf der Saison zu uns stieß und der in jeder, wirklich jeder Stadt, ein Mädchen fand. Markus wechselte mit Saison-Schluss und somit verblieben aus der Truppe vom Januar nur die zwei Jungs, D. und ich. Wie schnell man zum Alten wurde! Aus Willi, S. und mir wird dann in der Saison 1979 und für die Jahre bis zu meinem Fortgehen so etwas wie ein Stammteam um J. Schilinski. Die Zwei als seine rechten Hände im Pferdestall, ich verantwortlich zuerst für die Exoten, dann für die Elefanten.

Zirkusleute waren misstrauisch und rau, die harte Arbeit benötigte ein gutes Team und länger Tätige beobachteten einen Neuling genau ob seiner Zuverlässigkeit. Den Namen wollte man erst nach Wochen wissen und wirklich dazu gehörte man nach einer durchgestandenen Tournee. Zu viele Durchläufer, zu viele Vertrauensbrüche und wieder zu viele an Wenigen hängengebliebene körperlich schwere Arbeiten. Diese Handvoll Verwegener fluchten zwar immer, packten dabei aber doppelt zu. Eine Verzögerung im Arbeitsrhythmus hätte das ganze fein abgestimmte Uhrwerk des Zirkus aus dem Takt geworfen. Kein Team wollte dafür verantwortlich sein, das wäre gegen die Ehre gewesen. Niemand rangelte um oder wegen Auszeichnungen, lächerlicher Titel oder dem großen *Klassenkampf im täglichen Wettbewerb der Kollektive* mit geschönten Wettbewerbstafeln und verlogenen Verpflichtungen um irgendwelche, eigentlich selbstverständlichen, Aufgaben. Die Arbeit lief ohne die jenseits von Eden übliche Propaganda und sogar besser, weil ganz freiwillig. Allen Leitungskadern unter Führung der Partei in der Außenwelt DDR muss bei derlei Selbst- und Eigenständigkeit des wilden Haufens Zentral-Zirkus nur kopfschüttelnd der Gedanke an Abtrünnigkeit zum einzig denkbaren System gekommen sein und das Grauen vor einer Zersetzung sozialistischer *Moral*. Gut, dass der stabile rote Zaun sicher den AEROS umschloss, so missgünstige Gemüter und das Böse lange fernhielt. Dem menschenfressenden Regime des Kapitals, anderthalb Jahrzehnte später, war er dann leider nicht gewachsen.

Für die Partei- und Staatsführung der DDR blieb der Staatszirkus stets ein Sonderfall, einer mit dem man nicht umzugehen wusste, der sich dazu fast jeglicher Kontrolle äußerst geschickt entzog. So tat man, als gebe es ihn zwar, aber irgendwie auch wieder nicht. Die Staatsführung mied den Kontakt, zuletzt besuchte einer ihrer Vertreter 1957 den Zirkus: W. Ulbricht, der *niemals die Absicht hatte ein Mauer zu errichten*, es aber dann doch mit urdeutscher Gründlichkeit und emsiger Unterstützung seines späteren Nachfolgers Honecker tat. Dieser Ulbricht also besuchte eine Vorstellung des Zirkus AEROS in Berlin. Missmutig, wie Bilder deutlich zeigen, und nur weil sein Staatsgast Ho Chi Minh aus Vietnam dringend diesen Wunsch geäußert hatte. Danach kamen nie wieder ein *Staatsoberhaupt* oder untergeordnete Chargen in den VEB Zentral-Zirkus, Einladungen wurden ignoriert. Wie so vieles, darin war man geübt. Aber dafür sind „Politiker" schließlich überall bekannt, das war nicht allein Problem in der DDR. Und welch Wunder, trotz dieser Ignoranz zogen im Zirkus die technischen Mannschaften tatsächlich an einem Strang, kämpften und quälten sich für ein Ziel, über welches Außenstehende nur den Kopf schütteln konnten - bei der in der DDR üblichen Arbeitsmoral. Die Leitung des VEB Zentral-Zirkus/Staatszirkus honorierte Engagement durchaus, angefangen von Worten des Direktor, welchen man im täglichen Ablauf ständig traf, bis zu Lohnerhöhungen und der bronzenen Anstecknadel mit dem Emblem des Zirkus für dreijährige Tätigkeit. Wir haben sie getragen, freiwillig und stolz.

Doch erst einmal hatten D. und ich einen heftigen Weg vor uns. Der erste Arbeitstag war schwer. Minutengenaue Pünktlichkeit und gründlichste Sauberkeit der Tierbereiche war dem Stallmeister Gesetz. Ich hatte in der Lehre nur kurz mit Pferden zu tun und sie zählen nicht zu meinen Lieblingen. Anders bei meiner Frau, sie arbeitete eine Weile im Araberstall des Zoos und kannte etliche Tricks in allen Belangen. Ich mühte mich, cool zu bleiben, beim Treten zwischen die aufgeregten, von Neid und Kraft geplagten Hengste, um Haferrationen und anderen Zuteilungen in die Futtertröge zu geben und Wassereimer zu reichen. Ständig wurde die Strohmatte sauber gehalten, frische Pferdeäpfel umgehend entfernt. Drill-Sergeant-Brüllen vom Stallmeister, wenn etwas übersehen wurde. Das Stroh endete an einem exakten Abstand zur Wasserrinne und mehrmals täglich schüttelten wir es auf. Die gemauerten Futtertröge wurden gereinigt, keine Staubfäden geduldet. Soviel Gründlichkeit war mir fremd. Noch ungewöhnlicher aber war das tägliche Putzritual der Pferde. Die zugewiesenen Tiere striegelten wir nach bestimmten Regeln und die abgestreiften Unreinheiten schlugen wir auf dem Betonboden des Mittelganges aus. Zehn Häufchen für die linke, zehn für die rechte Seite, nebeneinander angeordnet und eine für den Kopf, mittig über den beiden Reihen. Mähne und Schweif wurden gebürstet, Hufe gesäubert und gefetet. Immer unter den aufmerksamen Augen des Stallmeisters und des schwafelnden merkwürdigen Vertreters. Letzterer gab dann nach nur wenigen Wochen Tournee auf und bessere Leute rücken nach.

Mir fiel die Eingewöhnung schwer und ich beneidete die Elefantenkutscher von AEROS und Busch, deren Tiere sich hinter der Schiebetür, am Ende des AEROS-Stallganges befanden. Den Pflegern war der Stallmeister egal, ihr Chef war einzig der Dresseur G. Quaiser. Und den Busch-Leuten hatte J. Schilinski nicht zu sagen, doch er überzog sie stets mit kritischen Bemerkungen bezüglich ihrer Arbeitsmoral, wenn sie durch den AEROS-Pferdebereich Spießruten liefen, um zum Busch-Stall zu gelangen. Und so war es stets. Egal wann wir AEROS-Leute durch den Busch-Bereich gingen, zur Arbeit oder zur Kantine, dort war immer gelassene Tätigkeit, zumeist saßen die Jungs in der Wärterstube oder waren noch gar nicht da, derweil wir minutengenauen Zeiten nach hasteten. Der Stallmeister erwartete uns und registrierte genau, wenn jemand später eintraf. Dafür gab`s Sanktionen in Form zusätzlicher Stallwachen oder ungeliebter Arbeiten. Ich freundete mich mit den Pferden an, aber lieber, weil nicht so überwacht, war mir die Versorgung der Außenboxen mit Ziegen, Kamelen, Ochsen und der gegenüber am Objektzaun zur B1 stehenden Tierschauwagen mit den Affen, Waschbären und den vom Stallmeister so geliebten Zwerghühnern.

Ich stand gerne am Ende des Pferdestalles an der Schiebetür zum Elefantenstall und sah den Tieren zu. D. und ich waren nicht die einzigen, welche frisch in Hoppegarten gestrandet waren. Wir kamen aus McPomm, drei kleine Elefantenkinder eine Woche vor uns aus Indien. Dem Trio sah man die Verwirrung durch den Stress und die tiefen Veränderungen deutlich an. Zwerge waren sie, knapp drei Jahre alt, die Elefantenkinder Daisy, Shura und Jana. Sie standen neben den vier großen Mädchen des Zirkus Busch und gegenüber der fünf ebenfalls erwachsenen AEROS-Damen. Nie zuvor hatte ich so viele und imposante Elefanten gesehen. Der Zoo R. hielt zu meiner Zeit eine Afrikaner-

Kuh und drei kleine asiatische Mädchen. Doch die AEROS-Elefanten waren mächtige Tiere, ebenso drei Ladys in der Busch-Gruppe, und eine Halbstarke bildete die mittlere Altersstufe zu den drei Neuankömmlingen.

Es war schön, die Rüsseltiere zu beobachten und in mir kam durchaus Sehnsucht auf. Doch in den wenigen Tagen vor der Tournee war mein Bereich vorerst der Pferdestall mit den, mir sympathischeren Norwegischen Fjordpferden von Dresseur G. Dorning, dessen Stammbetrieb der Berolina war, welcher in dieser Saison aber beim AEROS reiste, und den großen, nervösen Mecklenburgischen Goldfüchsen von W. Hädrich. Wie die kleineren Fjordpferde, alles Hengste. Nur benahmen die sich auch noch so und unter ihnen gab es besonders unfreundliche Gesellen. Beißen, ausschlagen, das volle Spektrum. Oft musste der Stallmeister mit seiner Unerschrockenheit eingreifen. Während ich mit diesen Widrigkeiten kämpfte und mich bei der gesamten Situation wirklich fragte, wie lange ich es wohl durchhalte, wurden letzte Vorbereitungen für die Ausreise in die ĆSSR getroffen. Wir verluden Requisiten, räumten den Futterwagen ein, stapelten Heu- und Strohballen eng und hoch auf die jeweiligen Transporter und sicherten die Ladung durch Planen. Im schweren Sattelwagen verstauten wir Zaumzeug und Federschmuck-Kisten nach exaktem Plan. Erste körperliche Herausforderung für mich wurde das Beladen des Stallpackwagens. Ich hatte zwar im Zoo mit einigen wenigen, kraftaufwendigen Tätigkeiten gewisse Erfahrungen gemacht, doch das waren Sandkastenspiele im Vergleich zu hier. Unter den lauten Kommandos des Stallmeisters wuchteten wir schwerstes Material auf die hohe Ladefläche. Gabelstapler waren Mangelware in der DDR und standen dem Zirkus nicht zur Verfügung. Erst Mitte der 1980er Jahre gelang es, ausgemusterte, verschlissene Stapler über Beziehungen zu organisieren. Bis dahin wurde alles, wirklich alles per Hand bewegt, auch beim Chapiteau-Aufbau - und war es noch so schwer. Ich konnte kaum glauben, wie die Schwerkraft an den vielen massiven Rondell- und Mittelstangen für das Pferdezelt zog, an den alleine zu tragenden, einige quadratmetergroßen Trennwänden aus dickem Holz mit Eisenverstärkungen für auf Nebenmänner allergische Hengste, genau wie an den viele Meter langen, eisenbewehrten Futterkrippen und dann erst an den Dachteilen. Jene, in Plastiksäcke gerollt, wurden auf den Armen von vier Leuten zum Hänger gestolpert, dort mit Hilfe von zwei anderen hochgestellt, oben erneut aufgenommen und an ihren Platz getragen. Ich dachte, es würde mir die Hand abreißen. Doch das war zaghaftes Vorspiel für die Tournee. Dann, nass und doppelt schwer, mussten wir die Dachteile mit sechs Leuten tragen. Nach dieser kräftezehrenden Arbeit wurde das Verstauen der Rundleinwände und das der unzähligen anderthalb Meter langen Massiv-Anker - mit einem Durchmesser, den man knapp umfassen konnte - in den Kellerkästen eine Erholung. Endlich ruhte alles sicher verstaut bis zur ersten Gastspielstadt. Mir schmerzten sämtliche Muskeln, auch welche, von denen ich zuvor nicht wusste, dass es sie überhaupt gibt und weit mehr die Schultern vom ungewohnten Tragen. Das konnte was werden! Stallmeister Schilinski registrierte es sehr wohl und spottete *Na, andere Arbeit als im Zoo? Noch nie richtig arbeiten müssen, was?!* Womit er nicht so falsch lag und ich nur nicken konnte. Aber ich fügte trotzig *Ich wird´s packen* an und war über die eigene Zuversicht erschrocken.

Wie alle anderen bunkerten auch wir Lebensmittelreserven, mühsam herbei geschleppt per Einkaufsnetzen, runzliger Kopfsteinstraße und einer S-Bahn-Haltestelle. Der Kiosk in der Kantine war uns noch nicht vertraut genug und wir nicht dem Betreiber. Schließlich trafen wir ultimative Vorkehrungen und Verschönerungen in unserem Wohnwagen, denn nun würden wir für neun Monate entfernt der Heimat reisen. Wir waren aufgeregt in Aussicht auf dieses große Abenteuer.

Und dann war es endlich soweit.

Ein Hauch Freiheit

Zirkus AEROS auf ČSSR-Tournee 1978

Der Tag begann mit Hektik und er zeigte den Neulingen, was Zirkusleben bedeutet. Normale Arbeitszeiten? Ab sofort eine Erinnerung. Da war Eingewöhnungszeit nötig. Auch für die Erkenntnis, dass sich alles vorrangig um den funktionierenden Zirkusbetrieb dreht und persönliche Belange zweitrangig sind. Mich erfüllte es. Die wenigen Wochen des Nichtreisens in den Wintermonaten, stehend in Hoppegarten und mit kurzem Arbeitstag, sie wurden zum notwendigen Übel. Eine unbedeutende, unangenehme Phase zwischen zwei Tourneen.

Zirkus war Flucht vor dem stereotypen Alltag. Die vielen kleinen und großen Notwendigkeiten und Probleme erschienen aus neuer Perspektive peinlich lächerlich, unwichtig, stolperten in den Schlund der Bedeutungslosigkeiten. Hier lebte und kämpfte die kleine Mannschaft der Zelt- und Wohnwagenstadt für eine bestmögliche Show und ihr Verständnis von Freiheit. Der um diese Insel gezogene Zaun in warnendem Rot schien Abgrenzung mit Symbolwert. Wer das nicht verstand war fehl auf dem Platz. So bleibt das Stammpersonal von AEROS, Busch und Berolina ein eingeschworener Kreis in ganz eigener, sicherer Welt.

Nach dem Aufstehen räumten wir den Wohnwagen zum Abtransport ein. Die Straßen jener Tage bildeten eine Herausforderung sowohl für jegliches Zirkusmaterial wie für persönliche Habe. Also unbedingt alle Schränke gründlich verschließen und Zerbrechliches weich in den Betten verstauen. Gerade die wenigen Kilometer zur Verladerampe am Bahnhof Hoppegarten lauerten erbarmungslos auf Räder, Achsen und Federn. Dort fuhren die Kraftfahrer mit geringem Tempo, dennoch, die Pflastersteine und Schlaglöcher garantierten, dass die Fahrzeuge eher über die Straße hüpften als rollten. Also überließen wir mit gewisser Sorge unseren Wohnwagen seinem Schicksal, klappten die angebaute Veranda hoch, hängten die Treppe ein und drehten die Gasflasche zu. Wir würden das Zuhause erst am Bahnhof wiedersehen, irgendwann im Laufe des Tages. Und weil wir, unerfahren, alleine den Türschlössern vertrauten, überraschte uns dort beim Öffnen des Wohnwagens ein Chaos. Nur die liebevoll im Bett kuschelnden Zerbrechlichkeiten schlummerten weiter in den Federn, die Inhalte der Schränke waren im Team auf den Boden gesprungen und zu Erkundungstouren bis in kleinste Winkel aufgebrochen. Erste Küchengeräte, eh überflüssig, sie fehlten uns nie, auch Teller und Tassen im bodennahen Fach des Sideboard konnten dem Tanz des Wagens nicht widerstehen und hatten ihre zugewiesenen Plätze verlassen. Wir lernten die Lektion und auch, dass man zum Leben wenig Geschirr benötigt. Alles andere ist völlig unsinniger Ballast.

Im Busch-Bereich lief der übliche Betrieb, dort blieb bis zur Ausreise noch eine Woche Zeit. So schwirrten nur die AEROS-Zugfahrzeuge rangierend im Winterquartier herum, begleitet von den Pfiffen der Einweiser und dem Poltern ankoppelnder Zuggabeln, bis sie mit zwei angehängten Wagen in Richtung Bahnhof davon rumpelten. Mit dem Stallmeister und dem größten Teil der Pfleger fuhr ich zur Verladerampe. Die anderen setzten die vom Nachtstallwächter begonnene Räumung fort und bereiteten die Transporthänger mit frischem Stroh für die Pferde und Exoten vor. Die Tiere erreichten zwar nach wenigen Minuten ihr Ziel und wurden dort umgehend in die Waggons geführt, aber das war kein Grund für den Stallmeister, die Einstreu nicht wie gewohnt hoch und dicht einbringen zu lassen, als ginge es auf lange Fahrt. *Man kann nie wissen, ob es Verzögerungen gibt!* Die Tiere sollten trocken stehen oder ruhen.

An der langen Verladerampe herrschte Hochbetrieb. Zwei Traktoren im Dauerstress zogen gekonnt und flink, vom Platzmeister lautstark und mit Pfiffen und Gesten dirigiert, Wohn- und Packwagen auf die Bahn-Plattformen mit den niedrigen Bordwänden. Nach dem Abkoppeln drückten Zeltarbeiter per Muskelkraft Zuggabeln und gegebenenfalls die Wagen in exakte Position, während dahinter sich bereits die zweite Mannschaft mit dem nächsten Traktor und dessen zwei Wagen beschäftigte. Weitere Trupps nagelten hölzerne Bremsklötze vor die Räder und sicherten die einzelnen Zirkuswagen mit Ketten und stabilem Draht. Eintreffende LKW stellten ihren Zug ab und verschwanden sofort wieder Richtung Winterquartier. Dann hüpfte bald ein Traktor davor und zuckelte mit den Hängern auf die Bahnloren. Überall auf, neben und unter Wagen wuselten Zeltarbeiter herum, konzentriert in der angewiesenen Arbeit. Ich war mir sicher: die Verantwortlichen für Arbeitsschutz anderer Betriebe wären bei diesem scheinbaren Durcheinander in Ohnmacht gefallen. Hier trug jeder die Verantwortung für sein Tun, für sein Leben und das der anderen. Niemand brauchte aus Büchern mit immer mehr Regeln und Gesetzen leiernd zitierende Belehrer, es lief ohne Gerede und ohne extra angeordnete Versammlungen. In den Jahren meiner Tätigkeit erlebte ich keinen schweren Unfall, obgleich bei manchen Aktionen schon mal die Nackenhaare stramm standen...

Unbeschreiblicher Trubel dirigierte die Szenerie an der Rampe. Kontrolliertes Chaos! Der Zirkus hatte genug wintergeschlafen und wollte endlich *raus, raus* in die Welt!

Ein komplett beladener Zug, huckepack mit unendlicher Reihe AEROS-Wagen, rollte, langsam von einer Rangierlok gedrückt, auf das Nebengleis. Die Zeltarbeiter hofften, dieser Zug sei erfolgreich abgefertigt, doch sie wurden enttäuscht. Der Sonderzug passierte in Anbetracht der vielen Tunnel unserer Reiseroute ein Lademaß und nicht wenige Wagen waren *angeeckt*, markiert worden und nun galt es, diese neu, zumeist um wenige Zentimeter, auszurichten. Also Verdrahtungen kappen, Ketten lösen, Bremsklötze entfernen, mit Muskeln und Wagenhebern die Wagen verschieben und erneut sichern. Bei Überschreiten der Gesamthöhe wurde die Luft der Reifen abgelassen, wo dies nicht reichte, mussten sie komplett demontiert und der Wagen auf den Achsen gelagert werden. Viele Stunden zusätzlicher Arbeitsaufwand, mit schwerster Tätigkeit bei wenig Bewegungsfreiheit auf den Bahnplattformen, welche zudem unmittelbar neben dem Gleis der in Richtung Strausberg polternden S-Bahnen standen. Die Zelt-Crew packte doppelt zu und kämpfte mit dem Zeitplan, denn die Abfahrtszeiten der Sonderzüge waren seit Wochen in einem Fahrzeiten-Mosaik fixiert.

Am hintersten Ende der Verladerampe standen die Waggons für die Tiere und für die Futtermittel während der Bahnfahrt bereit. Wir schüttelten hohe Strohschichten auf und beluden einen Waggon mit Stroh, Heu, mit Fässern und Batterien von mit Wasser gefüllten 20-Liter-Kannen, mit Stapeln von Obststiegen, Bergen von Mohrrüben-, Hafer- und getrockneten Rübenschnitzelsäcken. Ein Waggon erhielt nur in einer Hälfte eine ähnliche Beladung, dafür einen Stapel Brote, gegenüber wurde das Lager für die Elefantin Seetah bereitet. Sie kam, wie die Norwegischen Fjordpferde, das Hohe-Schule-Pferd und die sechs Kühe mit ihrem Dresseur G. Dorning für diese Saison vom Zirkus Berolina zum AEROS. Vor diesen Waggons wurden Bahn-Plattformen gekoppelt, mit zuerst dem Wassertankhänger - der Stallmeister ging immer auf Sicherheit - dann den vielen Tierschauwagen mit ihren Bewohnern, unseren Wohnwagen, dem Stallpackwagen und nun erst weiteren Zirkuswagen. Unser Wachwechsel bei den Tieren sollte gesichert sein und der Weg von Waggon zu Wohnwagen möglichst nahe, um bei einem kurzen Stopp nicht womöglich den Anschluss zu verlieren und einsam auf dem Schotterbett stehend den Schlussleuchten des Zirkuszuges nachzusehen. Das wurde manchmal heikel, aber wir erlangten die akrobatischen Künste, auch beim Anfahren lässig aufzusteigen, sogar mit voller Wasserkanne, Heugabel oder Futtereimer, und während der Fahrt über die Puffer die Plattformen zu wechseln und Kollegen in ihren Wohnwagen zu besuchen. Ein gutes Training bei diesen ersten Fahrten für die späteren Tourneen durch die Weiten der Sowjetunion...

Während wir Waggons her richteten, wiesen Stallmeister und Platzmeister die Traktor-Fahrer in die genaue Wagenfolge des Stallbereiches ein. Auch mein Wohnwagen zuckelte auf seinen zugewiesenen Platz und wurde umgehend für die Bahnfahrt gesichert. Erste Tiertransporter trafen ein und wir führten die Pferde, Kühe und Exoten in ihre Reiseunterkünfte. Die leeren Transporter hakte umgehend ein Traktor an und zog sie auf Warteposition an der Rampe, um sie nach dem Einrangieren leerer Plattformen auf diesen zu positionieren. Obwohl damals der Zirkus nicht mehr auf den Schienen von Stadt zu Stadt zog, eine Bahnverladung also auch Ungewöhnliches darstellte, gab es kaum Stocken, keine Pausen, keine längere Wartezeit. Jeder kannte seine Aufgaben, und war dort ein wenig Luft, half er woanders mit. Die Verladearbeiten führten ausschließlich Zeltarbeiter und Kraftfahrer unter Aufsicht und Kontrolle der Bahn durch. Jetzt traf auch Elefantin Seetah ein und wurde mit Gefährtin Ziege Lady vom Dresseur in ihre Waggonhälfte geführt. Schließlich erschien der letzter Tiertransporter und mit ihm der andere Teil des Stallpersonales. Sie hatten das Winterquartier grundgesäubert und den leeren AEROS-Bereich für neun Monate sich allein überlassen.

Wir standen an der Rampe vor den Tierwaggons und besprachen die weiteren Abläufe in den Tagen der Bahnumsetzung. Die Schichten für die Wachen wurden eingeteilt, jeweils ein Pfleger verbrachte etwa zwölf Stunden, abhängig vom Stopp des Zuges, in einem Tierwaggon. Danach verteilen wir uns in Waggons und Wohnwagen. Inzwischen rollten letzte Fahrzeuge auf Plattformen und Stück für Stück wuchs der Zug auf einem Abstellgleis zu einer schier endlosen Wagenreihe. Die Tierwaggons befanden sich ganz am Ende, jener mit den Fjordpferden trug die Schlussleuchten. Ein Rangierer trennte die Plattformen von den Tieren, wir rumpelten dem Tunnelmaß entgegen. Trotz aller Gründlichkeit stießen auch auf unserem Teilstück einige Zirkuswagen an das Maß und die Lademannschaft bessert, inzwischen übellaunig und gereizt, bis in tiefe Nacht unter dem matten Laternenlicht des Verladebahnhofes nach. Zweimal schob uns eine Lok durch das Maß, erst beim dritten Mal gab es endlich die ersehnte Freigabe und der Transport wurde komplett zusammengestellt. Der erste Sonderzug hatte Hoppegarten bereits Richtung ĆSSR verlassen.

D. und ich waren ungeduldig, das Reisefieber hatte uns voll im Griff, wir konnten die Abfahrt kaum erwarten. Wir pendelten zwischen Wohnwagen und dem Platz auf der Plattform vor unserer Veranda und hielten Ausschau mal auf dieser, mal auf jener Seite. Überall Ruhe, nur drüben auf dem S-Bahnhof warteten einige Leute. Der Zirkus träumte vom Reisen. Schließlich überkam auch uns Müdigkeit und wir schliefen in der Wärme und Geborgenheit des Wohnwagens ein. Ein kurzes Erwachen und aufmerksames Lauschen, als ein Poltern durch die Wagenreihen raste, dann erneute Stille. Aber, die Lokomotive hatte angekoppelt, ein gutes Zeichen. In den frühesten Morgenstunden schepperten Puffer und Kupplungen, der Zug ruckelte an, der Wohnwagen wippte eine Zeit bedenklich hin und her, als würde er mit einem Sprung zurück auf festen Boden und die eigenen Räder nutzen wollen. Wir blinzelten müde zum Fenster, der aufregende lange Tag legte uns lahm und wir beobachteten den vorbeiziehenden Schein der trüben Lampen der Verladerampe. Ein Wechsel zwischen gelben Lichtkegeln und völliger Dunkelheit. Beschleunigung und Weichen sorgten für neuerliches Schwanken. Die Lichter von Hoppegarten schrumpften. Eine einsame S-Bahn surrte voll beleuchtet an uns vorbei, ein Abschiedsgruß aus Berlin.

Wir schoben Tageswache bei den Fjordpferden und liebten es, aus der leicht geöffneten Waggontür auf die vorbeifliegende Landschaft zu sehen. Der warme Wohnwagen bot zwar durch die Fenster einen bequemeren und besseren Ausblick, aber dort fehlte das Gefühl des Besonderen. Zudem schwankte, dank der Reifen und trotz Verankerungen, das Zuhause erheblich und Mahlzeiten oder Heißgetränke stellten eine zuvor unbekannte Herausforderung dar.

Zu den Fütterungen trat die ganze Mannschaft an, um möglichst schnell und gründlich die Hauptversorgungen der Tiere zu sichern. Einfach verlief das bei den Waggontieren, bei weit geöffneten Schiebetüren und dem Futter aus dem Waggon von "nebenan", kompliziert hingegen bei den Tieren in den Schauwagen. Hierzu mussten wir die großen und massiven Klappen öffnen. Bei den wenigen Zentimetern Freiraum auf der Plattform, so zwischen Zirkuswagen und Ladebordwand balancierend, ein äußerst gewagtes Unterfangen. Zwei Leute konnten zwar die seitlichen Sicherungshebel bedienen und die zwei mal vier Meter eisenverstärkten Holzklappen eben noch wankend in Position halten, jedoch niemals absenken. Dafür standen auf dem Schotterbett der

Gleise weitere Leute, ausgerüstet mit meterlangen Rondellstangen, um die entsicherten Klappen zu halten und langsam abzusenken. Schwierig, dies zu händeln und viel komplizierter, das Gewicht hochzudrücken, um die Wagen wieder zu schließen. Auf keinen Fall durfte die Klappe abrutschen und herunterschlagen. Die Folgen einer Beschädigung wären dramatisch. Konzentration, Kraft und gute Zusammenarbeit waren notwendig und Eile obendrein. Denn was, wenn ein grünes Signal den Stopp beendet und die Lok anfährt, so bei offener Klappe?! Der Zug hatte eine beachtliche Länge, wir konnten bei einem Halt auf gerader Strecke kaum den Anfang sehen. Wir achteten auf Gegenverkehr, immer ein Zeichen, dass es gleich weitergehen könnte. Mit dem Zugpersonal war ein langes Hupen vor dem Anfahren ausgemacht. Aber mit den Klappenungeheuern kämpften wir oft minutenlang! Sicherer fühlten wir uns in einem Rangierbahnhof, da gab es zumeist längere Standzeiten und richtig entspannt wurden wir, wenn die Lokomotive abkoppelte. Der Wechsel brachte zumeist gute Zeit für unsere Arbeiten. Der Stallmeister kannte keine Ausnahmen, auch die Ziegen, Schafe und anderen Tiere in ihren Schauwagen mussten zweimal täglich kontrolliert, gereinigt und versorgt werden. Ein Wunder, oder eher *Geschick*, das niemals etwas passierte.

Die Zeit auf den Schienen war ein wunderbares Abenteuer. Ärger gab es kurz nach Bad Schandau, idyllisch an den Ufern der Elbe und im Elbsandsteingebirge gelegen, bei der Grenzkontrolle durch DDR und ĆSSR-Beamte. Jene sahen, wie befürchtet, einen erheblichen Unterschied zwischen meinem Kopf im Pass und der kurzgeschorenen Realität und sie wollten oder konnten sich nicht einigen, ob ich das denn wirklich sei und wenn ja, ob man das denn durchgehen lassen könne, ohne sich Ärger von höher dekorierten Chargen einzuhandeln. Bloß wegen dieser undefinierbaren Existenz. Meine Erklärungen quittierten sie misstrauisch und meine Einwände, dass ich bei der Rückreise wieder dem Mann auf dem Passfoto ähneln werde, stimmten sie nachdenklich, aber nicht wohlgesonnener. Da musste tatsächlich erst der Stallmeister mit von mir nie zuvor vernommenen Reden und Wörtern aufwarten, um die inzwischen sechs Uniformierten zu bekehren. Davon angelockt erschien der Zeltmeister zu seiner Verstärkung, mit sehr ähnlichem Sprachschatz. Ich war verblüfft ob ihrer zynischen und spöttischen Beurteilung der Beurteilungsfähigkeit dieser Amtspersonen und fragte mich *Dürfen die das?* Zumindest blieben beide weiter absolut unbeeindruckt von den Ermahnungen der Uniformierten und steigerten zudem den Dezibel-Pegel ihrer Stimmen. Davon alarmiert traf der mitreisende technische Leiter ein, als beschwichtigende Persönlichkeit der Zirkusdirektion. Um mich ging es da längst nicht mehr. Ein ĆSSR-Zöllner hatte mir bereits lächelnd den Pass gereicht. Der Zug konnte endlich weiter und die Hüter der Ordnung waren bestimmt froh, dies seltsame Völkchen Respektloser am Horizont verschwinden zu sehen.

Nun also die ĆSSR. Für meine Frau und mich die erste Reise ins Ausland und gleich für viele Monate! Nicht nur ein vierzehntägiger Abstecher in ein Hotel, sondern kreuz und quer durch ein unbekanntes Land. Die Lokomotive zog unseren farbenfrohen Zug, welcher überall Aufsehen erregte, viele hunderte Kilometer und zwei Tage bis zu der

Industriestadt Ostrava, dem Premieren-Ort der Tournee.

Früh morgens angekommen an der Rampe auf dem Güterbahnhof des Zieles, erwartete uns eine kleine Mannschaft mit einem Traktor. Der erste Sonderzug war bis in die Nacht entladen worden, nun stellte ein Teil der Zeltarbeiter auf dem Platz die Masten als klares Signal für das bevorstehendes Gastspiel des Zirkus AEROS und der zweite Traktor agierte dort als Rangierer. Wir halfen die Verankerungen der Wagen zu lösen. Abbau geht schneller als Aufbau. Emsig räumten Traktor und Männer die Plattformen und nur die Wagen mit den demontierten Rädern brachten Verzögerungen. Als die abfahrbereiten, bunten Hänger den gesamten Güterbahnhof zu blockieren drohten, begannen zwei Kraftfahrer mit der Umsetzung. Stunden später zog eine Lok die leeren Loren ab und nur noch die Waggons mit den Tieren standen an der Rampe. Zwei Pfleger blieben dort, alle anderen fuhren zum Zirkusplatz, um die Stallanlagen zu errichten.

Vor dem Gelände warteten Zirkuswagen auf ihre Einordnung. Andere standen bereits auf ihrem Platz, erkennbar an den geraden Aufreihungen, den abgeklappten Veranden und angeschlossenen Stromkabeln. Zwei große Rundmasten des AEROS-Chapiteaus ragten in den Himmel, eben wurden die anderen zwei mit angehängten LKW aufgerichtet. Unablässig pendelten Zugmaschinen zwischen Güterbahnhof Ostrava und Zirkusplatz und brachten weitere Hänger. Auch der Traktor traf ein, bekam keine Verschnaufpause und unterstützte den anderen beim geschickten und schnellen Rangieren auf dem Gelände und eine wohldurchdachte Platzordnung wurde sichtbar.

Der Stallmeister legte den genauen Standort für das Stallzelt fest, der Packwagen wurde entsprechend platziert und unser Aufbau begann. Wir schüttelten auf dem steinigen Platz zuerst eine Lage Stroh auf. Darauf wurden die zwei Giebel- und das Mittelteil ausgebreitet, miteinander in überlappenden Schlaufenreihen verbunden, schließlich an den Stahlösen mit den Absegelungen von der ganzen Mannschaft straff gezogen und endgültig ausgerichtet. Die Seile legten die Ankerpunkte fest und wir trugen die massiven Stahlanker herbei. Jetzt begann mit dem Einschlagen der anderthalb Meter langen Anker bis auf gleichmäßig 30 cm Höhe die schwerste Tätigkeit. Ein anstrengender Job mit den mehrere Kilogramm schweren Vorschlaghämmern, besonders auf festen, harten Plätzen, der alle Muskeln beanspruchte. Es wurde nicht "gepückert", sondern im "Rundschlag" gearbeitet. Dazu schlug man den Hammer auf den Anker, zog ihn ohne Unterbrechung mit Schwung rechts hoch über den Kopf, nutzte die Bewegung und mit leichtem Nachziehen schlug man erneut auf den Ankerkopf. Wieder durchziehen und schlagen, durchziehen und schlagen, solange bis der Anker auf richtige Tiefe versenkt war. Auch vom Chapiteau dröhnte der rhythmische Klang von geschlagenem Eisen herüber. Ankerschlagmaschinen, mit Pressluft betrieben, besaß der Zentral-Zirkus nicht. Erst in den späteren 1980er Jahren gelang es, solche Kompressoren zu ergattern, aber sie waren laut, störanfällig und nicht sonderlich beliebt bei den Zeltmannschaften. Die verließen sich lieber auf die Hämmer. Neue wie ich durften, um das Gefühl für Ziel und Technik aufzubauen, alleine an einem Ankermonstrum herum*hämmern*. Erst wenn es gelang zu treffen, man die Luft nicht nur durchschnitt und das Gras einstampfte, wurde im "Rundschlag" gearbeitet, alleine. Dann als Steigerung zu zweit an einem Anker. Später schlugen wir eingespielte Teams nur zu zweit, oft gar zu dritt, an einem Anker. Da hieß es exakt im Takt bleiben, sonst war es lebensgefährlich. Der Stallmeister stand stolz direkt daneben, um zu zeigen wie sicher und gut seine Jungs das können und er gab das Signal zum Stoppen oder er feuerte uns an, immer das Seil der Absegelung in den Händen, um es schnellstmöglich im "Ankerschlag" um das versenkte Eisen zu schlingen. Diese Sekunden waren unsere Pause. Danach hielt er eiskalt und voller Vertrauen auf uns den nächsten Anker, bis dieser tief genug saß, um seinen sicheren Weg zu finden, dann erst ließ er los. Bei Neulingen riskierte er das nie. Unglaublich, aber ich habe mich bald vorrangig um diese Arbeit beim Aufbau bemüht. Ja, es gab Verrückte, die mochten das und waren stolz, es so scheinbar leicht zu handhaben. Oft prüften Zuschauer beim Aufbau gerne mal das Gewicht eines Vorschlaghammers und erschraken sichtlich. Beim ersten Aufbau aber drückte ich mich um die furchteinflößenden Hämmer, verteilte Rondellstangen, breitete die Rundleinwände aus. Der Stallmeister hatte seine Augen überall: Wehe dem, der nachlässig die Dachteile betrat! Auf den Knien und nur auf der doppelten Überlappung durfte man von der Mitte herunter kriechen, um die Verschnürungen zu ziehen. Die ausgebreiteten Teile blieben selbst für den dicken Titus, den allgegenwärtigen Pudel der Schilinskis, ein klares Tabu. Zu leicht könnten Steine die Zeltbahnen beschädigen. Und wie viele Unbedachte durchliefen den Stallbereich und bildeten eine ständige Herausforderung. Ich verstand sehr schnell die lauten Gebaren vom Stallmeister, er hatte seine ganz persönliche Auffassung von Sauberkeit und Ordnung. Nie wieder begegnete ich einem dermaßen charismatischen und erfahrenen Menschen wie ihm im Zirkus. Ich bemühte mich seine Einstellung anzunehmen und hoffe, ich konnte ihm auch im späteren Umgang mit meinen eigenen Tieren gerecht werden. Er blieb bis zur Abgabe meiner Reptilien-Gruppe, Jahrzehnte später, immer mein Vorbild.

Die Anker waren eingeschlagen. Nun schoben wir die roten Rondellstangen vorsichtig rückwärts unter die Zeltbahnen und drückten sie in die eisenringverstärkten Löcher. Sind erste Stangen so vorbereitet, wird von einem Giebel aus das Zelt Stück für Stück hochgedrückt. Eine 30 x 10 m Grundfläche, bei Wind eine Stehauf-Angelegenheit. Deshalb schnell, über Kreuz drückend, die ersten drei bis vier circa fünf Meter langen Mittelstangen aufstellen, wozu man unter die in der Mitte noch aufliegende Zeltbahn kriechen musste. Das war immer unangenehm, entweder tropfte sie vom Schwitzwasser oder die Sonne erhitzte die Planen derart stark, dass Atmen zur Anstrengung wurde. Mit zwei bis drei Leuten pro Mittelstange hochgeschoben, ergaben sie eine Straffung der Zeltanlage. Das Einfädeln der schweren eisernen Stangen in die vorgesehenen Löcher im schwebenden First war gefährlich, auch da ließ man Neulinge erstmal besser nicht ran. Wie bei den Rondellstangen wurden sofort nach dem Einsetzen die an den Eisenringen der Dachteile befestigten Sicherungsleinen um die Stangen nach bestimmten Muster mit vorgeschriebenen Knoten auf gleichmäßiger Höhe geschlungen, um damit ein Herausgleiten, etwa bei einem Windstoß, der das Dach hochreißt, zu verhindern.

Standen alle Stangen, zogen zwei Mannschaften die Absegelungen an den Ankern nach und brachten damit Stabilität in das Zelt. Auch das wurde wenig später eine meiner Hauptaufgaben beim Aufbau: Zusammen mit meist zwei weiteren Jungs die Absegelungen halten, der Stallmeister löste den Ankerschlag-Knoten und auf Kommando wurde angezogen, der Ankerschlag nachgebessert, oft einige Male, bis das Dach glatt und faltenlos spannte. Zwei andere Trupps kümmerten sich derweil um die Inneneinrichtung. Zuerst die vier Meter langen Futterkrippen abladen, zu zweit auf den Schultern an ihre Position tragen, dort auf einem Knie absetzen und halten, während ein Dritter sie an den Rondellstangen mit Ketten befestigte. Schwere Monster waren diese massiven Futterkrippen, sie dienten auch als Sicherung für die damals übliche Ankettung der Pferde. Bereits beim Einhängen der Krippen kletterten zwei Leute auf diese und hängten die Rundleinwände, die Seitenteile des Zeltes, ein. Anker für Trennwände und Boxen wurden geschlagen, die Futterkiste mit Hafer und die Kiste mit dem Federschmuck der Pferde links und rechts am Eingang im Stallzelt platziert. Die erste war der „Thron" vom Stallmeister, von dort hatte er Überblick über den gesamten Bereich, auf die einzelnen Tiere und die Arbeitsmoral seiner Pfleger. Dick wurde Stroh aufgeschüttet, dann schnellstens die Tiere von ihren Hängern in die frischen Unterkünfte geführt und umgehend mit Wasser und Kraftfutter versorgt. Anschließend errichteten wir den Elefantenstall für Seetah. Ihr Pfleger konnte das nicht allein, so gehörte auch dieser Auf- und Abbau zu unseren Aufgaben. Die Elefantin lebte mit ihrer Ziege, deshalb war das Zelt nicht groß, jedoch schwer zu handhaben, weil es am Elefantentransporter mühsam eingefädelt werden musste. Dazu stiegen Leute aufs Dach und arbeiteten kniend, selbst leichter Wind, der unter das Zelt fuhr, wurde schnell zur ernsthaften Bedrohung, die Plane mutierte zum Segel.

Die Hänger der Tierschau waren bereits gestellt und die Klappen geöffnet worden, nun errichteten wir Gehege und Absperrungen. Viel Arbeit, besonders in den ersten Städten, wo die größtenteils unerfahrene Mannschaft ständige Anleitung brauchte. Wir Neuen verrichteten irgendwann wie Roboter die Arbeit an jenem ersten Aufbautag, doch der Stallmeister kannte kein Erbarmen. Erst wurden die Tiere perfekt versorgt - dann durften wir zu unseren Wohnwagen. Das änderte sich nie.

Währenddessen verwandelte sich auch ringsherum der öde Platz. Das große, dunkelblaue AEROS-Chapiteau stand als Mittelpunkt und Blickfang und die Zeltarbeiter bauten im Laufschritt unter Begleitung lauter Musik am Gradin, der gewaltigen Sitzeinrichtung für 2.500 Besucher. Die einzelnen Mannschaften konkurrierten um die schnellste Beendigung ihres Blockes. Wieder nicht im "sozialistischen Wettbewerb" oder um finanzielle Anreize, sondern einzig um den Stolz ihres Teams!

Zuerst hatte der Zeltmeister mit Sägespänen Linien und Punkte auf den Platz gezeichnet. Sie gaben den genauen Plan des Chapiteaus wieder, legten die Ausrichtung für Haupteingang und Sattelgang fest, markierten die exakten Positionen für die Masten und für die unzähligen Anker, als Haltepunkte der Absegelungen. Dann begann die schwere Arbeit der Zelt-Crew. Maximal sechs Stunden brauchten sie für das Aufstellen des Zeltes und der gesamten Inneneinrichtung, nur vier für den Abbau.

D. und ich trabten ausgepowert zum Wohnwagen, klappten die Veranda herunter, zündeten die Gasheizung, es war kühl in jenen Märztagen, und beseitigten müde das Charivari auf dem Boden. Wasser war angeschlossen, auch dafür gab es einen Zuständigen. Er sorgte für die Leerungen der immer sauberen, modernen Toilettenwagen, für die gesamte Wasserversorgung des Zirkus, den Wechsel der Gasflaschen und hatte mit Reparaturen hinreichend zu tun. Ein Job für einen hartgesottenen Typen, doch ungemein wichtig und für jedermann im Zirkus eine Hilfe im Alltag. Gerade diese Leute, welche niemals im Scheinwerferkegel standen, hielten den Zirkus am Leben. Ohne sie wäre das Licht in der Manege nie angegangen. Erst all die Zeltarbeiter, Elektriker, Kraftfahrer, die Handwerker und Werbemannschaft, die Kassiererinnen, Schneiderinnen und Stalleute machten eine Veranstaltung überhaupt möglich. Nicht zu vergessen die Leute für das leibliche Wohl, die Küchencrew. Für drei DDR-Mark gab´s, wenn gewünscht, eine gute und reichliche Vollversorgung am Tag, mit Brötchen zum Frühstück, Mittagessen und Abendbrot. Immer stand der Küchenwagen zur Essenausgabe pünktlich an seinem Platz, in einer Reihe mit dem Clubwagen für individuelle Versorgung an Imbiss und Getränken. Auch wir nahmen das Angebot von der Küche gerne an.

Kurz vor dem Abendbrot gingen wir in den Badewagen, um in einer der Duschkabinen den Schweiß und Schmutz der ungewohnten körperlichen Arbeit abzuseifen. Dann holte D. das Essen und wir saßen einige Zeit am Tisch vorm Fenster und redeten vom Erlebten. Es dunkelte, ringsherum in den Wohnwagen gingen die Lichter an. Das Stallzelt war hell beleuchtet, dort beschäftigte sich eine Überbrückungswache mit der Sauberhaltung und Versorgung der Tiere, bis der Nachtwächter seine Schicht begann. An Spieltagen war diese Sonderschicht unnötig. Die Abendveranstaltung, die letzten Tätigkeiten bei den Tieren und die obligatorische Arbeitsbesprechung dauerten oft bis zum Dienstbeginn der Nachtwache. Manchmal bis dahin verbleibende Zeit übernahm der Stallmeister selbst. Dann saß er da auf seiner Kiste im Zelt, umgeben von schlafenden oder Heu knabbernden Tieren, oder er schritt langsam den Mittelgang entlang. Ich glaube, er liebte diesen abendlichen Frieden inmitten seines Reiches sehr.

Im Chapiteau kehrte Ruhe ein, auch die Zeltarbeiter hatten endlich Feierabend. Die vielen, zu den vier Masten aufgezogenen, Lichterketten tauchten die Zirkusstadt in diffuses Licht und zwischen den Masten zur Fassade leuchtete der Schriftzug AEROS. Diese Tag und Nacht weit sichtbare Silhouette des gewaltigen Chapiteau mit den hohen Masten und dem Namen zeigten mir in jeder Stadt, wohin ich zu gehen hatte, um zuhause zu sein.

Als der Morgen erwachte und mit ihm die Vorfreude der vierbeinigen Zirkusartisten auf die bevorstehende Mahlzeit, konnten auch wir nicht mehr schlafen. Gewieher, Geklimper und Gequietsche aus dem Stallzelt und Raubtierbrüllen, der Tagesauftakt im Zirkus. Gegenüber des 30-Meter-Pferdezeltes und unmittelbar am Chapiteau stand nun auch die Raubtiergalerie, die zwei aneinandergereihten Käfigwagen der Gemischten Raubtiergruppe von F. Capri. Begrenzt von dessen Familienwohnwagen auf der einen

Flanke und auf der anderen, dicht am großen Requisitenzelt, vom Gitter- und Requisitenwagen mit Wohnabteil des Raubtierkutschers und dem Fleischwagen. Auf der gegenüber liegenden Seite des Sattelganges stand der Käfigwagen der für diese Tournee engagierten Longenbären-Dressur des P. Sperlich vom privaten Zirkus Hein. Daneben reihten sich die Garderobewagen an die Rundleinwand des Chapiteaus.

Zuerst versorgten wir die völlig durchgeknallten Pferde mit ihrer morgendlichen Haferration. In zügelloser Ungeduld auf das so erwartete Frühstück mutierte selbst der älteste Zirkusgaul zum randalierenden Hengst. Plötzlich totale Ruhe, wenn wir an die Haferkiste traten und diese knarrend geöffnet wurde. Wenn dann der Stallmeister die erste Schüssel mit der für jedes Tier genau von ihm festgelegten Portion füllte, welche wir Pfleger möglichst schnell in die Futterkrippen zu verteilen hatten, brach die Hölle los. Die Pferde wurden zu Superhengsten, verteilten Hufschläge an unsichtbare Gegner oder erklärten den ansonsten befreundeten Nachbarn zum Todfeind und bissen wild um sich. Der Tumult endete schlagartig mit dem Erhalt der Haferration, nur vereinzelt wies man hier und dort mit angelegten Ohren und zänkischem Quietschen darauf hin, dass auch der schräge Blick des Nachbarn in den persönlichen Futtertrog nicht akzeptabel sei.

Die folgenden Tage boten ähnliche Arbeitsabläufe wie die zurückliegenden Wochen unmittelbar vor der Ausreise im Winterquartier. Reinigungsarbeiten, immer wieder Auf- und Abzäumen der Pferde und mit ihnen zwischen Stallzelt und Chapiteau zu den täglichen teilweise mehrfachen Proben pendeln. Zwar nervten die ständigen Wechsel Pfleger und Pferde, aber einen Vorteil brachten sie: Zwei- und Vierbeiner bekamen Routine für die Veranstaltungen.

Als mit der Premiere die Gastspielsaison eröffnete, startete der normale Tourneealltag. Vormittags Säuberung der Stallanlagen und Tierschaubereiche, Proben, erstes Putzen der Pferde. Die Tierschau war ganztägig geöffnet und der Besucherstrom brachte zusätzlichen Aufwand. Es galt besondere Vorsicht beim Führen der Tiere und für Sauberkeit die höchstmögliche Stufe. Das bedeutete sauberer Arbeitskittel im Besucherbereich, sofortiges Entfernen von Stoffwechselrückständen, regelmäßiges Aufschütteln der Strohmatte und kein, tatsächlich kein Strohhalm durfte an einem unberechtigten Platze liegen. Dazu wurden Hufe und Klauen der Tiere vor dem Verlassen des Stalles ausgekratzt, gereinigt und hinter der Tierkolonne die Laubharken geschwungen. Im Stallzelt drehten wir die Strohmatte fest auf Kante ein, so entstand eine akkurate Abgrenzung zum Mittelgang, schnurgerade beidseitig auf gesamter Länge, leider anfällig durch Bewegungen der Tiere oder Unachtsamkeit der Besucher und damit immer ausbesserungsbedürftig. Nicht benötigte Geräte lagerten in Schränken. In den Tierschaupausen der Vorstellungen, wenn viele hunderte Zuschauer den Tierbereich fluteten, trugen die Bereiter, die Assistenten in den Pferde-Revuen, in ihrem Manegen-Outfit die Aufsicht im Stallbereich. Ihnen war verboten zu rauchen, zusammen zustehen oder gar auf Kisten zu sitzen. Wir gewöhnliches Personal hatten Pause bis zum zweiten Programmteil. Wenn es noch so übertrieben klingt, damit aber bot die AEROS-Tierschau stets einen sauberen, gepflegten und einladenden Eindruck. Arbeiter in schmutzigen Arbeitslumpen, in Gruppen herumstehend und die wenigen Besucher musternd, ist heute ein peinliches Markenzeichen vieler Zirkusse und prägt unangenehm deren Erscheinungsbild.

Die Vorstellungen regelten den Tagesablauf. Die Musik den Arbeitsrhythmus. Selbst die jüngsten Zirkuskinder wussten, bei welcher Musik sie zuhause erwartet wurden. Die Uhr trat in den Hintergrund, der Zirkus arbeitete nach dem Takt der Kapelle. Wenn P. Kessel mit Trillerpfeife letzte Zeitzonen vor Vorstellungsbeginn markierte und dann mit seiner unverwechselbaren Art das Publikum durch die dreistündige Show leitete, lief in der Manege ein fein abgestimmtes Programm von Artistik, Clownerie und Dressur ab. Als Kunstform akzeptiert, interessierten sich die Menschen damals sehr für den Zirkus und in jeder Veranstaltung waren Logen und Sitzreihen dicht besetzt. P. Heinrich, Orchesterleiter bereits im festen AEROS-Bau in Leipzig bis 1962, und seine Musiker stimmten schon beim Einlass das Publikum ein. Dimmte das Manegenlicht, wurden Elektriker zu Beleuchtern und nahmen ihre Plätze ein, einer am großen Mischpult über dem Haupteingang, zwei erkletterten die vorderen Masten und bezogen Posten auf den kleinen Podesten mit den großen handgelenkten Spots. Nun stand der Programmstart unmittelbar bevor. Letzter langer Pfiff der Trillerpfeife, ein Tusch und es ging los. Für die Besucher gehörte das Geschehen vor der eigentlichen Show bereits zum Erlebnis Zirkusbesuch.

Das Programm ist so gut, wie das Zusammenspiel aller Beteiligten. Eine Darbietung allein ist eine Reihenfolge unterschiedlichster Kunststücke. Sind sie noch so hervorragend, noch so farbenprächtig in Kostümen und Requisiten, erst die richtige Beleuchtung, der Wechsel der Farben, der Einsatz der Spots und die Musik, perfekt an den Ablauf der Trickfolge abgestimmt, mit dem Tusch zum genau richtigen Zeitpunkt und bei Verzögerung eine zusätzlich angehängte Strophe, machen die Nummer lebendig. Der Sprechstallmeister mit seiner Anmoderation und seinen Kommentaren heizte das Publikum auf die Darbietung an. Mit ihm sollte man sich gut stellen, wollte man kräftigen Applaus für seine Arbeit. Peter Kessel, als einstiger Moderator im Fernsehen bestens vorgeschult, lief hier zur Höchstform auf. Ebenso die Jungs der Zeltarbeitertruppe, welche im Programm die Requisite stellten. Wie beim Zeltaufbau arbeiteten sie unter Hochdruck. Fast unbemerkt stellten oder beräumten sie Requisiten vor oder während einer Darbietung. In den Durchlaufproben vor dem ersten Spieltag mussten sie sich jeden Wechsel, jede Tätigkeit sicher einprägen, um ein Stocken im Gesamtablauf zu verhindern. Vor jeder Tierdressur entfernten sie den Manegenteppich und harkten die Späne in der Manege glatt, um ihn nach der Nummer wieder auszurollen und abzufegen. Der Teppich war schwer und unhandlich, doch die Requisiteure präsentierten es geradezu spielerisch. Bei aufwendigen Umbaupausen übernahmen G. & A. Schoof, als Clown-Duo Gitta & Arno, den schwierigen Part, das Publikum mit Späßen vom Geschehen abzulenken. Ein harter, stets unterschätzter Job. Der komplizierte Aufbau des aus Segmenten bestehenden Zentralkäfigs für die Dressur von F. Capri lag, wie für

Raubtier-Shows üblich, in der Pause zwischen beiden Programmblöcken, der einzig ruhigere Moment für die Requisite. Der Abbau dagegen war Anlass, die wirbelnde Truppe vorzustellen - nachdem sie nach Auslösen einer in der Mitte befindlichen Rundumleuchte die unhandlichen Requisiten entfernt, das Sicherheitsnetz oben am Gitter gelöst und verpackt, die Gitterteile des Zentralkäfig entfernt, die Manege geharkt, den Teppich ausgerollt und der letzte Mann die Rundumleuchte ausgeschaltet hatte. Die ganze Truppe war schweißgebadet und immer bemüht den eigenen Rekord zu unterbieten. Nach diesem Kraftakt standen sie in einer Reihe und ernteten wohlverdienten Applaus. Ihre nächste große Herausforderung kam mit dem Auf- und Abbau des Sicherungsnetzes der Glorias, der einzigen und freiberuflich tätigen Darbietung Fliegendes Trapez in der DDR. So oft wie möglich sah ich mir diese herausragende Show an, von hinten durch den Vorhang oder vom Haupteingang aus. Immer wieder neu fasziniert von der Leistung.

Der erste richtige Tournee-Alltag mit seinen zwei Vorstellungen war wieder eine Anstrengung für die Neulinge, er fand kein Ende. Zeit ist eine Illusion. Morgens um acht Uhr startete und nach zweiundzwanzig Uhr endete er. Dazwischen eine kurze Frühstückspause, die verschobene Freizeit von elf bis vierzehn Uhr und die einstündige Abendbrotpause. Alles andere füllten tierpflegerische Tätigkeiten aus: Reinigung der Tierunterkünfte, das Auf- und Abschirren der Pferde zu den Vormittagsproben und den Vorstellungen, das beständige Putzen der Pferde, morgens, dann lange und gründlich vor der ersten und ein Auffrischen vor der zweiten Vorstellung. Führten wir die Pferde in den Schmuckgeschirren hinüber zu ihrem Auftritt, saß der Stallmeister hoch auf der Futterkiste und prüfte jedes vorbeischreitende Tier genauestens, gerne auch mit der Hand. Gab es eine Beanstandung, folgten Zusatzaufgaben und Extraputzen in der Pause zwischen den Vorstellungen, Abendbrot fiel in dem Fall auf den späten Feierabend. Schlimmstes Vergehen war ein Strohhalm unter den Hufen, im Schweif oder der Mähne! Nichts entging seinen Augen. Angekommen im Sattelgang, schraubten einzig die Bereiter, als Assistenten mit in der Vorstellung, die wertvollen Straußenfedern in Kopf- und Rückengeschirre. Meine Frau bekleidete schnell einen solchen Posten. Andere Pfleger bürsteten noch einmal Mähnen und Schweife auf. Wenn die vorher arbeitende Darbietung den Abschiedsapplaus erhielt und P. Kessel die Dressur ankündigte, rückten die Pferde in die Schleuse bis an den ersten Vorhang vor, die Longen wurden gelöst und die Tiere nun an ihren Halftern gehalten. Vorne standen die zwei uniformierten Bereiter, wir in Kitteln hatten uns dezent zu halten, um beim Öffnen des Vorhanges so wenig wie möglich vom Publikum gesehen zu werden. Man ließ die Pferde los und verschwand im Dunkel des Requisitenzeltes. Die Pferde rannten stets mit Begeisterung in die Manege, froh laufen zu können. Kehrten die Tiere aus der Manege zurück, wurde es kompliziert. Dann hieß es Aufpassen und Vorsicht! Wir mussten die Tiere erkennen, weil Einzelne noch einmal zu einem Solotrick oder in einer kleineren Gruppe zurück in die Show gingen. In der ersten Zeit gab es häufig Verwechslungen und Hektik, deshalb rief uns der Stallmeister die Namen zu. Voller Power, zu zweit und im Sekundentakt galoppierten die Pferde aus der Manege, und wurden sie verwechselt, so folgten sie durchaus willig in den Stall und bestanden keinesfalls auf ihren Solo-Part. Wir mussten lernen, wer wann kommt und ob er in den Stall darf oder im Sattelgang warten muss. Einfach handhaben ließen sich die Norwegischen Fjordpferde, weil klein, umgänglich und ruhig im Wesen. Die Mecklenburger Goldfüchse von W. Hädrich hingegen erforderten vollste Konzentration. Groß gewachsen und übermütig zogen sie das ganze Register ihres Könnens. Sie preschten aus der Manege, schlugen aus, stiegen und manche versuchten zu beißen. Da galt es sie unerschrocken zu stoppen, dann irgendwie, notfalls durch Hochspringen, die Longe in die Trense einzuhaken, um die Tiere unter Kontrolle zu bekommen und langsam und sicher führen zu können. Gerade in der Anfangszeit und später bei ängstlichen Neulingen gingen immer wieder Tiere durch. Sie rannten in den Stall und sofort zwischen dort bereits stehenden Gruppengenossen oder, bevorzugt, zwischen die Fjordpferde. Beides bedeutete furchtbare Keilereien. Oft geriet der führende Pfleger mit in das Chaos, wenn unerwartet und blitzschnell ein rückwärtiger Überfall auf seine Tiere erfolgte. Der Stallmeister ging entschlossen dazwischen, auch D. zögerte nie und verschaffte sich damit gehörige Achtung.

Ich bekam von den Mecklenburger Goldfüchsen zwei ausgebuffte Spezialexemplare zum Pflegen und Versorgen zugeteilt. Bei der Vergabe blieb ich ungeschickt im Hintergrund und als gelernter Tierpfleger durfte ich nicht zögerlich sein, denn den anderen, völlig tierunerfahrenen Neuen konnten diese Zwei nicht anvertraut werden. Markus, so der Name der einen Mähre, liebte Zoff mit grundsätzlich jedem Zwei- oder Vierbeiner. Beim Putzen versuchte er mich zu beißen und als ich darauf seinen Kopf hochband, boxte er mit Vorder- und Hinterbeinen nach mir. Bei Markus schwitzig ich weniger vom Putzen als vom Umgang. Meine Bestechungsversuche mit Leckereien fruchteten anfangs nicht und als sie langsam Wirkung zeigten, hatte ich mit Markus nicht mehr viel zu tun. Die andere Unbeliebtheit hieß Monto, der Größte der ganzen Gruppe und irgendwie aus der Art geschlagen, so mächtig gebaut, mit einem riesigen, langen Kopf und trampelig wie ein Ackergaul. Monto packte mit seinem breiten Maul nach allem und riss und kaute daran herum. Auch gelang es ihm immer wieder, mir auf die Füße zu treten. Dazu testete er sich heran, Stück für Stück. Viele schmerzhafte Erfahrungen reicher, trat ich zurück und er erschrak darüber. Da muss es in seinem Riesenkopf gearbeitet haben und er wurde mir gegenüber vorsichtiger. Erhielt er sein Kopfgeschirr für die Probe oder Vorstellung und sollte sein Maul für das Gebiss der Trense öffnen, hob er den Kopf, ich sah in den Himmel und erreichte ihn nicht mehr. Ich schmeichelte mich ein. Mit einem Stückchen Zucker oder Mohrrübe ließ sich Seine Ungeheuerlichkeit tatsächlich bestechen. Zum Sattelgang führte ich Markus und Monto in der Mitte und musste verhindern, dass sie mit den Köpfen zusammenkamen, das löste sofort Quietschen, Steigen und Schlagen aus. Pure Action war das Abfangen von Monto, und dies gleich mehrfach, weil er Soloauftritte hatte. Monto preschte wild ausschlagend aus der Manege und wenn ich mich an seine Zügel hechtete, musste ich schnell mit dem Einrasten der Longe sein, denn nun stieg er, schlug mit den Vorderbeinen und benötigte einige Zeit, bis er seine Aufregung bezwang. Dafür gab es von mir etwas zu naschen, aber selbst dabei musste ich vorsichtig sein, weil Monto mit seinem Riesengefräß gierig zupackte. Alle Goldfüchse stürmten wie Geschosse und ausschlagend aus dem Rampenlicht und lösten beim Erscheinen eine Massenflucht aller Unbeteiligten im Sattelgang aus. Artisten voriger oder nachfolgender Darbietungen, die Clowns, die Requisiteure, alle stoben sie davon wie Vampire beim ersten Strahl der Morgensonne. Zuviel geballte Naturkraft explodierte da. Im Gegensatz zu den Fjordpferden standen wir beim Abfangen der Goldfüchse in der Mitte des Sattelganges, eher waren sie nie zu stoppen. Ich arbeitete mich beim Abfangen von Monto und in das Zusammenarbeiten mit dem Stallmeister beim gemeinsamen *Abbremsen* der heranrasenden Kraftpakete ein, um anderen Pflegern das Einhängen der Longen zu erleichtern und ein Durchgehen zu unterbinden. Mir blieb dafür Zeit, denn Monto´s letztes Solo war das vorletzte der Dressur.

So verging die Zeit in der ersten Gastspielstadt schnell. Trotz aller Arbeit fanden D. und ich Zeit für Ausflüge, das behielten wir grundsätzlich bei. Wir genossen die Umsetzungen im LKW von Ort zu Ort, wollten aber auch möglichst viel von den Städten sehen.

Kaum, dass nach der letzten Vorstellung in Ostrava das Publikum das Zirkuszelt verließ, endete der Alltag der vergangenen zwei Wochen. Schon im Laufe des Tages hatten wir nicht mehr benötigtes Material verstaut und nach der Tierschaupause die umfangreichen Gehege der Tierschau verladen. Die Tiertransporter waren gleich am Tag der Anreise gereinigt und frisch eingestreut worden, sie standen für eine Notsituation immer ladebereit und mit geöffneter Rampe. So folgte für das Stallpersonal ein früher Feierabend. Dafür schepperte und polterte es im Chapiteau, die Sitzeinrichtung wurde abgebaut und verladen, der Objektzaun war fort, erste LKW mit Wagen gingen auf Tour in die neue Stadt. Bis in den frühen Morgen lag der typische Abbaulärm über dem Platz: Kommandos der Zeltmannschaft, Klirren der Rondellstangen und Sitzeinrichtungen, das Schlagen der Anker zum Lösen aus dem Boden, aufheulende Motoren, die rangierenden Traktoren, die Pfeife des Platzmeisters beim Anweisen und Ankoppeln der Hänger. Wir schliefen darüber ein.

Die Nacht war kurz. Um fünf Uhr, im Schein der dürftigen Stall-Lampen begann unser Abbau. Die Tiere erhielten ihre Haferration, dann brachten wir sie auf die Transporter. Neben oder leicht vor dem Pferd führte man es die steile Schräge in den Wagen. Schnelligkeit war vonnöten, um nicht überrannt zu werden, nahmen doch gerade die Goldfüchse die Schräge mit kräftigen Sätzen. Dann ging alles anders herum als beim Aufbau, nur war das Zelt durch die Kälte der Nacht nass, steif und viel schwerer. Wir rollten die einzelnen Teile mühsam zusammen, richteten die Rollen auf und stülpten Schutzsäcke darüber, stellten uns in Paaren hintereinander und packten den Partner fest am Handgelenk. Die Rolle wurde umgestoßen, langsam von den Händen abgefangen und nachgefasst. Wir trugen die Dachteile mit sechs Leuten und trippelten wegen der Nähe zum Vordermann wie Ballerinas zum Packwagen. Zwei weitere Leute griffen vorne mit zu und hoben das eine Ende der Rolle auf den Wagen, dann stemmten wir sie gemeinsam hoch, stiegen auf den Wagen und trugen das Dachteil auf seinen Platz. Drei gewichtige Riesenrollen. Die nächste schwere Arbeit war das Losschlagen der tief sitzenden Anker. Bei nassem Boden gelang es nur mit einer Rondellstange als Hebel und mit mehreren Leuten, sie aus dem Sand zu ziehen. Wir arbeiteten eilig in den erwachenden Tag, um vor den eintreffenden LKW einen Kaffee trinken zu können. Der Platz lag wieder öde wie vor dem Gastspiel. Wenige Wagen standen herum, wir zogen stets als Letzte weiter. Unsere Zugfahrzeuge trafen ein, wir koppelten an und sofort ging es in die neue Stadt. Die Zeit bis dahin war Ruhepause und Sightseeing-Tour.

Ein ausgerichteter Zirkus erwartete uns. Die Platzordnung, die Aufstellung der Wagen, erfolgte nach gleichem Schema, variierte einzig durch Gegebenheiten des Geländes. Die Rundmasten mit dem AEROS-Schriftzug ragten in den Himmel. Es gab zwei Garnituren Hauptmasten. Diese wurden schon vor zwei Tagen errichtet, als Entlastung am Aufbautag und deutliche Reklame. Ohne jene Vorarbeit wäre der Aufbau nicht bis zur Nachmittagsvorstellung zu schaffen gewesen. Ausfalltage, spielfreie Standzeit, gab es selten. Als wir eintrafen, zogen die Zeltarbeiter eben das Chapiteau per klickenden Handkurbeln und mit Flaschenzügen an den Masten auf. Schlaff hing es in den Seilen, ließ aber die entstehende Dimension erahnen. Wieder standen viele Leute am Platz und sahen dem Aufbau interessiert zu.

Dem Stallmeister ging es wieder nicht schnell genug mit dem Einrangieren des Packwagens. Er brüllte, trug tiefste Stirnfalten. Man wich ihm tunlichst aus. Er wurde erst ruhiger, wenn das Stallzelt eingerichtet stand und die Tiere von den Wagen konnten. Dazu trieb er uns unerbittlich an, duldete keine Pause, auch nicht für sich. Ich kämpfte mit dem Vorschlaghammer, meiner Zielgenauigkeit und Kraft. Mehrfach traf ich den Anker mit dem Stiel, der Meister spottete und erinnerte mich daran, wer den Hammer in seiner Freizeit zu reparieren hat. Ich *pückerte* mühselig weiter, mit anderen Unerfahrenen und eigenen Ankern im Untakt. Der Boden viel zu hart, die Anker zu lang und zu viele sowieso. Aufatmen, als endlich alle eingeschlagen waren. Der Versuch einer kurzen Verschnaufpause misslang. Nicht rumstehen, ran hier! Die schweren Mittelstangen mussten herbei geschleppt werden, die massiven Krippen, die Trennwände. Alles Weitere wurde Erholung.

Zu Mittag war die Arbeit geschafft, auch das erste Pferdeputzen lag hinter uns. Zwei Stunden Pause. Zeit, den Wohnwagen herzurichten, etwas zu essen und sich meist ein wenig hinzulegen. Dann erneutes Pferdeputzen. Premierentag in Orlova mit Nachmittags- und Abendvorstellung. Eine Drei-Tage-Stadt mit fünf Shows, am Abbautag nur am Nachmittag. Den Tag darauf eine neue Stadt und zwei Vorstellungen, diesmal ein Gastspiel von vier Tagen. So ging das weiter. Ausfalltage gab es nur bei weiten Anreisestrecken oder vor der Premiere in einer Großstadt.

Nach drei Städten hatte ich mich an den Pulsschlag des Zirkus gewöhnt. Angenehme Erleichterungen bildeten dabei die Verlässlichkeit der Küche mit ihren guten Mahlzeiten, der sofortige Anschluss des Wohnwagens nach dem Stellen von den Elektrikern an das Strom- und vom Platzwart an das Wassernetz. Kleinigkeiten, aber Luxus, ähnlich der Annehmlichkeit des stetig beheizten Duschwagens.

Ich nahm auch die Pferde leichter an, sogar den widerborstigen Markus und den dreisten Monto. Da rief mich der Stallmeister herbei und wies mir eine neue Aufgabe zu. Ab sofort arbeitete ich nicht mehr im Stallzelt, ich erhielt ein eigenes Revier. Natürlich baute ich weiter mit auf und ab, aber Pferde führte ich nur noch zu den Vorstellungen, ansonsten war ich frei in meiner Zeiteinteilung. J. Schilinski hatte mich genau beobachtet und gespürt, dass ich mehr eigene Verantwortung brauchte. Er setzte auf meine Verlässlichkeit und teilte mir die Betreuung der Tierschau-Bewohner und der Vierbeiner der Haustierrevue von W. Hädrich zu. Nun waren meine Pfleglinge eine ziemlich bunte Gesellschaft. Ein Affenwagen, ein Wagen mit Emu, Nilgauantilope, Nasenbären und Zwerghühnern, ein Wagen mit Ziegen und Schafen der Tierschau und dann die zwei Hänger der Tierrevue mit Ziegen und Hunden. Ich war nun viel freier, den gesamten Tag draußen bei und in den Wagen und die Arbeit abwechslungsreicher, aber keinesfalls weniger. Eine Strohkante musste ich nicht mehr eindrehen, aber die Gehege vor den Wagen täglich mehrfach durchharken, die einzelnen Abteile reinigen und recht unterschiedliches Futter bereiten. Dafür erhielt ich sogar Zutritt zum Futterwagen, neben der Sattlerei mit ihrem Ledergeruch, das zweite Heiligtum des Stallmeisters und nur für Auserwählte zu betreten. Für die Hunde kochte ich regelmäßig im Dämpfer eine Fleischbrühe mit Reis oder Nudeln oder rührte Haferflocken unter. Damals bestand das Angebot an Tiernahrung einzig aus Hundekuchen und einer übelriechenden Fertignahrung im Glas. Gemüse stand zur Verfügung, das Fleisch bezog ich vom Kühlwagen der Gemischten Raubtiergruppe. F. Capri selbst teilte mir die Portionen zu, das überließ er nicht seinem Tierpfleger. Stets in Sorge, seine Katzen kämen zu kurz, stellte er meine Geduld dabei hart an den Rand der Verzweiflung, bis ich die benötigte Menge endlich im Eimer davontrug. Capri hatte einst eine gute Wahl bei seinem Künstlernamen getroffen. Er war ein kleiner, aber kräftiger, äußerst - nennen wir es: *temperamentvoller* Mann mit schwarzem Haar und Schnurrbart. Dauernd unter Strom machte er es seiner Umgebung nicht unbedingt leicht, ihn zu verstehen. Seine Dressurvorführung im Zentralkäfig knisterte vor echter Spannung. Begann er mit der Feuershow, hielten Eingeweihte den Atem an, weil niemand wusste, mit wieviel Feuer er heute das Rund überziehen würde. *Manege in Flammen* nannten wir seine Show doppeldeutig, während derer zwei Requisiteure mit Feuerwehrschlauch im Anschlag konzentriert die von Capri entfesselten Feuersäulen belauerten. Selbstverständlich tuschelten alle jenen bildgewaltigen, doch trefflichen *Untertitel* ausschließlich hinter vorgehaltener Hand, sonst wäre man in Schwierigkeiten mit ihm geraten. In der Vorstellung sorgte Capri für Höchstspannung, hinter den Kulissen beständig für Aufregung. Auch er war verhaltend gegenüber Neuen. Misstrauisch wunderte ich mich sehr, als er mir nach Wochen des Fleischholens Fragen über mich und meine Arbeit im Zoo stellte. Beide Seiten tauten auf. Capri hatte interessante Geschichten zu erzählen und die Portionen für meine Pfleglinge wurden von allein großzügiger.

Die Hunde waren der Teil meiner Pfleglinge, welche die meiste Aufmerksamkeit forderten. Der Stallmeister verordnete ihnen und mir drei Spaziergänge pro Paar am Tag. Den zeitmäßig längsten Ausgang gab es vor der ersten Vorstellung. Während die anderen Pferde putzten, zog ich mit den Doggen Pronto und Astrid und danach mit den Kaukasischen Schäferhunden Odett und Owina über Wiesen oder durch Parks der Umgebung. Die Vier waren ganz begeistert von den Ausflügen. Besonders die Doggen gehorchten schnell sehr gut und ich ließ sie bald ohne Bedenken von der Leine. Schwieriger benahmen sich die beiden Kaukasier. Sie sollten neu in die Haustierrevue eingearbeitet werden. Doch da hatte sich wohl jemand nicht richtig über den Charakter dieser Rasse informiert, beide Hündinnen widersetzten sich starkem Druck und waren bereits beim Rufen ihrer Namen wenig kooperativ. In die Vorstellung gingen sie nur einige Male, dann ignorierten sie nicht nur Kommandos und Auftritte, sondern hatten als Feind ihren Dresseur mit seinen hartnäckigen Forderungen ausgemacht. Nach gezielten Attacken suspendierte man sie vom Dienst und nach der Saison landeten sie wieder bei ihrem Züchter. Ich kam mit beiden wunderbar aus, aber ich brachte auch als Freund das Futter, führte sie aus, spielte mit ihnen und bürstete sie. Bald hörten auch sie gut genug auf mich, um ohne Leine draußen wild toben zu können. Der Dresseur schüttelte darüber den Kopf. Aber, wenn ich nur zweimal am Tag bei den vierbeinigen Partnern erschienen wäre, um dann ausschließlich Forderungen zu stellen, sie hätten mich ähnlich behandelt. Wie schwer ist es, Hunde zu trainieren??? Ähnlich verhielt es sich mit den zehn quirligen Beagles, nur endete ihr Leben schnell und tragisch. Anders als die großen Hunde waren sie völlig ausgelassen, wollten toben und springen und brauchten einen ganztägigen Auslauf. Ich besprach mit dem Stallmeister und den Handwerkern für diese Meute ein größeres Gehege zu bauen. Sehr schnell wurde mir diese Bitte erfüllt und die Neuerung zu meiner Freude von den Kleinen begeistert in Besitz genommen. Kleine, alte Podeste und ein immer neuer, von mir gekaufter Ball sorgten für zusätzlichen Spaß. Highlight für die Beagles blieb, neben den Fütterungen, meine Anwesenheit. Ich versuchte ihnen möglichst viel davon einzuräumen, gab ihnen Namen, spielte mit ihnen und war damit ihre absolute Bezugsperson. Eigentlich sollten die Zehn nur, ähnlich einer Fuchsjagd, vor dem reitenden Dresseur einige Runden in der Manege drehen, als Auftakt für den Exotenzug. Es gelang nie. Für Odett, Owina und die Beagles war ich ihr Hero. Der Dresseur war ihnen egal, sie hörten nur auf mich. Und weil in der Probe die Hunde nicht von mir weg wollten, zu der fremden desinteressierten Person, musste ich aus dem Sichtbereich verschwinden. Nun wurden sie von mehr oder weniger unbekannten Pflegern kompliziert in einen extra gebauten, unhandlichen Karren verladen und zur Manege geschoben. Was sollte das wohl bringen? Mehrmals liefen die Hunde aus der Manege, weil sie meine Stimme draußen bei den Wagen und im Stall hörten und sie begrüßten mich alle voller Freude. Da geriet ich mit Hädrich ernsthaft aneinander und er erteilte mir für diese Zeit Platzverbot in Seh- und Hörweite. Zum Riesenspaß von Stallmeister und Kollegen, welche dem kuriosen Treiben schon lange belustigt zusahen. Aber wieder unterschätzte da jemand die Intelligenz der Hunde. Die nämlich wussten genau, wo ich wohnte, flitzten aus der Manege und besuchten mich begeistert im Wohnwagen. Zehn übermütig wuselnde Beagles in dem kleinen Abteil! Wieder folgte ein Riesenkrach. Und so endete bereits nach wenigen Wochen das Zwischenspiel *Versuch Hundedressur*. Auch die Beagles wurden bis Saison-Ende "nur" Teil der Tierschau. Dann kamen sie Dank der Unfähigkeit ihres Dresseur wieder dahin, wo man sie hergeholt hatte und sie beendeten schon wenig später ihr kurzes Leben in den Händen fragwürdiger Existenzen, zu deren Befriedigung und *selbstverständlich* im Namen *der medizinischen Forschung zum Wohle der Menschen* als Versuchstiere in Berlin-Buch. So wäscht man sich sein veterinärmedizinisches Gewissen rein, sollte es denn bei derartigen *Wissenschaftlern* überhaupt eines geben.

Als Herausforderung der Sonderklasse erwies sich die tägliche Reinigung der Affenkäfige. Absperrmöglichkeiten existierten nicht und wenn auch alle Raubtierwagen zwischen Gitter und Boden ein Spalt Abstand hatten, um mit einer schmalen Kratze arbeiten zu können - hier hielt man es beim Bau für überflüssig. Also rein in den schmalen Pfleger-Gang im Wagen, die Tür hinter sich abschließen und den Kohlenofen gut sichern, konnte ich doch nie sicher sein, die wenigen Quadratmeter nur für mich zu haben. Ich mochte mir nicht ausmalen, wie es denn so in der Enge und eingeschlossen obendrein, gewesen wäre, hätte ich sie mit dem großen und kräftigen Mantelpavian Franzl urplötzlich teilen müssen! Oder mit Spatzi, dem Schweinsaffen, der den Erwartungen auf seinen Namen kaum gerecht wurde, ihn viel eher ins Gegenteil verdrehte. Ich wäre übel erschrocken, doch nicht verwundert gewesen, wenn er eines Tages ein Grinsen im roten Gesicht und im spärlichen Haupthaar zwei Hörner getragen hätte. Was half es? Erst fummelte ich mit einem Kratzer durchs Gitter, um die Späne mit dem Unrat nahe zur Tür zu ziehen. Das war schon hinreichend kompliziert, denn Franzl und Spatzi warteten in ihrer Langenweile genau darauf, griffen zügig nach der Gerätschaft und versuchten sie mir zu entreißen oder sie schleuderten zumindest den zusammengezogenen Unrat frisch im Abteil herum und sahen mich frech an. Dazu konnten sie obendrein durchs Gitter nach mir grabschen. Sie waren flink, geschickt, stark und erfahren im Umgang mit vielen Pflegern. Nun hatten sie mich als Neuen und überprüften meine Widerstandskraft. Ich ärgerte mich richtig, verwirrte sie aber mit Ausdauer, später einer Wassersprühflasche und Überraschungen zum Naschen und Spielen. Dann wurden sie sichtlich ruhiger beim Testen, ja sie stiegen zur Reinigung bereitwillig auf ihre erhöhten Sitzflächen. Dafür belohnte ich sie mit besonders beliebtem Futter, Weintrauben, gekochtem Ei, auch einmal Keksen. Entspannter und weiter öffnete ich dann auch die Tür, um den zusammengezogenen Haufen endgültig aus dem Käfig zu ziehen, die Affen keine zwei Meter entfernt. Einfacher gestaltete sich die Säuberung bei der Kleinfamilie der Rhesusaffen, sie blieben ausgeglichen und kletterten in ihren Holzhöhlen. Der letzte Bewohner war ein alter Bekannter: ein halbwüchsiger Mandrill-Junge. Fast zeitgleich mit D. und mir wechselte er vom Zoo R. in den Zirkus AEROS. D. hatte ihn damals im Affenhaus an die Hüftleine gewöhnt und oft mit dem schnell recht stattlichen Tier Spaziergänge im Zoo unternommen. Häufig besuchten sie mich im Elefantenhaus oder ich begleitete beide, so waren wir uns nicht fremd. Ibo hieß nun Kasimir und der farbenprächtige Hüne ließ mich geduldig seinen Käfig säubern. In der Saison wuchs er zu einem gewaltigen und wunderschönen Mandrill mit einem mächtigen Gebiss heran. Mit Begeisterung nahm die Affen-Schar meine Neuerung in Gestalt regelmäßig frischer Äste an. Ich hatte mehr Arbeit und auch Ärger, weil Spatzi, der Teufel, schnell den Kniff raus hatte, mit einem langen Stock nach mir zu stochern, wenn ich im Gang werkelte. Er wusste ja, wie eine Kratze zu handhaben ist, so probte er seine Erfahrung nun an mir aus. Oft erreichte er sein Ziel und brachte mich in Wut. Doch insgesamt konnten die Affen sich ein wenig mit den Zweigen beschäftigen und hockten nicht nur in den viel zu kleinen Käfigen, das allein zählte für mich.

Der Stallmeister besaß ein großes Herz für alle Tiere, aber natürlich gab es Lieblinge. Die Gründe dafür erschlossen sich manchmal erst um die Ecke herum, wie bei der heiliggesprochenen riesigen Meute bunter Zwerghühner, die jegliche Vergünstigungen genossen, denen im Zirkus jedoch auf Grund ihrer Hinterlassenschaften nicht überall Sympathie entgegen gebracht wurde. Aber sie lieferten treu täglich viele frische Eier, für sein Frühstück, für die zwei Nasenbären und, von seiner Frau sicher gleich mit dem Frühstücksei zusammen gekocht, für die Affenbande. Auch die Ziegen und Schafe der Tierschau standen in der Gunst ganz oben, obgleich sie außer vieler verstreuter rosinengroßer Stoffwechselprodukte und strengen Eigengeruch wahrlich nicht viel mehr boten. Dieser zahme, eher aufdringliche vielköpfige Haufen meckernder und blökender Unholde war jedoch der Renner bei Kindern der Tierschaubesucher. Die Gehörnten hatten grundsätzlich Freilauf und mussten nur über Nacht in ihre rollenden Unterkünfte. Am Tag zogen sie durch den Zirkus, lungerten am Küchenwagen herum, weil man dort einmal den Fehler beging, ihnen Obst- und Gemüsereste und altes Brot anzubieten, kletterten hemmungslos auf Wohnwagenverandas herum, um dort in Eimern oder Vasen und Blumentöpfen nach Fressbarem zu suchen. Ertappt und vertrieben, verteilte sich das Invasions-Heer kurz im Umfeld, um darauf ungerührt eine weitere Angriffswelle zu starten. Damit erarbeiteten sie sich viele Feinde, aber liefen diese protestierend beim Stallmeister auf, lernten sie ihn erst richtig kennen und kamen kein zweites Mal. Dann aber folgte richtiger Ärger in Prag. Wir standen auf dem Gelände des Letna-Parks, uns zu Füßen die Dächer der Stadt. Breite Treppen führten weit hinunter durch Parkanlagen und die gefräßige Schar wurde dort ansässig. Das brachte Schwierigkeiten mit der Stadt und wir versuchten, die Gruppe am Einschlagen dieser Richtung zu hindern. Die Frage nach einem für Prag dauerhaften Aufenthalt im Gehege stellte sich für meinen Stallmeister erst, nachdem die marodierende Gang nun an der Fassade, hin zur Hauptstraße, nicht nur beim Direktor O. Bark die Topfpflanzen und im Eingangsbereich die Blumenkübel gekappt, sondern gleich an der Straße die neu bepflanzten Blumenrabatten der Stadt Prag als erhöhte Futter- und Ruheplätze mit bester Sicht auf den Großstadtverkehr gekapert hatte. Da war Schluss mit grenzenloser Wanderung… in großen Städten.

Den geringsten Arbeitsaufwand hatte ich bei der seltsamen WG Nilgauantilope und

Emu. Beide waren ruhig und umgänglich. Emu Adam stellte gelegentlich meine Geduld auf eine harte Probe, wenn er ohne Unterlass an mir herumzupfte und, schlimmer, wenn er absolut keine Lust verspürte, in sein Abteil zu gehen und ich ihn seitlich lenkend und am Steiß schiebend immer wieder genau da hinein zu bugsieren versuchte. Das war nur für Zuschauer ein Spaß. Laufvogel Adam stellte die langen Stelzen breit, trat nach mir oder fegte davon.

Diese unterschiedlichen Tiere bildeten damals mein Revier. Es war viel abwechslungsreicher und selbstbestimmter als im Stallbereich, dafür aber kämpfte ich mit der Witterung und ihren Auswirkungen und täglich zweimal mit den schweren Klappen der Tierwagen. Natürlich kontrollierte der Stallmeister, wie nebenbei, genau meine Vorgehensweise und Arbeit. Das gab sich nach wenigen Tagen, er schien zufrieden und das bedeutete schon etwas. Weiterhin führte ich Pferde in den Sattelgang und fing sie ab, spezialisiert dabei auf Markus und Monto. Ich wollte diese Zwei freiwillig weiter führen, kannte ich doch ihre Macken und sie meine Mitbringsel für besseres Benehmen. Auch das registrierte der Stallmeister kommentarlos. Er ließ es mich anders spüren, wir verstanden uns beständig besser. Er akzeptierte mich und vertraute mir voll. Mehr ging kaum. Nach so kurzer Zeit.

Beim Aufbau konzentrierte ich mich vorrangig auf die Anker, hatte meinen eigenen Hammer gewählt, er lag gut in der Hand und es war der schwerste - doch es galt, die Technik zu beherrschen, dann war das Schlagen mit ihm effektiver und keinesfalls kraftaufwendiger. Er war ausschließlich mir vorbehalten, ich konnte keine Beschädigungen am Holzstiel durch Experimente von Neuen gebrauchen... Sein separater Ruheplatz war in der Sattlerei und er begleitete mich auch durch die Jahre mit den Elefanten. Von der festen Crew hatte jeder *seinen* Vorschlaghammer.

In der Stallbelegschaft gab es viele Veränderungen. Die alte Truppe hatte sich aufgelöst, fünf andere Leute wegen der schweren Arbeit aufgegeben, zwei waren neu angereist. Meine Frau war von Beginn an Bereiterin, nun rutscht W. als zweiter Bereiter nach. Ruhigere, aber verlässliche Leute gruppierten sich um den Stallmeister.

Eine Episode zeigte die Misere des Stallmeisters, ein gutes Team zu schaffen. Der Schielende fing kurz vor der Ausreise an, er war ein Hindernis im Tagesablauf und ganz besonders beim Auf- und Abbau geblieben. Dabei jedoch völlig ungehemmt im Hang zu unbegründeter Besserwisserei. D. erhielt als Bereiterin, und nicht ohne Schadenfreude, vom Stallmeister die Anweisung, ihn im Umgang mit Pferden einzuarbeiten. Sie, keinesfalls auf den Mund gefallen und überall zupackend - sie verzweifelte an seinem Ungeschick. Nun war ein Regentag. Das Stammteam stand zusammen und besprach Veränderungen im Arbeitsablauf. Da trollte unser harmloser Problemfall herbei und plapperte unbefangen laut dazwischen. *Meister, da hinten ist ein großer Wassersack im Dach.* Auf der Stirn des Angesprochenen zogen sich die bedrohlichen Falten zusammen, wegen des respektlosen Redens und wegen des Wassersackes. Willi erhielt einen harten Knuff in die Seite als deutliche Geste. Er hatte versäumt, das Dach gründlich nachzuspannen und so sammelte sich Regen in einer Falte der Zeltplane und schuf eine bedrohliche Beule. *Drück sie raus oder kannst du das nicht alleine?!* war die schroffe Antwort. Der Angesprochene erschrak bereits bei den Stirnfalten, bedeuteten sie doch nie Gutes, nun flitzte er zurück zu seinen Pferden, über deren Köpfen sich das Unheil zusammenbraute. Da stand das Zweigebein und starrte nach oben und wir mussten lachen, weil ihm anzusehen war, wie er grübelte. Mit den Händen reichte er nicht heran und als auch springen mit stoßen nichts brachte, blickte er hilflos zu uns. Und der Stallmeister, ungeduldig und verärgert, schnauzte die verhängnisvollen Worte *Nimm die Forke!* Also tat er`s. Bevor wir reagieren konnten, nahm er seine Forke und stieß beherzt die vier Zinken in die Zeltplane. Der Stallmeister schrie und heulte auf als wäre er getroffen worden und die Pferde verstummten im üblichen Geplänkel miteinander und hoben erstaunt die Köpfe. Aus vier Löchern lief der Wassersack leer, auf trockene Einstreu und Pferde. Es folgten Gebrülle, Strafarbeiten und am nächsten Aufbautag Verzögerungen, weil der Schaden behoben werden musste. Mir fiel bei derartigen Gelegenheiten die Aufgabe des Assistenten vom Stallmeister zu, wir arbeiteten gerne zusammen.

Erstaunliche Welten öffneten sich für D. und mich, nun, da wir auch alle Mitarbeiter besser kannten. Der Zirkus war ein Parallel-Universum. Eine Subkultur mit knallbunter Gesellschaft. Gefeiert und getrunken wurde viel, doch auch dies ein Phänomen, morgens arbeitete jeder pünktlich und als wäre nichts gewesen. Wer da nicht mithielt, hatte keine Chance zum längeren Bleiben. Nicht im Zelt, noch weniger im Stall.

Und etwas erstaunte uns sehr. Toleranz, ganz selbstverständliche Toleranz. Häufig standen die Wohnwagen dicht nebeneinander, vom Nebenabteil trennte nur eine Wand und dank der Räder war zudem jede Bewegung spürbar, knapper Raum für Intimsphäre. Aber im Zirkus wurde gelebt, mit einer Familie, mit einem Partner oder mit Stadtbekanntschaften. Niemand nahm daran Anstoß, vielleicht eine Bemerkung, vielleicht ein Zwinkern, mehr kaum. Wir gewöhnten uns an diese Selbstverständlichkeit ebenso wie an die frei gelebten gleichgeschlechtlichen Partnerschaften. Das war uns fremd, das kannten wir nicht aus unserem vorherigen Alltag. Jenseits des roten Zaunes war derartige Toleranz ein eher zerbrechliches Gut. Hier, auf dem anderen Planeten, beurteilte die Gemeinschaft den Einzelnen ausschließlich nach Charakter und Engagement. Im Zirkus wurde Toleranz von Menschen gelebt, denen man es schon alleine vom Äußeren her niemals zugetraut hätte.

Trotzdem gab es Grenzen. Da fiel einer aus der Gesellschaft, weil er nachts auf Wohnwagendächer kletterte und durch die Oberlichter blickte, um mehr zu erfahren von dem, was bei dem Pärchen da drinnen so geschieht. Von der Stammcrew der Zeltarbeiter ertappt, zog er das denkbar schlechteste Los. Diese, von ihrer Arbeit trainiert und geschickt im Umgang mit Vorschlaghämmern, waren, wenn es notwendig war, nicht weniger zimperlich mit den Fäusten. Damit hinreichend Kontakt erfahren, fällte der Spanner mit seiner Abreise Richtung Heimat im Mantel selbiger Nacht die richtige Entscheidung. Für ihn gab es keinen Platz. Ebenso nicht für Langfinger. Selten wurden Wohnwagen abgeschlossen und schon das Betreten der Veranda hätte die Privatsphäre verletzt, man klopfte unten an den Wagen oder rief den Namen. Stieg jemand die

Treppe zur Veranda hinauf, konnte es nur ein Neuer oder Besuch von außerhalb des Zirkus sein.

Nach einigen Wochen Tournee waren wir angekommen in der neuen Welt und der Stammcrew des AEROS und ich begann mich richtig wohl zu fühlen. Solange hatte es aber eben doch gebraucht.

Die kleine Stadt auf Rädern besaß ihr eigenes Weltbild. Direktor O. Bark und sein Stellvertreter W. Schoof waren allgegenwärtig, immer mit offenen Augen und Ohren und mit Zeit für ein Gespräch. Es gab kein Demonstrieren zum 1. Mai in Olomouc, dafür zwei Shows. „Das ist unsere Passion!" Die Zusammenkünfte, die "Betriebsversammlungen" im Chapiteau hielten sich in Anzahl und Dauer sehr in Grenzen. Es ging ausschließlich um interne Probleme, Ziele, Neuerungen, Tourneeplanung, den Rest füllten Informationen über die Zirkusse Busch und Berolina aus, über den Verlauf ihrer Tourneen und zu ihren Sorgen. Und wie es mit den Ensembles oder Einzeldarbietungen des VEB Zentral-Zirkus im "westlichen Ausland" stand. Alles wichtige und höchst interessante Mitteilungen, nicht ein Wort über "gesellschaftspolitische Fragen und Aufgaben". Niemand musste mit seiner Unterschrift die Teilnahme nachweisen und trotzdem saß jeder im Zelt.

Auffallend blieb der Unterschied im Verhalten der Artisten dem technischen Personal und dem Respekt ihrer Arbeit gegenüber. Das Clownsduo G. und A. Schoof besuchte oft mit ihrem kleinen Sohn den Stallbereich, sie waren freundlich und aufgeschlossen. Ebenso die Artisten der Glorias und der ebenfalls aus dem freiberuflichen Bereich kommenden Perche-Akrobatik der Esperantos. Überhaupt waren die älteren Artisten umgänglicher und souveräner. Dagegen staunte man schon über eine tempogeladene Gruppe, in welcher der überwiegende Teil als Schwunggeber des effektvollen Gerätes oder als Untermann agierte, diese jedoch beständig wegen Verletzungen nicht arbeiten konnten und sich trotzdem wie Stars verhielten. Die zwei hervorragenden Springer und die Springerin der Truppe hingegen gingen auch mit bandagierten Gelenken in die Show und Kontaktprobleme waren ihnen fremd. Weit schlimmer ging es bei den frisch von der Staatlichen Artistenschule Berlin engagierten Absolventen zu. Wie alle von dort kommenden Artisten waren sie nach Können zusammengestellt worden, persönliche Sympathien blieben ausgeklammert. Somit waren im harten Tourneealltag Probleme und Streitigkeiten vorprogrammiert. Unmittelbar vor dem Auftritt kam es zwischen den zwei Jungs einer Gruppe regelmäßig zu verbalen und danach, kaum aus der Manege zurück, zu handfesten Auseinandersetzungen. Selbst in der Darbietung machte ihr Zoff nicht Halt und sie gaben sich nicht hinreichend Hilfestellung. Aussprachen brachten keine Ruhe, die Gruppe existierte auch nicht lange. Bei den Absolventen der Artistenschule, welche keineswegs zum Zentral-Zirkus/Staatszirkus gehörte, dreht sich das Fluktuationskarussell unter Zirkusbedingungen ähnlich schnell wie beim technischen Personal. Man musste das Leben auf der Reise eben lieben.

Auch die Dresseure bildeten keinen Zusammenhalt. Sie waren naturgemäß Einzelgänger durch ihre Vorführungen und somit nicht sonderlich gesprächsbereit untereinander. F. Capri zog soundso seine eigene Bahn und der vom Zirkus Hein engagierte, damals unerfahrene, junge P. Sperlich hatte alleine mit den Eigenwilligkeiten der Longen-Bären seiner Familie ausreichend zu kämpfen. Und W. Hädrich und G. Dorning konkurrierten mit ihren Pferdefreiheiten, der Hohen Schule und den anderen Dressuren und *beobachteten* einander genau.

Viele Kinder reisten mit auf Tournee. Zur Betreuung der Jüngsten führte AEROS einen Kindergartenwagen und eine Kindergärtnerin mit. Für die Schulpflichtigen bis zur fünften Klasse gab es einen Schulwagen und einen Lehrer. Gerade dieser, Ulli, ein wahrer Paradiesvogel, wusste seine Kinder zu begeistern. Er organisierte ein Reitpferd, zog mit seinen Schülern durch Sehenswürdigkeiten und Museen der Städte, machte Ausflüge. Die Kinder liebten ihn. In seinem Wohnabteil im langen Schulwagen saßen D. und ich mit ihm zusammen und lauschten der von mir frisch in Prag erworbenen Langspielplatte von Pink Floyd "The dark side of the Moon". Wir kannten nur zwei ausgekoppelte Songs vom Radio und ich war fasziniert von dem außergewöhnlichen Sound dieses epochalen Werkes. Dort in Prag, bei Kerzen und Wein fand ich in Pink Floyd den Soundtrack meines Lebens. Später kam Rammstein dazu und gibt seitdem im Wechsel, entsprechend des Empfindens, die Begleitmusik.

Irgendwann Mitte der Saison trat G. Dorning an mich heran, sagte, er wisse, dass ich einst im Zoo mit Elefanten gearbeitet hatte und er fragte, ob ich bei ihm als Elefantenkutscher reisen möchte. Ich hatte mir eine gute Stellung geschaffen, mochte die Leute und das *Klima* im AEROS. Aber auch die Situation um die einzelne Elefantin Seetha stimmte für mich nicht. Sie wurde in Gemeinschaft mit einer von ihr geliebten Ziege gehalten und war bereits damals, zirka elfjährig verhaltensauffällig. Sie hing abgöttisch an G. Dorning, ihrem Pfleger folgte sie nur sehr bedingt. Ich hatte weder Lust, zum Spielball eines Elefanten zu werden, noch in den Berolina zu wechseln, und so sagte ich direkt ab. Er muss es, sicherlich erstaunt über meine Entscheidung, umgehend mit dem Stallmeister besprochen haben, denn dieser kam kurz darauf zu mir ans Hundegehege und fragte nach. Bei meiner Erklärung huschte ein kurzes Lächeln über sein Gesicht, dann ging er wieder.

Seetha verletzte wenig später mehrfach Personen und 1984 tötete sie ihren langjährigen Pfleger vor einer veterinärmedizinischen Untersuchung durch Dr. A. Kuntze auf der ČSSR-Tournee in Nitra. Sie sorgte damit für den einzigen schweren Unfall mit einem Elefanten in den gesamten Jahren der Existenz des VEB Zentral-Zirkus/ Staatszirkus bis zum Ende mit der Berliner Circus Union GmbH. Seetha wurde an den Zoo Sofia abgegeben. Ihr Weg war durch ihre Haltungsumstände vorprogrammiert.

Für Geselligkeit und gemeinsame Gespräche im nächtlichen Chapiteau sorgte P. Kessel mehrfach auf der Saison mit seinem "Pistenbier". Bier und Alkoholfreies, nichts Hochprozentiges, aufgereiht auf der Piste der Manege. Nur die sich zum AEROS-Stamm gehörig Fühlenden trafen dort zusammen, andere spürten schnell den Unterschied und tauchten leise wieder ab in das Zwielicht der Zelt- und Wagenstadt.

Zu schnell fand das Bergfest der Tournee statt, für dessen Sinn ich kein Verständnis zeigte. Ich freute mich über jeden Tag und sehnte das Saisonende keinesfalls herbei.

Alles, einfach alles wird einmal zu Ende gehen.

Und so lief unaufhaltsam die letzte Veranstaltung. In Brno, nach neun Monaten Tournee und 47 Städten. Wieder wurden Sonderzüge beladen und bereits zwei Tage nach unserer Abfahrt fanden wir uns an der Verladerampe Hoppegarten und im Winterquartier wieder, als wären wir nie fort gewesen.

Erneut verließen Leute umgehend den Zirkus. D. und ich hatten durchgehalten, nach allen Problemen der Anfangszeit.

Möge die trübe, monotone Winterzeit schnell verfliegen!

Wir fieberten der neuen Saison entgegen.

AEROS - Programmbesetzung ĆSSR-Tournee 1978

„Artisten - Tiere - Zirkuszauber"

- o Francesco Capri — *Gemischte Raubtiergruppe*
- o Werner Hädrich — *Mecklenburger Goldfüchse* und
- o *Haustier-Revue* und
- o *Hohe Schule*
- o Günther Dorning — *Norwegische Fjordpferde* und
- o *Kuh-Dressur* und
- o *Hohe Schule*
- o Lady Ros — *Elefant und Hund*
- o Maderas — *Tanz-Seil* und Zweitdarbietung:
- o Macuros — *Kugel-Äquilibristik*
- o Meteors — *Russische Schaukel*
- o Rovellos — *Rad-Äquilibristik*
- o Gitta & Arno — *Clownerie*
- • Peter Sperlich — *Longen-Bären* — Zirkus Hein
- • Esperantos — *Stirn-Perche* — freiberufliche Artisten u. Zweitdarbietung:
- • Miss Renata — *Solo-Trapez* — freiberufliche Artistin
- • Glorias — *Fliegendes Trapez* — freiberufliche Artisten

Tournee vom 23.03. bis 19.11. 1978
47 Städte

Elefanten-Gang

Zirkus AEROS auf DDR - Nordkurve 1979
Ensemble in Jarolslavl und Kasan (UdSSR) 1979

Das Frühjahr streifte sanftes Grün über die Natur, zeugte erste zaghafte Sonnentage und die Wagenkolonnen des Zirkus AEROS zuckelten auf der „Nordkurve" genannten Tournee-Route durch die nördlichen Bezirke der DDR bis an die Ostsee.

Wieder hatte es Veränderungen im Stallbereich gegeben. W. Hädrich arbeitete mit seinen Mecklenburger Goldfüchsen und der Hohen Schule, die Haustierrevue war aufgelöst worden und U. Schwichtenberg mit Exotenzug, Ungarischen Wollschweinen und Mazedonischen Zwergeseln zu uns gekommen. Er reiste mit seinen Dressur-Gruppen und dem Team viel im „Westen" und war selbst ein wenig erstaunt, nun auch die DDR kennenzulernen. Seine Assistenten und Pfleger waren K.-D. Schuknecht, bald selbst ein Dresseur, und L. Begemeier, ab 1980 Vorsitzender der Betriebsgewerkschaftsleitung. Und vom Zirkus Busch wechselten Siegfried und Helga Gronau mit ihrem Zug 14 Brauner Lipizzaner und sieben Elefanten zu uns. Damit war der Stallbereich enorm vergrößert. 40 x 10 m Meter Stallzelt und 21 x 10 m Elefantenstall boten eine beeindruckende Kulisse in der Tierschau. Aber mit den Leuten vom Busch gab es von Beginn an Probleme. Sie waren ein völlig anderes, gemächliches, lockeres Arbeiten gewohnt. Da lief der Stallmeister zur Höchstform auf und die Busch-Tierpfleger mussten sich anpassen oder Gronaus Gruppe verlassen. Nach Streit, Wechseln und wenigen Städten bereinigte sich die Lage im Stallzelt. Hier residierten J. Schilinski und wir Getreuen vom letzten Jahr. Im Elefantenstall blieb die Lage angespannt, weil Gronaus sich mitverantwortlich fühlten und die vier Pfleger einen Sonderstatus besaßen. Aber natürlich schritt der Stallmeister auch dort hart ein und sorgte für die Durchsetzung seiner Vorstellungen von Ordnung und Pflege. Die Elefanten durften in ihrem Zelt manchen harten Auseinandersetzungen zusehen.

Ich versorgte weiterhin die verbliebenen Bewohner der Tierschauwagen und war ansonsten so etwas wie ein Springer, half dort, wo es mangelte und ging dem Stallmeister bei Sonderarbeiten zur Hand. Beim Auf- und Abbau regelte ich Ent- und Beladung des Packwagens, schwang meinen Vorschlaghammer und leitete die Aufrichtung der Zeltanlage mit. Bei den Vorstellungen führte ich ganz selbstverständlich *meine* Goldfuchs-Spezialisten der letzten Saison und zwei Lipizzaner. U. Schwichtenberg bat mich zusätzlich um das Führen seines Emus - er hatte Federling Adam im Winter einen wilden Sprinter-Part in seinem Exotenzug übertragen. Jener, größer als ich, nutzte als Laufvogel gerne die Wege in und aus der Manege für ungeplante Rundläufe im Zirkusgelände. Ich schlang eine Longe um seine Brust, um ihn, wollte er hasten, mit der linken Hand zu stoppen und mit meiner Rechten versuchte ich, ihn am Sterz in die gewünschte Richtung zu lenken. Theoretisch einfach. Doch entschied das Federzweibein flinker zu sein, dann sprang er auch hoch oder trat nach mir. Blieb er bockig stehen, musste ich kräftig schieben, und strebte er eine eigene Richtung an, wurde mir heiß beim Bremsen, Schieben, Drücken. Zur Manege war die Lage noch entspannt, da holte ich ihn aus dem begrenzten Gehege. Aber nach seinem Auftritt wetzte er, als wäre alles Böse dieser Welt hinter ihm her und ich hatte Mühe, ihn zu greifen, zumal er auch dabei kräftig nach den Seiten austrat. Artisten versuchten mir zu helfen und den Flitzer zu bremsen. Vom Stallpersonal konnte mich niemand unterstützen, sie „drehten" die Lipizzaner: hatten die Schmuckgeschirre aufgelegt, standen zum Führen bereit und bürsteten noch einmal Schweife und Mähnen auf. So kam ich also im Schlepptau des Terrorvogels aus dem Sattelgang gestürmt und nicht selten gelang es ihm, seinem weit geöffneten Gehege elegant auszuweichen. Während er in der Manege seine Show abzog, stellte ich extra zwei Zäune als Barriere auf, doch *gelegentlich* drehte ich mit Adam im Laufschritt eine Runde um das Chapiteau. Die Jungs vorne am Einlass warteten schon auf das Spektakel, wenn wir an ihnen vorbei hetzten. Loslassen wollte ich ihn auf keinen Fall, er hätte sich üble Verletzungen an Absegelungen oder Ankern zuziehen können. Zumeist bremste dann der Stallmeister unsere Runde auf Höhe des Geheges und wir preschten durch die Lücke. Ab und an war der *Ausflug* umfangreicher und Adam zog mich durch die Wohnwagen-reihen. Wenn ich endlich Oberhand nach der wer-weiß-wievielten Runde gewann, kehrte mehrfach bereits Uwe aus der Manege zurück und konnte sich kaum beruhigen vor Lachen. Ich blieb versteinert und atemlos. Emu und ich waren zur Belustigung des Zirkus nebst Tierschaubesuchern geworden, toll. Wenige Tage darauf gab ich dann, durch eine entscheidende Veränderung, diesen Part ab und nun rannte Leo mit Terror-Federzweigebein Adam um die Wette und ich bekam meinen Spaß...

Kurz nach Saison-Start gastierte AEROS in Dessau. „Mein" Affenwagen stand direkt gegenüber vom Elefantenstall und so entging mir morgens nicht der heftige Streit zwischen Gronaus und einem Pfleger. Der Stallmeister kam hinzu, es wurde lauter. Dann trat die gefährliche Ruhe vor dem Sturm ein. Am Nachmittag beobachtete ich von meiner Position fasziniert, wie die Pfleger die sieben Elefanten zur Veranstaltung vorbereiteten. Bisher war ich immer *zufällig* bei den Tierschauwagen gewesen, wenn die schönen Tiere vorbei marschierten. Wieder gab es heftige Diskussionen. Während der Abendvorstellung schloss ich nach der Tierschau-Pause die Klappen des Affenwagens, bezog dabei von Spatzi die traditionelle Ladung Späne und Futterreste und säuberte nun den Bereich vor dem Wagen. Völlig ungewöhnlich standen Stallmeister und S. Gronau vor dem Elefantenzelt eng nebeneinander und redeten leise, aber emotional. Dort braute sich etwas zusammen. Dann schritten die Elefanten wie üblich hinüber zum Chapiteau. Der Stallmeister blieb, ruhig an eine Rondellstange gelehnt, im leeren Zelt stehen. Ich stieg in den Affenwagen, legte Kohlen im Ofen nach, schickte die Truppe in die Nachtruhe und schloss die anderen Tierwagen, während der Stallmeister weiter unbeweglich am selben Platz verharrte. Irgendein Ärger bahnte sich an, so still kannte ich ihn nicht. Und als ich die letzte Klappe schloss, kam er zu mir. Langsam, fast bedächtig. *Der Gronau schmeißt einen Pfleger raus und er will dich haben.* Da war ich dann doch überrascht und… unentschlossen. Natürlich reizten mich die sieben Schönheiten und ein Umgang mit ihnen, doch ich arbeitete gerne bei und mit J. Schilinski und konnte mir nicht vorstellen, zum Zirkus Busch zu wechseln. So auch meine Antwort. Er lächelte, freute sich zu meinen Worten, wo doch die meisten ein Problem mit ihm haben. Doch mein Stallmeister half mir bei der Entscheidung auf seine typische Art. *Das ist deine Chance, Pferdeputzen ist nichts für dich, du bist ein Elefanten-Mann. Gronaus bleiben nicht nur diese Saison beim AEROS, lass uns doch erst mal sehen. Und ich brauche im Elefantenstall eine Vertrauensperson! Du wirst denen da die Hölle heiß machen und AEROS-Disziplin beibringen.* Er blickte mich an. *Ich muss zu den Pferden, sonst macht der Haufen da drinnen was er will.* Und er betonte hart *Morgen fängst du bei den Elefanten an!* Dann ließ er mich stehen. Ich stützte mich auf die Kratze. Mit seinen Worten hatte mir dieser Mann die Entscheidung leichter gemacht. Dafür war ich immer dankbar, glaube aber, dass ich es ihm nie gesagt habe.

Kaum, dass die Elefanten aus der Manege zurück waren und in ihrem Stall standen, traten Gronaus zu mir an den Tierschauwagen heran. Siegfried Gronau fragte, ob ich Lust hätte, zu ihnen zu kommen, während mich seine Frau genau musterte. Sympathisch waren sie mir beide und ich sagte *Ja, gerne*. Noch heute sehe ich jenen Abend deutlich vor mir, dort auf dem Platz hinterm Dessauer Rathaus.

So war ich von einem zum anderen Tag Affen und die anderen Schautiere los und auch Emu Adam. Dafür stand ich den nächsten Morgen am Zaun vor sieben Elefanten. Die dicken Riesinnen beachteten mich kaum und ihre Pfleger übersahen mich völlig. Für die war ich ein Fremdkörper, der verlängerte Arm des unheimlichen AEROS-Stallmeisters. Ich wollte erst einmal die Tiere vorgestellt bekommen, bevor ich mich ihnen nähere. Auch das war äußerst schwierig, im Team arbeitete hier keiner. Conny werkelte autistisch vor sich hin, der zweite maulfaulte rum und nur der dritte des seltsamen Trios war kommunikativer, hüpfte und sprang wie eine Elfe durch den Stall, machte mich damit ganz nervös, doch ich erfuhr immerhin die Namen der Tiere. Gut. Aber ich wollte mehr wissen! Das gelang dann erst Stunden später durch Helga Gronau, welche mir mehr über die Eigenarten der einzelnen Dicken erklärte. Also fiel ich kopfüber ins Wasser. Die Elefanten waren kontaktfreudiger, sie befummelten mich wie einen neuen Gegenstand zum Spielen, ernst nahmen sie mich selbstverständlich nicht. Am Nachmittag erhielt ich in der Schneiderei eine Uniform und fand mich wenig darauf aufgeregt und schwitzend in der Manege wieder, die Kulisse von zweieinhalbtausend Besuchern verwirrte mich. Zwar kannte ich durch den Zoo das Arbeiten vor Publikum, aber nicht in solcher Dimension. Ich assistierte kaum, hatte zu tun, mir die Abläufe einzuprägen. Erst in den nächsten Tagen, bei den Proben mit mehreren Wiederholungen, konnte ich mir die Dressurabfolge merken. Das war wichtig, da ich sofort für wichtige Parts innerhalb der Show eingeteilt wurde. Bei einem Durcheinander in der Probe, als sich die Elefanten zu einem geballten Haufen verklumpten, da verlor ich auch am zweiten Tag den Überblick und verwechselte Pia mit Punsha, so Angesicht zu Angesicht. Unmöglich eigentlich, aber wenn ich nur die drängelnden mächtigen Köpfe sah…

Zum Putzen erhielt ich nur Punsha zugewiesen und mein Stallmeister zeigte mir alle

Kniffe und Regeln und reichte mir die nagelneue Drahtbürste mit den Worten, laut und deutlich gerichtet an alle: *Ich will weiße Elefanten sehen!!! Ihr seid jetzt im AEROS!*

Punsha, die Dienstälteste, sie hatte bereits die Dresseur-Legende Banda Vidane erlebt, trug große Verantwortung, arbeitete mit Helga Gronau als Duo, war ihr verlässliche Partnerin, Unter*frau* bei der Akrobatik und trug sie im Beinhang in ihrem Maul. Deshalb war Punsha H. Gronaus Liebling und das wusste das dicke Ding zu nutzen, gab sich ganz als Diva, brauchte keinen engen Kontakt zu anderen oder gar neuen Zweibeinern. Nun also *meine* Punsha. Und die klemmte den Rüssel zwischen die Beine und ignorierte meine Zärtlichkeiten. Dann verweigerte sie sich auf den Bauch zu legen, damit ich sie putzen konnte. Punsha tat, als gäbe es mich gar nicht. Ich übernahm sie von dem Mann, welcher mir besonders misstraute, wenig sagte und auch tat, dafür aber gerne vorm Tierschau-Publikum posierte. *Punsha legt sich nich hin* meinte er *Macht se schon ne Weile nich mehr. Ich hab immer die Leiter genommen.* Ganz verstand ich den Sinn nicht, doch zwei Tage kletterte ich brav auf die Trittleiter wie ein Fensterputzer, wienerte erst die eine und wechselte dann auf die andere Seite. Mein Hilfsgerüst schwankte auf dem Podium und dann langten auch freche Nasen der Nachbar-Elefanten an das gebrechliche Holz und zerrten daran. Ob ich nun Kommandos zitierte oder zeterte, es war den Tieren schlicht egal. *Hat der Neue auch was zu sagen?* Es war ein Psycho-Spiel, die ganze Bande, Zweibeiner eingeschlossen, wollten mich testen und ich kam mir ziemlich dämlich vor. Ich fragte mich, warum Punsha sich in der Manege ohne Probleme niederlegte und hier nicht. Eben an diesem zweiten Tag fand ich die Erklärung, bedingt durch die gute Aussicht von dort oben auf die anderen Pfleger. Connys Elefanten-Mädchen waren klein, er ließ sie nur kurz liegen, oft reinigte er den Rücken im Stehen, er kam ja gut dort oben an. Die zwei anderen Spezialisten aber liebten die Show. Während sie mit dem Publikum flirteten oder redeten, lagen ihre erwachsenen Tiere und versuchten nach einer Weile durch Strecken einzelner Beine den Druck ihres Gewichtes auf die Gelenke zu entlasten. Sowie sie sich bewegten, wurden sie ermahnt und durften zur Strafe gerne noch etwas länger liegen. So ging das nicht! Das Eichenholzpodium, auf welchem die Elefanten standen, war sauber abgefegt, damit sie sich nicht, so kurz vor dem Auftritt, wieder mit Spänen bewarfen, denn dank der vielen Rückenhaare hingen die derart fest, dass wir dann mit Besen und Zeit zu kämpfen hatten. Aber damit ruhten die tonnenschweren Körper mit eingeknickten Gelenken auf hartem Boden. Also war es eine meiner ersten Aufgaben, den Zweien ihre Handlung überhaupt begreifbar zu machen. Sie waren Pfleger geworden, weil der Zirkus welche braucht, nicht weil sie notwendiges Wissen besaßen. Von nun an brauchten sich die Elefanten nur wenige Minuten nieder legen, eilig und ohne Pausen wurden sie abgefegt und geputzt, der Rest im Stehen erledigt. Für den Pfleger etwas schwerer, weil nun über Kopf gebürstet wurde.

Jetzt kannte ich vielleicht einen Grund für Punshas Weigerung und ich predigte auf sie ein: *Down Punsha, down!* Und weil sich immer mehr Besucher zusammen scharrten, um das Ergebnis zu erleben, die Angesproche aber widerspenstig blieb, brach ich die Aktion ab und erklomm auch am dritten Tag die Leiter. Zum Spott der anderen zwei

Pfleger, Conny hielt sich heraus. Doch ich nutzte die Abendbrotzeit, die Pause zwischen den beiden Veranstaltungen, für ein ganz privates Meeting mit der Dicken. Interessiert schauten nur die anderen Elefanten und mein Stallmeister zu. Jetzt blieb ich hartnäckig, mein Ton war schärfer, ich drohte. Minuten später knickte Punsha das Hinterbein auf meiner Seite ein, hielt es in der Schwebe nach hinten. Mehr nicht, aber immerhin ein Anfang. Ich ging an ihren Kopf, lobte und streichelte die weiche Haut hinter dem Ohr und befahl weiter *Down!* Minuten später legte Punsha sich gemächlich hinten nieder, zögerte wieder bei den Vorderbeinen, doch gab schließlich nach. Ich lobte mit Worten, Streicheln und Äpfeln. Dann fegte ich fix ihren Kopf und Rücken ab und gab mit *Auf!* das Signal zum Erheben. Und es gab weiteres Lob. So brach das Eis und Vertrauen entstand. Punsha brauchte stets einen Augenblick für *Down,* aber ich nie wieder eine Trittleiter und den Moment gab ich ihr.

Im täglichen Umgang, bei den Proben, in den Vorstellungen, bei den Gängen zum Bahnhof und zurück und bei den Zeiten ganz ohne Pflichten auf einer Wiese, lernte ich die Gruppe genau kennen. Alle sieben waren freundliche, umgängliche Persönlichkeiten, man musste einfach nur auf sie eingehen.

Punsha war 1979 mit 26 Jahren die Älteste, etwas langsam, behäbig, mied Rangeleien und Spiel, maulte oft vor sich hin, klemmte dazu ihren dicken Rüssel zwischen die Vorderbeine, stand und wartete ab. Beim Putzen wurde sie zu mir immer offener und irgendwann nahm sie gar die gereichte Drahtbürste sorgsam am Handgriff und schrubbte sich genüsslich Hals, Brust und da, wo es sonst noch juckte. Ihre Heldin war Helga Gronau, ihre engste Freundin die kleine **Daisy**, gerade einmal vierjährig, wie auch Jana und Shura. Zwerge alle drei. **Daisy** nahm sich viel von Punsha an, *Nein, das mach ich nicht!* Sie war allein auf ihre große Freundin fixiert und gab sich ebenfalls nicht unnötig mit anderen Menschen als Frau Gronau ab und noch weniger mit anderen Elefanten. Weswegen diese sie gerne einmal piesackten. **Oly** war, wie **Pia**, 18 Jahre alt und mit ihr als 5-Jährige zu Gronaus gekommen. Diese hatten drei Tiere an einer Pilzvergiftung (über Heu) verloren und so sollten die Zwei mit der Überlebenden Punsha die schlimme Lücke schließen. Oly und Pia arbeiteten vorher zwei Jahre im Zirkus Olympia (später Berolina), deshalb auch die Namen **Olym**Pia. Beide Spezialistinnen, gutmütig, aber kompliziert. Einiges musste in ihrem Leben falsch gelaufen sein. **Oly** war ausgesprochen hochbeinig und hager. Schnell fand ich zu ihr Kontakt, aber sie blieb immer etwas zurückhaltend. Ihre Leidenschaft hieß: sich erschrecken. Sie suchte nach Ungewöhnlichem: nach einer für sie (und nur für sie) auffälligen Person in der Loge oder gar jemanden mit Hut (ganz schrecklich!). Dann trompetete sie Alarm, ging rückwärts und versetzte andere Elefanten in Panik und uns in Ausnahmezustand. In der Manege galt es, **Oly** am unnötigen Umherblicken zu hindern, sie scannte geradezu das Publikum nach *Fürchterlichem* ab und wurde oft fündig. Spätestens wenn ihre Augen kugelrund aus der eigentlichen Halterung hervortraten, kamen wir in schweißtreibende Schwierigkeiten. **Thara** war 13 Jahre und hielt sich gerne an Oly, aber sie war frech, musste oft ermahnt werden, auch von Oly. Schnell wurde sie grob, besonders zu den drei Kleinen. Die boxte oder trat sie gerne und wenn Jana das Ziel der Misshandlung war, erhielt Thara es von Pia doppelt zurück. Trotzdem konnte sie ihre Provokationen nicht unterlassen und wurde deshalb regelmäßig von Pia auf den Boden der Tatsachen geschickt. Wir durften Thara beim Gang durch den Zirkus nicht aus den Augen lassen, sie trat nach Besuchern, ließ auch schon mal den Schwanz der Vorderfrau los und drohte den Leuten. Ich hätte mich nicht dafür verbürgen wollen, dass es beim Bluffen geblieben wäre. **Shura** war und blieb still, schüchtern und ängstlich. Narben am Hals und an den Beinen zeugten von ihrem Widerstand beim Fang in Indien, man hatte die Seele der Kleinen gebrochen und ich glaube, in Anbetracht späterer Ereignisse, auch ihren Lebensmut. In der Gruppe hielt sie sich an Jana. Bei der Körperpflege war Shura kitzelig, so sagten wir, aber sie war eher scheu ob der engen Berührungen. Größte Sorge trug sie um ihr Rüsselchen, das war sie nicht bereit herzugeben. Erst als sie schwer erkrankte und ich sie pflegte, schenkte sie mir ihr ganzes Vertrauen und sie griff danach sogar nach mir und zog mich zum Krabbeln heran. **Jana** bot das genaue Gegenteil. Kräftig und offen nahm sie sich an ihrer mächtigen Freundin Pia ein Vorbild. Notfalls Kopf runter und Klarheiten schaffen. Jana war äußerst kontaktfreudig und ließ sich gut händeln. Es galt gegebenenfalls nur, sturer als sie zu sein. **Pia** schließlich war eine außergewöhnliche Persönlichkeit. Sie hatte viele *Macken,* war kompliziert im Umgang, brach gerne Regeln, lief davon und dann gab es für sie kein Hindernis, nur den Horizont. Aber sie suchte Vertrauen, welches sie, warum blieb ihr ganz privates Geheimnis, in mir fand. Pia fand mich und ich liebte diese große, starke, imposante Elefantin. Wir hatten schnell einen Draht zueinander. In der Gruppe regelte Pia Rangeleien, aber ihr Problem hieß Punsha. Diese, obwohl ebenso groß, war Pia körperlich nicht gewachsen und es gab gegenseitige Antipathien. Immer wieder einmal nutzte Pia Gelegenheiten, um Punsha zu attackieren. Und sie stieß die fünf Tonnen dann locker um und arbeitete mit den Stoßzähnen nach. Jene waren, typisch für eine Inderin, nicht groß, aber sie wusste sie anzuwenden. Nur die drei Kleinen trugen auch Stoßzähne.

Diese freundlichen Wesen also waren meine Pfleglinge. Wir gewöhnten uns schnell aneinander und ich mich auch an die Assistenz in der Manege. Die Arbeit bereitete viel Freude, natürlich war ich stolz, mit solchen gewichtigen Tieren so scheinbar leicht umgehen zu können.

Eine Besonderheit blieben die Gänge zum Bahnhof und zurück zum Zirkus. Damals transportierte der Staatszirkus seine Elefanten per Bahn von Platz zu Platz. Nur Elefantin Seetha im Zirkus Berolina (das modernste Unternehmen des Zentral-Zirkus Berlin) hatte einen Straßentransporter. Unsere Sieben marschierten gerne die oft vielen Kilometer, es war eine Abwechslung in ihrem Alltag. Gelassen trotteten sie hinter dem uns begleitenden LKW her. Thara, Oly und Pia trugen dann Halsketten und wurden zur Sicherheit mit langen Ketten am LKW gesichert. Thara, weil sie als Halbstarke gerne aus der Reihe schritt und nach Fressbaren oder Interessantem griff, nach Autospiegeln und Passanten boxte oder schlicht gerne etwas demolierte. Oly, weil sie unter den vielen Eindrücken Unzähliges zum Erschrecken entdecken konnte und dann mit ihrer Horror-

Show alle Artgenossinnen verrückt machen konnte. So etwas brachte ja durchaus auch richtig Spaß, dann stürmten nämlich alle Elefanten eilig auf einen Haufen und sogar Punsha wetzte herbei, mit Conny im Kielwasser, welcher ähnlich trödelte, er hatte sich im Laufe der Jahre Punshas Tempo angeeignet. Beide dödelten oft hundert Meter hinter uns. Regelmäßig mussten alle stehen bleiben und warten, bis die dicke Diva mit Begleiter wieder unter uns verweilten. Durch Olys Alarmsignale verschmolzen alle zu einer grauen Masse, drängelten, trompeteten und brüllten, dass Passanten in Panik gerieten, und sie entleerten ihre Blasen, das die maroden Straßenkanalisationen in den plötzliche Fluten ertranken. Außer Oly wusste keiner, was eigentlich los war, aber so eine Zusammenballung festigte die Gemeinschaft und war auch eine Abwechslung. Wir mussten die übermütige Mädchenschar geduldig beruhigen und wieder in *Reih und Glied* sortieren. Pia schließlich trug eine Kette, weil sie eben Pia war und es ihr hätte einfallen können, Kopf nach unten, einen anderen Weg zu wählen. Doch die Ketten bauten mehr auf eine psychologische Wirkung, denn ich bezweifle, dass der schwächliche LKW W50 den Kräften eines, geschweige dreier Elefanten, viel entgegengesetzt hätte. Auf die drei Großen folgten die Kleinen Jana, Shura und Daisy. Sie schwenkten neugierig mal auf die eine, mal auf die andere Seite und mussten nur gelegentlich daran erinnert werden, dass in der Stadt unser Weg nur die Straße ist, nicht der Bürgersteig und dass man Fahrräder, Papierkörbe u. ä. mit der langen Nase beriechen, aber nicht mitnehmen darf. Ja und die Schlussleuchte war dann Punsha.

Wir marschierten oft weite Wege, mehrfach sogar mit Pausen, von Stadt zu Stadt, um den Tieren die Bahnfahrt zu ersparen. Einmal zogen wir zwanzig Kilometer vom Winterquartier durch halb Berlin zum Plänterwald, um einen Bahntransport zu verhindern, welcher einen Tag Waggon für die Tiere bedeutet hätte.

Ich liebte die Gänge mit den Elefanten und begleitete sie gerne in den Waggons bei der Reise. Wir hatten keine zirkuseigenen Waggons, diese wurden von der Bahn angemietet und ausgewechselt, bei einem längeren Gastspiel waren die Standkosten zu hoch, und wenn die Dicken mal wieder zu viele Beschädigungen verursacht hatten, blieb auch keine Wahl. In den ersten Jahren waren die Elefanten auf drei Waggons aufgeteilt, das Heu, Brot und Obst lagerte in einer Hälfte gegenüber Shura und Jana. Dort stellten wir auch eine Campingliege für die Nacht auf. Ohne Probleme stiegen die Tiere in ihre Waggons, mit Worten und Körper lenkten wir sie rückwärts auf ihre Plätze und ketteten sie je einmal vorne und hinten an. Danach war ich bis zur nächsten Stadt mit ihnen alleine. Die anderen fuhren zum Zirkus zurück, bauten das Stallzelt ab und am kommenden Tag wieder auf. Ich reichte das Futter und wechselte zwischen den Waggons. Vor dem Abmarsch vom Zirkus boten wir noch einmal Wasser an und nicht selten standen an der Rampe, an warmen Tagen grundsätzlich, zusätzlich Wassertonnen. Die Waggons waren dick mit frischem Stroh eingestreut. Oft wurden wir an einen Zug gekoppelt, auch an Personenzüge, manchmal zog uns eine Sonderlok. Meine erste Handlung war stets das schnelle Öffnen der beidseitigen Lüftungsklappen in den Kopfbereichen von Punsha und Pia. Wir taten es nur ungerne, weil damit Zugluft während der

Fahrt entstand und wir um Augenentzündungen fürchteten. Doch es blieb keine Wahl, Punsha und Pia bestanden auf Aussicht. Dazu wurden Schieber an der Außenseite betätigt und arretiert. Innen klappte ich die gusseisernen Sicherungen mit den Luftspalten herunter, denn da wollten die Mädchen nicht durchlinsen. Sie wussten, wie ein richtiges Fenster entsteht und wie man die notwendigen Riegel betätigt und schon knallte die störende Platte nach unten. Meine Versuche diese zu retten waren sinnlos, egal ob ich sie vorher aufgeklappt sicherte. Wenn ein Rüssel weiß, wie man die oberen Riegel beiseiteschiebt, dann gelingt das, praktisch nebenbei, auch unten. Und dann kann man daran spielen und biegen und brechen. Punsha war besonders eifrig. Im Nu klappte sie die Lüftungsplatte herunter und boxte einmal kräftig gegen den Außenschieber. Jener sprang sofort aus seinen Führungen und ragte wie eine Markise zur Seite. Nicht nur einmal bemühte ich mich, die Dinger entweder wieder halbwegs in Form zu bringen oder ganz zu entfernen, denn so durfte der Zug keinesfalls abfahren. Außer bei schlechtem Wetter schloss ich erst, wenn ich die Info zum Rangieren oder zur Abfahrt erhielt, die Schiebetüren der Waggons bis auf einen Spalt, durch welchen ich eben hindurchpasste und sicherte sie in dieser Stellung mit dem Hebel. Dieser wurde durch eine einfache, eigentlich wirksame Methode vor zufälligem Öffnen geschützt. Punsha aber wusste, dass sie den kleinen Metallsplint in den Hebel drücken und jenen gleichzeitig hochheben muss, schon ist die Tür entsichert. Und da ihr die Sicht durch die Luken nicht reichte, stieß sie die Schiebetür auf und hatte einen Panorama-Blick auf die Lanschaft. Das erfreute auch die ihr gegenüber stehende Thara, welche sich der Schiebetür bemächtigte und sie hin und her schob, manchmal so weit, dass Punsha die geliebte Aussicht verlor und voller Wut die Tür zurückstieß. So rollte das Ding wie ein Ping-Pong-Ball vor und zurück. Um das tunlichst zu vermeiden, führte ich einen Draht durch den Spalt im Hebel, so dass der Splint sich nicht zur Öffnung hinein drücken ließ. Doch leider war Punsha ausgebufft, hatte Zeit bei der Fahrt und polkte den verdrehten Draht tatsächlich auf. Ich kontrollierte ihn bei jeder Gelegenheit, aber nicht selten wurde ich von der scheppernden, in den Führungen fliegenden Tür überrascht. Angekommen an der Verladerampe der neuen Stadt bereitete ich alles für eine schnelle Ausladung vor. Zuerst kontrollierte ich die Rampe auf Metallsplitter, Nägel, Krampen, einfach nach allem Unrat, an welchem sich die Elefanten verletzen konnten. Viele Rampen waren verwahrlost und von Eisenresten und Glasbruch übersät. Die Bahnarbeiter werden sie nach unserem Besuch kaum wieder erkannt haben, emsig von meinem Besen grundgereinigt. Gerne, aber nur für die Elefanten. Die waren stets aufgeregt, wenn wir an der Rampe standen und sie sehnten das Aussteigen herbei. Ich löste auch die Vorderbeine von den Ketten. Das war aber nur für die Dicken ein Vorteil, denn sie konnten sich nun teilweise drehen und hegten Interesse an Beschäftigung im hinteren Bereich. Häufig hatten die hölzernen Innenverkleidungen der Waggons Beschädigungen. Diese fanden die Elefanten ganz toll, denn da konnten geschickte Rüssel weiter arbeiten, Bretter herausreißen und zerbrechen. Jana nutzte gerne ihre kleinen Stoßzähne, um Löcher als Grundlage für weitere Abrissarbeiten zu schaffen. Damit pendelte ich zwischen den

Waggons auf der Rampe hin und her und verteilte Ermahnungen. Und war ich im hintersten Waggon, schuf man im ersten neue Tatsachen. Ich wusste ungefähr, wann wir abgeholt werden. Handys gab es nicht in jenen Tagen, damit blieb es bei Schätzungen. Immer errichtete der Stallmeister die Stallzelte so schnell nur möglich, doch auch er war von Gegebenheiten und Situationen abhängig.

Es gab stets viele Neugierige an der Rampe und deren Überwachung spielte in der gleichen Liga wie die der Elefanten. Gutgemeintes Füttern mit vermeintlich Bekömmlichem und zu nahes Herantreten mit naivem Vertrauen zu den Riesen waren *normale* Situationen. Aber es gab auch viele, viele Fragen. Wenn dann Oly schrill trompetete, setzten die anderen mit Brüllen und Quietschen ein und schufen eine bedrohlich wirkende Geräuschkulisse. Das erschreckte und vertrieb Beobachter oft schlagartig. Ich aber wusste, ein feines Gehör fing gerade ein vertrautes Geräusch auf, unser LKW naht und wird bald um irgendeine Ecke biegen.

Der Auf- und Abbau des Elefantenzeltes forderte vollen körperlichen Einsatz. Es war höher als das Pferde-Exoten-Zelt, somit die Rondell- und Mittelstangen massiver und länger. Größte Herausforderung stellte das umfangreiche Podium dar, auf welchem die Elefanten standen. Dicke Eichenbohlen auf massivem Eisengestell. 5 m x 0,75 m, 24 Stück, miteinander verhakt durch U-Profile. Die Teile ließen sich auf weichem Boden alleine durch Einsatz zweier Anker als Hebel voneinander lösen, weil die Gewichte der Tiere sie während des Gastspieles tief eindrückten. Wir trugen sie im Idealfall zu viert, jedoch war dies aufbaubedingt selten möglich. Zumeist erhielten wir Hilfe aus dem Pferdestall, aber es gab auch Zeiten, an welchen wir zu zweit kämpften und S. Gronau helfen musste. Das bedeutete, einer trug hinten allein, zwei vorne, weil diese das Teil auf eine Rolle auf dem Packwagen empor stemmen und absetzen mussten. Dann sprang einer auf den Wagen, zog von dort, der andere packte hinten mit an und so schoben wir sie hoch. Dazu kamen weitere Planken mit anderen Maßen als Fläche vor und seitlich des Podiums. Später, als wir Personal gegen gute Leute austauschten, lief die Arbeit zügig. Conny, unser Stall-Maskottchen blieb.

Die Saison lief bereits einige Wochen. AEROS kreiste entlang der Ostseeküste und ich flehte um das Ende der Gastspielzeit in meiner Heimatstadt, weil dort täglich selbst entfernte Bekannte meinten, uns besuchen zu müssen. Mir sträubten sich bereits die Nackenhaare, wenn Tritte auf der Treppe zur Veranda zu hören waren. D. und mir blieb nur wenig Zeit für uns. D. hatte oft lange Proben, sie assistierte immerhin bei U. Schwichtenberg, W. Hädrich und in der Pferdefreiheit von S. und H. Gronau. Ich übernahm oft freiwillig das Tränken der Elefanten zur Mittagszeit. Für kühlere Tage besaßen wir einen riesigen Dämpfer zum Wassererhitzen, um den Tieren nicht eisiges Wasser aus dem Feuerwehrschlauch zu bieten. Dann zog sich durch Vermischen und Nachfüllen das Tränken hin. Die Elefanten erhielten ihr Wasser aus mehreren großen Tonnen. Und da galt es, die Augen offenzuhalten! Elefanten suchen Beschäftigung und sie liebten es, ein volles Wasserfass einfach mal umzustoßen. Toll die Überschwemmung und der entstehende Matsch! Gerne griffen sie auch nach dem Feuerwehrschlauch, rollten ihn unter den Füßen bis er platzte und durch den Druck wie ein wild gewordenes Monster durch die Gegend tanzte. Nach dem ersten Befüllen hieß es C-Schlauch und Feuerwehrspritze sofort an den Besucherzaun zu evakuieren, denn auch die wundervolle Spritze mit dem Hahn fanden sie zum Spielen und Demontieren ganz prima. Ich kam einmal hinzu, als Pia die Spritze ihr Eigen nannte, mit einem Bein den Schlauch fixierte, den Hebel hin und her schaltete und mit dem kräftigen Strahl Zelt, Heu, Podium und Elefanten wässerte, während Punsha den Feuerwehrschlauch quer im Maul trug und mit zugekniffenen Augen, wohl wissend von der Wirkung, darauf herum biss. Ehe ich eingreifen konnte, platzte der Schlauch und schoss wild herum. Pia ließ ihre Errungenschaft fallen, Thara erwischte die Spritze und zerbrach sie umgehend, Oly stieß ein Wasserfass um, Jana rührte wie besessen in ihrem herum und der Rest war bemüht, es dem Schlauch so richtig zu besorgen. Mühsam erlangten wir wieder Oberhand, doch der halbe Platz war geflutet, ich durchnässt. Conny war bereits nicht mehr gründlicher zu wässern. Hinter seinem Rücken trieben die Elefanten immer solchen Unfug, er bemerkte es einfach erst, wenn es schon zu spät war. Irgendwann ließ ich ihn nicht mehr alleine zum Tränken, zu viele Schläuche zerbissen, zu viele Spritzen zerstört, zu viel Ärger mit dem Platzmeister. Der hatte Mühen, diese Schätze nachzuorganisieren. Schließlich erhielten wir dann unsere *eigene* Feuerwehrspritze mit roter Plastikdüse. Doch auch diese verweilte nur wenige Tage bei uns, weil Thara dem anderen Pfleger den Schlauch stahl, das faszinierende Plastikding mit Rüsselkraft vom Rest trennte und es als Kaustange nutzte. Und während der Neue schrie als ginge es um sein Leben, um damit das Ding zurück zu erhalten, so dass ich voller Sorge aus meinem Wohnwagen stürzte, hatten die anderen Großen natürlich den Schlauch zerbissen und die Wassertonnen umgestoßen. Jana testete bei einer den Widerstand mit den Vorderbeinen und faltete sie zusammen. Pia besaß wieder die Spritze, der halbe Hebel war abgebrochen. Ich fand ein bekanntes Szenario vor. Alle und alles nass, der Schlauch tanzte. Das abgebissene Ende gehörte Punsha, welche damit herum wirbelte und die Schlauchkupplungen mit Bravour aufs Podium schlug. Sie hatte bei dem Trommelwirbel Daisy getroffen, welche an der Stirn eine blutige Abschürfung trug und erstaunt daran herum rüsselte. Ab da besaßen wir zum Tränken nur noch die gekappte Spritze mit halb abgebrochenem Hebel. Wenig darauf gelangte jedoch wie durch Zauberhand eine neue Spritze in unsere Hände, welche wir sorgsam hüteten und ausschließlich für das Duschen der Elefanten nutzten.

Wenige Tage nach meinem Arbeitsbeginn bei den Elefanten reisten Hufschmiede aus der Tierklinik der Berliner Charité an. Sonst üblich vor Ausreise des Zirkus, schnippelten, kratzten und raspelten sie nun an den Pferdebeinen herum. Tumult im Stall, die Goldfüchse waren nicht willig, dies ohne Protest zu dulden und zeigten Kraft, Hufe und Zähne. Als die nicht pediküren Pferde weniger wurden, rückten vier Hufschmiede bei uns an, um den Elefanten Nägel und Sohlen zu beschneiden. Ich kannte diese Pflegemaßnahme durch meine Zoo-Tätigkeit, dort war es selbstverständliche Arbeit eines Elefantenpflegers. Hier agierten wir nur als Assistenten, um die Tiere ruhig zu halten.

Conny griff sich gleich Daisy, der Hibbelige nahm Jana, der Poser Thara. Pia, dazwischen, blieb mir. Niemand sagte mir etwas, niemand warnte mich, obgleich ich nur kurz dort arbeitete und ahnungslos war. Wie die anderen bei ihren Tieren, löste ich die Kette von Pias Vorderbein und wollte es sie auf einer Tonne abstellen lassen. Nicht so mit Pia! Kaum vorne frei, drehte sie sich zur Seite und dachte gar nicht daran, mir zu folgen. Als ich hartnäckig wurde, griff sie die schwere Tonne, in der Vorstellung arbeiteten die Elefanten darauf, was auf die Stabilität schließen lässt, und schleuderte sie gegen den Besucher-Zaun, welcher von der Wucht umstürzte. Pia blickte mich herausfordernd an und drehte sich erneut um, hatte den Kopf nun dort, wo sonst der Hintern parkte, stieß zwei Rondellstangen um und mich aus dem Weg. Ich rannte Arme rudernd rückwärts und auf Höhe Oly sprang mir das Podium entgegen. Aus meiner Rückenlage sah ich, wie Pia ihren Kopf an die Rundleinwand presste. Die beulte sich, hielt kurz stand, zerriss dann wie ein in die Jahrzehnte gekommenes Bettlaken und die Eigensinnige trat ins Freie. Sie riss an der Kette, welche noch ein Hinterbein fixierte, aber das blieb erfolglos. Pia zerrte mürrisch und schaffte es, die Podiumplatte, an welcher die Kette gesichert war, wie einen Schieber aus dem Gesamtgefüge zu ziehen. Schnell kam sie mit dem klobigen Anhängsel nicht voran und weit auch nicht. Der Stallmeister bemühte sich mit mir, die unwilligen fünf Tonnen Leben zur Vernunft zu bringen, als endlich die Gronaus erschienen. Pia aber verfolgte einen eigenen Plan und es dauerte lange, bis wir sie wieder im Stall bei den anderen hatten. Diese sechs Siebtel vom Ganzen waren ob Pias Aktion ganz aus dem Häuschen, trompeteten und brüllten. Unter vollem Körpereinsatz puzzelten wir mühsam die Podiumplatte wieder an ihren Platz. Pia und Punsha, dies sei eingefügt, konnten immer wieder einmal einzelne Platten, durch Ziehen an der Kette und Gewichtsverlagerung auf zwei Platten daneben, herausreißen, weshalb wir schließlich jede zweite Podiumplatte zusätzlich mit Ankern sichern mussten.

Wie konnte das passieren, diese Frage wurde mir nun gestellt.

Ja, wie wohl?!

Die Pia muss doch immer erst am anderen Bein gesichert werden, bevor eine Kette gelöst wird. Die hält nicht still!!!

Offensichtlich, es ist von Vorteil, das zu wissen. Nur…! Eventuell hätte mir das mal jemand sagen müssen?!! Ich war sauer, wie Pia zuvor und bei dem Argument fielen die Ankläger wieder in ihren üblichen Trott und verstummten. Mit dem Stallmeister bog ich die Rondellstangen *fast* gerade und schweißte die Rundleinwand, während die anderen die Elefanten zum Stillhalten bei der Fußpflege drängten.

Und so lernte ich Pia kennen und was sie kann, wenn sie nur will. Sie zeigte es immer einmal wieder und ich wurde ihr Vertrauter, welcher hinterherlief und sie zur Umkehr überzeugen konnte. Doch bei einer Fußpflege passierte das nie wieder. Denn ich übernahm diese Pflegearbeit während einer Tournee alleine und ohne Unterstützung. Nach den Wegen zum Bahnhof und zurück zum Zirkus kontrollierte ich bereits die Fußsohlen auf womöglich eingetretene Steinchen, die berüchtigten Kronkorken, Nägel o.ä. und so war es nur konsequent, dass ich die komplette Fußpflege übernahm. Ich ließ mir und den Elefanten Zeit und arbeitete mich ruhig über Tage durch achtundzwanzig stramme Beine. Als wichtige Neuerung legte ich einen gefalteten dicken Sack auf die Tonne, um dem abgeknickten Bein eine weichere Unterlage zu bieten. Zu Anfang eine beständige Auseinandersetzung mit dem Rüssel der Pediküren plus zwei frechen Rüsseln aus greifbarer Nachbarschaft, welche das faserige Ding gerne ins Maul geführt oder wenigstens zerpflückt hätten. Also Sohle schneiden, Nägel raspeln und lange Nasen abwehren gleichzeitig. Dass der interessante Sack nicht geklaut werden durfte, war den Elefanten schnell klar, aber der Reiz, dieses wunderschöne Teil zu besitzen, blieb. Und sie wussten, dass ein Abschnitt außerhalb meines Sichtbereiches existierte, so wand sich gerne ein Rüssel wie eine Schlange und ebenso vorsichtig, um meinen Rücken und zupfte an der Begehrlichkeit, während mich die dreiste Besitzerin freundlich mit einem Auge anblinzelte, als würde sie beiläufig Interesse an meiner Arbeit hegen. Also stetig Ermahnungen oder ein Zupfen an der überführten Nasenspitze. Wurde eine Elefantin unruhig, weil das Gewicht auf dem Bein zu schmerzen begann, dann ermahnte ich erst einmal. Elefanten sind intelligent, sie hätten aus reiner Unbequemlichkeit jedes Mal kurzfristiger gequengelt, die Pausen verlängert und alles verzögert. Nein, ein wenig Geduld musste sein. Ich lobte viel und verteilte lächerliche Naschereien als Anerkennung. Zuerst Äpfel, Bananen, Pfefferminz-Pastillen, Fruchtbonbons. Später, durch das Reisen im *„Westen"*, Bonbons mit Fruchtfüllung und die geliebten Gummibärchen. Dann jedoch durften sie das Bein absetzen und ich wechselte auf das baugleiche Exemplar der anderen Seite. Jetzt konnte das Bein sich erholen und ich machte ihnen die Prozedur nicht zum negativen Erlebnis. War die schweißtreibende Pediküre erledigt, gab es stets Lob, Naschereien und Streicheleinheiten. Niemals bekam ich Schwierigkeiten, niemals wurde der Sack geklaut und auch Pia musste ich nicht mehr mit Ketten absichern, sie stand artig und geduldig! Gewisse Quengelei übersah ich großzügig.

Ein Riesenspaß für die Elefanten war das Duschen. Wir füllten alle Tonnen mit Wasser auf, aus welchen die Dicken sich bedienen konnten. Einmal angesaugt stecken im Rüssel zehn Liter fest, mit welchen man sich wunderbar besprühen kann. Zuvor und parallel duschten wir die Tiere mit dem Feuerwehrschlauch. Die Spritze hatte eine breite Sprüheinstellung, wie aus einer extra für Elefanten gemachten Brause rauschte das Nass heraus. Ein wahres Wasserspektakel. Die Elefanten gerieten völlig aus dem Häuschen, warfen sich auf die Seiten und quietschten ausgelassen. Wir hantierten inmitten dieser Ausgelassenheit mit Schrubbern und Handwurzelbürsten und an den Beinen zusätzlich mit Kernseife und wurden selbst aus Schlauch oder Rüssel geduscht. Unmöglich, trocken davon zu kommen. Oftmals setzten wir den halben Zirkus unter Wasser, da versagte dann auch der obligatorische Graben um das Elefantenzelt.

Die Wassergräben um die Stallzelte waren ein AEROS-Grundgesetz. Gleich ob der Zirkus zwei Tage oder eine Woche gastierte, nach dem mühevollen Aufbau zogen wir die spatentiefen Kanäle als Schutz vor Regenwasser. Jahre später konnten wir den Stallmeister gelegentlich von schönem Wetter und regenfreien Tagen überzeugen. Er tat sich schwer damit und hatte ein starkes Gegenargument *Wenn es in der Nacht schüttet, kann ich sehen, wie ich euch aus den Betten kriege! Dann ist das Geschrei noch größer. Ran jetzt, zügig!* Er trug seine Erfahrungen und die Sorge um eine trockene Einstreu für alle Tiere. Deren Wohl lag wieder weit vor der Freizeit seiner Pfleger. Unzählige Male quälten wir uns mit Spitzhacke und Spaten auf über sechzig Metern um unseren Elefantenstall, um das Arbeitsergebnis Tage später wieder zu planieren, doch bei Regen bewährte es sich und schützte vor Überflutung.

Ich hatte mich gut eingearbeitet und war stolz auf meine Arbeit bei Gronaus Elefanten. Hin und wieder führte mich meine Freundin Pia vor, machte einen Schlenker vorm Stallzelt und bog auf das Zirkusgelände ab. Während alle anderen sich bemühten, die wegen Pias Aktion aufgekratzten Dicken an deren Plätze zu bringen und zu sichern, lief ich dem eigenwilligen Rüsseltier hinterher. Nie verhielt sie sich dabei aggressiv, nie brachte sie Menschen in Gefahr, die zollten ihr ganz freiwillig Respekt, wenn Pia mit strammem Tempo zielstrebig dahinschritt. Nur selten stoppten sie Wäscheleinen oder der rote AEROS-Zaun. Sie lauschte auf ihr Innerstes und später auf meine Bitten um Rückkehr, entschied selbst, wann genug war und wann sie mir ihren starken Rüssel reichte, mein Handgelenk fest umfasste, um wie ein kleines Schoßhündchen neben mir her zu gehen. Hand in Rüssel kehrten wir zur Wagenstadt zurück, unterbrochen von kurzen Pausen, in welchen ich Pia liebkoste und ihr leise Vorwürfe machte. Nach meinem Verständnis war eine Bestrafung fehl, ihre „Aussetzer" hätte das kaum unterbunden. Die Große reagierte sehr wohl auf meine Bemühungen um sie und das rührte mich sehr. Niemals entschied sich Pia für einen Ausflug am Vormittag. Nein, das wäre ziemlich dumm gewesen. Da stand sie mehr unter Kontrolle. Aber bei Veranstaltungen, wo sich im Zirkus alles um das laufende Programm dreht, da war Trubel, da konnten auch der Stallmeister und andere Pfleger nicht „helfen" und als „Abschreckung" wie Grenzposten herumstehen. Natürlich blieb es fraglich, ob es überhaupt bei Pias Entschlossenheit genutzt hätte. Ich hielt sie gerne ermahnend am linken Ohrzipfel und steckte Naschereien in ihre Futterluke, doch ihre Abenteuerlust überrumpelte auch mich immer wieder. Pia schritt urplötzlich nach rechts, ich war den Zipfel los und es folgte das bekannte Spiel. Die Zirkusleute versuchten durch Rufen oder Gesten Pia zum Nachdenken anzuregen, doch niemand stellte sich ihr in den Weg, wohlwissend von der Gefahr. Sie hatten gesehen, wie die Elefantin ganz nebenbei den schweren Zaun beiseite warf! Zum Glück gab es niemals Verletzte, weder im noch außerhalb des Zirkus, begünstigt durch Pias Neigung, Park- oder Grünanlagen aufzusuchen. Die Menschen wichen ihr aus, verständlich, wenn urplötzlich ein riesiger Elefant auftaucht. Doch blieb Pia stehen und grübelte minutenlang über ihre Aktion, dann musste ich die Leute fernhalten. Hemmungslos rückten sie dicht heran, um das Wunder zu sehen und eventuell zu berühren. Bitte, dies Tier war eben ausgebrochen und vielleicht nicht ganz so harmlos?! Zudem brauchte Pia Ruhe. Auch ich durfte nicht an sie heran, dann lief sie weiter oder drohte. Ich musste ihr Zeit geben, redete ruhig auf sie ein. Und wenn sie fast unmerklich mit dem Kopf wippte, konnte ich an sie herantreten und sie streicheln, dann reichte sie mir den Rüssel. Es schien ein friedliches Bild für die Leute zu sein und ich musste ständig ermahnen, Abstand zu halten. Unmittelbar hinter Pia liefen Scharen unruhiger Neugieriger, welche sie gar betatschten. Sie regierte nicht darauf, doch ich trug Sorge, sie könnte sich durch die Unruhe zu einem weiteren Ausflug entscheiden. So wurde ich oft sehr laut und wunderte mich über die grenzenlose Naivität.

In Schwedt erfreute uns ein völlig aufgeweichter Zirkusplatz, es regnete ununterbrochen und die Wege von den Stallungen zum Chapiteau verwandelten sich unter den vielen Beinen und Hufen zum Schlammpfad. Wir schaufelten und schoben zentimeterdicken Morast beiseite, doch die Natur blieb Sieger, wir gaben auf. Die Jungs aus dem Stallzelt hatten es *relativ* einfach, sie trugen Arbeitskleidung, Gummistiefel, mussten nicht in die Manege und ihre Pfleglinge stakten sich nur schlammige Hufe, welche sie dann eilig im Sattelgang für den Auftritt mit feuchten Lappen reinigten. Bei uns sah das anders aus. Wir gingen alle in die Show, trugen Uniformen, welche wir bis kurz vor dem Auftritt durch Kittel schützten. Nun platzierten wir unsere Schuhe im Sattelgang und stopften die Hosenbeine in Gummistiefel. Aber etwas war wesentlich anders: unsere Elefanten liebten Schlamm, die würden nicht vorsichtig tapsen! Bei der ersten Show beschlossen wir, im Eiltempo das hundert Meter knöcheltiefe Schlamm-Hindernis zu nehmen, um den aufgehübschten Schönheiten Zeit zum Grabschen nach der Herrlichkeit zu stehlen. Zudem ordneten wir strenges *Zufassen!* an. Da hatte der erste Elefant, Jana, fest Connys Hand zu halten und die Folgenden jeweils den Schwanz der Vorderfrau. Das konnte Unfug im Vorfeld verhindern, blieb aber eine schwer zu überwachende Anordnung. War doch der Schwanz ebenso schnell losgelassen, wie der bewegliche Rüssel nach etwas Interessantem umgelenkt, der Schatz eventuell blitzartig ins Maul befördert und sofort der Haltegriff wieder gepackt, als wäre nichts gewesen. Aber unser ausgeklügelter Plan schlug fehl. Soviel wir auch zwischen den Elefanten umhersprangen, um Rüssel zu kontrollieren, die Dicken waren schneller. Schlammpackungen segelten durch die Luft und verteilten sich als prasselnder Regen auf *weiß* geputzte Elefantenleiber und begleitende Zweibeiner. Dazu schlürften die dicken Frechlinge ausgelassen mit den Stampfern und spritzten Schlammfontänen vor sich her. Nicht nur ich bekam eine saftige Ladung Morast von den Kniekehlen bis zum Hinterkopf verpasst. So erreichten fünf Zwei- und sieben Vierbeiner bekleckert und verschmiert den Sattelgang. Conny kämpfte zudem um deutlichere Sicht, ihn hatte es sogar im Gesicht getroffen und er schmierte meckernd an der Brille herum. Nein, so lustig wie Elefanten und Zuschauer fanden wir es wirklich nicht. Und weil auch beide Gronaus getüncht waren, entschieden sie, bei den nächsten Veranstaltungen im Sattelgang auf uns und Elefanten zu warten. Zu dritt konnten wir noch weniger gegen das Vergnügen der Mädchen ausrichten, ich allein war bereits mit Pias Überwachung hinreichend ausgelastet und konnte nur laute Mahnungen und Kommandos nach vorne und hinten verteilen, welche sich aber in Übermut und Morast verliefen. Damit ernteten wir die volle Wucht der Schlammfontänen und obendrein den Spott anderer Zirkusleute, sogar die Gronaus konnten sich vor Lachen kaum beruhigen. Wir hatten täglich viele Zuschauer - die warteten bereits auf das Spektakel! Mit Sicherheit boten wir lustige Bilder und bei anderen hätten wir kaum weniger gelacht, doch wir blieben verärgert. So wie die Frauen der Schneiderei, welche uns zweimal am Tag mit einer neuen Uniform ausstatten mussten. Gerne wollten wir das tägliche Putzritual nicht mehr ganz sooo ernst nehmen, aber da verstand mein Stallmeister keinen Spaß. *Putzen ist nicht nur Sauberkeit, sondern vorrangig Vertrautheit und engster Kontakt!* Ich wusch nun auch ständig den Kopfschmuck der Elefanten. Diese bestanden aus verflochtenen, verchromten Ringen und dunkelrotem Leder und hielten den Schlamm ganz besonders. Damals in Schwedt trugen unsere Elefanten ein gesprenkeltes und streifiges Camouflage in der Manege, nur die Füße und Zehennägel, die wuschen wir eiligst im Sattelgang *halbwegs* sauber. Mit bereit gestellten Wassereimern und Handbürsten wuselten wir uns unter den Bäuchen durch den Beine-Wald und Frau Gronau legte die verchromten Zierketten um die linken Vorderbeine. Hektik vorm Auftritt! Und dann schnell, bereits in der Schleuse hinter dem Vorhang, Kittel und Gummistiefel aus und Schuhe an. Ach Conny, er schaffte es nie pünktlich und trottete dann irgendwann hinterher in die Manege, während unsere Show bereits lief. Wir waren froh, als AEROS dieser Stadt *Auf Wiedersehen* sagte, denn jede Vorstellung wurde eine Herausforderung. Die dicken Dinger, oh wie gerne hätten sie doch in dieser herrlichen Schlammlandschaft so richtig den Elefanten heraus gelassen!

Ende des Sommers gastierte AEROS im Berliner Plänterwald auf seinem traditionellen Platz am Baumschulenweg. Der dichte Park rings um den Zirkus übte auf eine gewisse Elefantin eine unwiderstehliche Anziehungskraft aus. Pia lief zur Höchstform auf. Gleich auf welcher Seite ich sie führte, gleich wie ich sie in Dauerschleife zum *Zufassen!* an Olys Schwanz oder an meine Hand aufforderte - sie folgte ihrer inneren Stimme. Auch die Versuche, sie beidseitig zu führen, S. Gronau wollte durch unmittelbare Anwesenheit Stärke zeigen, liefen ins Leere. Wenn Pia den Rüssel losließ, hatte unsere Überzeugungskraft verloren…Nicht täglich, doch viel zu häufig und gerne am Abend nach der Show. Einmal nur war alles anders. Die drei Kleinen arbeiteten als eine Art Vornummer, bis dann die Großen als Überraschungseffekt dazu kamen und alle gemeinsam auftraten. Th. und ich warteten mit Punsha, Oly, Pia und Thara, bis Jana, Daisy und Shura in die Manege liefen, dann rückten wir in die Schleuse unter der Orchestertribüne bis an die Gardine (Vorhang) nach und warteten auf unseren Part. An jenem Abend brüllte Daisy während der Vorführung und machte damit Punsha nervös, welche am liebsten sofort durch den Vorhang zu ihrer Freundin geeilt wäre. Ich musste dem neuen Pfleger helfen, um Punsha unter Kontrolle zu bekommen. Die Gelegenheit nutzte Oly, schritt rückwärts und tauchte zwischen Pia und Thara ab. Ich sprang hinterher, um sie wieder in die Reihe zu führen. Aber Oly war mit recht ähnlichen Problemen wie Pia behaftet. Sie griff artig meine Hand, ging aber dennoch rückwärts, verschwand immer tiefer hinter Pia und Thara und ihr dünner Rüssel dehnte sich auf eine nie zuvor vermutete Länge. Viel Platz war nicht und mehrfach stieß Oly kräftig an die Träger der Tribüne, dass diese gefährlich schwankte, das Orchester die Musik in Misstönen abbrach und eiligst die Treppe hinunter rannte. Punsha hastete durch den Vorhang zu ihrer Daisy, Oly trompetete Alarm, blieb aber in der Schleuse stehen, während

Thara beherzt nach den auf das Finale wartenden Artisten griff, um sich interessanter Dinge zu bemächtigen und Pia davoneilte. Ich konnte verhindern, dass sie ihren Gedanken, das Chapiteau auf kürzestem Weg zu verlassen, in die Tat umsetzte und vermochte sie durch vollen Körpereinsatz irgendwie vom vollbesetzten Gradin abzudrängen. Eigentlich wollte sie seitlich von der Sitzeinrichtung geradewegs durch die Rundleinwand hinaus – dahinter standen die Garderobenwagen, nun stürmte sie ohne sich umzudrehen durch das Requisitenzelt davon. Alles geschah innerhalb weniger Sekunden und als S. Gronau herbeilief und wir die verrückte Girl-Gang halbwegs beisammen hatten, musste ich Pia hinterher. Ich entsinne mich genau, wie unser Koch mir wild gestikulierend zuwinkte, um mir ihren Weg in den abendlichen Plänterwald zu weisen *Da isse durch! Daaa!* Ich lief im Dunkel dem Geräusch von brechenden Zweigen hinterher und nach gefühlten Unendlichkeiten stand ich unvermittelt vor Pia. Wie eine Skulptur wirkte sie da auf einer kleinen Wiese im Mondlicht. Als ich mich ihr näherte, wich sie sofort aus. Also setzte ich mich hin, redete auf sie ein und vernahm aus der Ferne die Musik vom Zirkus. Ich brauchte damals viel Zeit und winkte hilfsbereiten Zirkusleuten zu, ruhig und zurück zu bleiben. Später trottete sie artig an meiner Hand heimwärts und wurde begeistert von den anderen Elefanten mit Brüllen und Trompeten empfangen. Es war ihr heftigster Ausflug und er beendete schlagartig ihre Ausbruchsserie. Warum, blieb Pias Geheimnis. Nur gelegentlich, in weiten Zeitabständen, testete sie das berauschende Gefühl von wenigen Minuten Freisein.

Berlin brachte eine besondere Überraschung. Westliche Zirkusdirektoren saßen eines Abends mit Vertretern unserer Generaldirektion in der Vorstellung, auf Suche nach interessanten Darbietungen. Nun hieß es Gala-Vorstellung. Der Stallmeister rotierte, lauerte konzentrierter denn je auf Strohhalme in Schweifen oder unter Hufen, stand sogar bei uns im Elefantenstall und beobachtete unser Putzen. Gronaus Lipizzaner trugen Schmuckgeschirre und gelbe Straußenfedern, die Elefanten ein besonders helles Grau und ich versuchte die alten Kopfgeschirre möglichst gut glänzen zu lassen. Unsere Elefanten arbeiteten bestens, wir gaben kaum Assistenz und konnten wirklich zufrieden sein. Am nächsten Tag flüsterte mir Frau Gronau aufgeregt zu, dass sich ein Direktor für beide Nummern begeistert hatte und dass er uns *eventuell* schon im nächsten Jahr in Holland haben möchte. Da verschlug es mir dann doch die Sprache.

Aber Zeit für viele Überlegungen blieb nicht, in Berlin endete für uns die DDR-Tournee. Die Darbietungen des Programmes wurden in zwei Ensembles aufgeteilt und standen vor der Ausreise in die UdSSR (*Union der sozialistischen Sowjetrepubliken*). AEROS reiste mit einem kompletten Programm des sowjetischen Staatszirkus weiter. Vor uns stand die Bahnverladung, wir würden in den Festbauten von Jaroslavl und Kasan arbeiten. Eine Pferdestall-Crew und Conny hatten bereits die Tierwaggons für die lange Reise vorbereitet. Es war ein heißer Tag. Wieder einmal stand ein langer Marsch bevor, nun sogar durch die Großstadt und begleitet von Polizei. Vom Platz ging es in Richtung Berlin-Adlergestell zu einer Verladerampe. Ich erinnere mich nicht an den genauen Ort, allein an die DDR-typisch heruntergekommenen Areale eines Güterbahnhofes, mit

Halden aus Schüttgut und Kohlen…Den Tag zuvor war ein heftiger Gewitterregen niedergegangen, überall standen riesige Lachen, bunt schillernd von Materialien, welche sie zuvor als Tropfen durchflossen und mitgenommen hatten. Der etwa sieben Kilometer lange Weg auf Straßen, welche die Hitze der Sonne abstrahlten, ermüdete Elefanten und uns. Wir trotteten beständig langsamer und schwitzten, die Mädels sehnten sich nach einer Erfrischung. Und dann dieser verkommene, dreckige, unbefestigte Platz mit seinen Seen aus Öl- und Kohlen*wasser*. Ausweichen unmöglich. Die Elefanten saugten die Brühe ein und bespritzen sich damit. Nur mit Druck und Geschreie vermochten wir, sie vorwärts zu treiben und zu verhindern, dass sich die Kleinen hinwarfen. Thara, Oly und Pia, angekettet am LKW, marschierten weiter, sorgten aber für Fontänen. Sie konnten nicht wissen, dass auf der Rampe gefüllte Wassertonnen für sie bereit standen. Elefanten und wir sahen aus, als wären wir einer Kohlengrube entstiegen. So konnten die Elefanten nicht zwei Wochen in den Waggons stehen. Der LKW holte Feuerwehrschläuche vom Zirkus, wir hatten einen Hydranten entdeckt, dann duschten wir die geschwärzten, schmierigen Dinger so gut es ging und verwandelten das Gelände in eine einzige Seenlandschaft. Uns Pflegern tat auch eine gründliche Wäsche not, die Sachen waren untragbar geworden, doch an deren Wäsche war vor Ankunft in Jaroslavl nicht zu denken. Wir führten nur zwei Wohnwagen für die Unterbringung auf der Bahn mit, ich wohnte im Arbeitsabteil der Sattlerei. In den Gastspielstädten wurden wir in Artisten-Hotels untergebracht. Unseren Zug begleitete nur das Stallpersonal unter der Leitung vom Stallmeister Schilinski, seine Frau war ebenfalls dabei und hatte von der Tierschau-Kasse in den Stall gewechselt. D. reiste später, wie Gronaus und die Artisten, mit einem Personenzug nach Jaroslavl.

Gute 2.200 km Fahrt erwarteten uns. In Berlin war unser Sonderzug recht umfangreich, denn neben den drei Elefanten-, den zwei Pferdewaggons und dem Futterwaggon führten wir noch die zwei Wohnwagen, die Sattlerei, den Podiumwagen und einen Wasserwagen mit, dazu kamen die Plattformen mit den Wagen von F. Capris Gemischter Raubtiergruppe und die Waggons von U. Schwichtenbergs Tierrevues plus Wohnwagen. Beide Dresseure reisten mit ihren Tieren. Am späten Abend verließen wir Berlin, rollten über Frankfurt/Oder nach Polen und liefen vier Tage später in den Sicherheitsbereich des Grenzbahnhofes Brest ein.

Ich kannte die Sowjetunion nur von der Propaganda und dem obligatorischen Russisch-Unterricht in der Schule mit *Sensations*berichten über die *Wunder* und *Wundertäter* im Land der *Waffenbrüder*. So glaubte ich, in ein befreundetes Land zu reisen und staunte deshalb über die Art des Empfanges. Kaum dass unser Zug stand, richteten die Posten auf den riesigen Wachtürmen ihre Maschinengewehre nach uns aus. Beidseitig des Zuges erschienen bei der Lok und am hintersten Waggon Soldaten mit Kalaschnikow und übernahmen die volle Kontrolle. Wir mussten uns Rücken zu den Waggons nebeneinander aufreihen und ausweisen. Ich hatte Nachtschicht bei den Elefanten geschoben, Conny war bei ihnen. Der aber erschien nicht zur Kontrolle. *Wo ist Conny? Der soll uns nicht in Schwierigkeiten bringen, wo steckt er?* wollte der Stallmeister von mir wissen. Ich zuckte die Schultern. Während unsere Pässe von arroganten Uniformen mit bohrenden Lichtern im starren Antlitz überprüft wurden, liefen Hunde unter den Waggons entlang, Soldaten in Arbeitskombis inspizierten Wohnwagen, jeden Schrank, jede Kiste, verzweifelten bei mir in der übervollen Sattlerei, durften aber angesichts ihrer Eiskönige keine Gnade zeigen. Danach standen wir erneut aufgereiht vor den Wagen und nun nahmen sich die Offiziere die Tierwaggons vor. Ein Pfleger musste jeweils mit. Ich öffnete den ersten Elefantenwaggon und rief dabei laut nach Conny. Die erschrockenen Soldaten mussten hinein zu den Tieren, sogar an ihnen vorbei zu den Rückwänden, um mit Eisenstangen im Mist zu stochern. Ich musste draußen bleiben. Als ich zum zweiten Waggon blickte, war ich entsetzt, denn inzwischen wuselten Arbeitskombis alleine zwischen den Elefanten herum. Dann Geschreie! Unruhe! Kommandos! Waffen im Anschlag! Im dritten Waggon hatten sie Conny aufgestöbert, welcher seelenruhig eingesunken im Heu schlief. An Armen und Beinen reichten vier Soldaten ihren strampelnden und krakeelenden Fund aus dem Waggon. Natürlich trug Conny seinen Pass nicht bei sich und das zeugte neuerlich beidseitiges Geschrei. Meine Erklärungen liefen ins Leere, erst als der Stallmeister als ausgemachter Verantwortlicher den Pass von Conny bringen durfte, klärte sich die Situation und der Spuk löste sich auf. *Freundesland?* Seltsam, dachte ich und war ziemlich ernüchtert, über die Art der Begrüßung und auch über den begrenzten Wert meiner vielen Jahre Russisch-Unterrichtes, denn man verstand mich nur bedingt.

Stunden später zog uns die Lok weiter auf den riesigen Rangierbahnhof. Unweit stand die Halle zum Umspuren der Personenzüge. Dort wollten wir Wasser für die Tiere holen. Noch mindestens eine Woche Reise lag vor uns und den Wassertank wollten wir schonen, wer weiß, wann unterwegs Wasser aus einer Leitung beschafft werden kann? Es war warm, die Rüsseltiere tranken viel. Mit je zwei Zwanzig-Liter-Milchkannen ausgerüstet krochen wir unter unseren Waggons und etlichen anderen auf den Nebengleisen hindurch, bis wir an der Halle waren. Dort ging Beeindruckendes vor sich. Ein Personenzug lief eben ein, alle Waggons wurden angehoben, die Radsätze demontiert, herausgezogen und zeitgleich auf der zweiten, der kleineren europäischen Spur, andere Radsätze hereingeschoben, montiert und die Waggons abgesetzt. Eine Stunde Aufenthalt, dann war ein Zug abgefertigt. Wir fanden einen Wasserhahn und schleppten die vollen Kannen zurück, immer in Eile, da wir nicht wussten, wann welche Zugreihe womöglich anfährt und ein freies Gleis verlangte nicht weniger Vorsicht und stetiges nach links und rechts Sehen. Inzwischen hatten sich viele Bahnarbeiter bei unseren Tieren angefunden, der Zirkuszug fiel auf. Jetzt zeigte das Land seine andere Seite. Arbeiter nahmen uns die Kannen ab, schleppten das Wasser herbei und freuten sich, helfen zu können. Meine Tätigkeit beschränkte sich auf das Nachgießen in den Tränktonnen der Elefanten. Ich hatte die Türen weit geöffnet, so dass die Leute begeistert zusehen konnten, wie die Elefanten tranken und von so erhöhter Position, wir standen ja nicht an Bahnsteigen, müssen die Sieben noch beeindruckender gewirkt haben. Ohne Unterbrechung trug man uns das Wasser zu, bis die Tiere genug hatten und bei den Pferden die Wassertonnen-Reserven aufgefüllt waren. Als Dank mühte ich mich, möglichst viele

Fragen zu beantworten. Irgendwann fiel das immer leichter, es waren stets die gleichen Gedanken, welche die Leute bewegten. So deutlich zeigte man uns dort in Brest und später fast überall, wie zirkusbegeistert die Menschen der UdSSR waren.

Ich machte im riesigen Bahnhof Brest - wir überstiegen Gleise und Waggonkupplungen ganz wie Bahnarbeiter und Heere von Reisenden mit Kindern und Koffern - sowie im näheren Stadtbereich erste Bekanntschaft mit der realen Welt des sowjetischen Kommunismus, welche so gar nicht den beeindruckenden Erzählungen in der Schule und den bunten Beschreibungen aus Zeitung und Fernsehen entsprachen. Heruntergekommene, verdreckte Straßen, leere Lebensmittelläden, Bettler. Ein Kulturschock. Wo bitte war ich?

Erst am nächsten Tag wurde unsere Zugeinheit in den Umspurbereich Brest gezogen, genau gegenüber des pompösen Bahnhofes. Wir mussten Geduld aufbringen und erfuhren Abfahrzeiten gar nicht oder typisch russisch „завтра будет" (saftra budjet) - „morgen wird es". Was ein ähnlich dehnbarer Begriff von Zeit wie das spanische mañana und nur eine freundliche Antwort ist, denn weder завтра будет noch mañana beziehen sich auf das tatsächliche „Morgen". Viele Male bin ich mit meinem Stallmeister unendliche Kilometer an Gleisen entlang zu Stellwerkhäusern gegangen, um eine Zeit zu erfragen. Nie erfuhren wir mehr als ein Lächeln mit Schulterzucken und завтра будет. Irgendwann aber wurden die Bahnplattformen mit unseren Wagen abgekoppelt und in einen entfernten Bereich gezogen, wo die Umladung auf sowjetische Plattformen stattfand. Eine andere Rangierlok drückte die Tierwaggons an den Wechsel-Bahnsteig. Von der anderen Seite schoben sich die russischen Waggons herein, möglich durch zwei Spurbreiten im Gleisbett. Wir stapelten die Futtermittel um und führten Pferde und Exoten den Bahnsteig entlang in die frisch eingestreuten neuen Waggons. Das war einfach und unkompliziert. Aber unsere Elefanten…Die hatten ihre Rüssel so was von übervoll von der Bahnfahrt! Eilig entstiegen sie ihren Blechdosen und durften sich etwas die Beine vertreten, dann jedoch gingen wir mit ihnen zu den russischen Waggons und den Dicken schwante nichts Gutes. *Noch `ne Bahnfahrt! Nein, danke!* Wir dirigierten schweißnass den unwilligen Haufen. Gerne hätten wir den Elefanten mehr Zeit gegeben, aber die Bahn drängte, unsere Waggons sollten neu zusammengestellt werden und der Bahnsteig wurde für weitere Umladungen benötigt. Wir wendeten eine Melange aus Geduld, Kommandos und Druck an, bis die Tiere wieder sicher untergebracht standen. Besonders Punsha und Pia bereiteten Probleme. Punsha überzeugte ich nur zum Einsteigen, indem zuerst ihre Freundin Daisy, mit einigen Showmomenten *Nein, ohne Punsha geh ich nicht rein!*, in den Waggon geführt werden konnte. Die wollte sie dann doch besser nicht alleine lassen, zumal die in dem Abteil brüllte, als ging es um ihr Leben. Anstrengender gab sich, nicht unerwartet, Pia und dann, klar, Jana, welche sich natürlich nach der starken Freundin richtete. *Nein, machen wir nicht, nein!* Und zu viele Leute, die überhaupt nichts mit den Elefanten zu tun hatten, doch mit Gebrülle und Handgreiflichkeiten meinten „helfen" zu müssen, machten Pia nur nervöser. Dazu der Druck seitens der Bahn, denn die Rangierlok stand bereits lange angekoppelt und wartete auf uns. Ich sorgte mich ernsthaft, dass Pia überhaupt nicht mehr auf mich reagieren und womöglich die Gleisanlagen oder Brest besuchen würde. So gerieten Conny und ich mit den anderen aneinander, bis endlich all die Besserwisser und Spötter über die *unerzogenen Elefanten und unsere Unfähigkeit* Sicherheitsabstand hielten. Pia, welche sich zuvor wie ein Brummkreisel drehte, mit Jana in der Umlaufbahn, wurde langsam ruhiger. Oly trompetete Alarm, Punsha und Thara brüllten. Schließlich nahmen Conny und ich Pia an den Ohrzipfeln, forderten sie wieder und wieder zum *Vorwärts* auf und plötzlich schritt sie ohne Zögern in den Waggon. Dort mussten sich die großen Elefanten drehen und rückwärts in die jeweilige Seite gehen. Dabei halfen wir durch Lenken und Berühren am Kopf und an einer Seite. Danach gab es Tumult mit Jana, welche in den Waggon gefolgt war. Aber der war auf einer Seite mit Oly besetzt, zudem fuhr sie in den ersten Jahren gemeinsam mit der ängstlichen Shura in einem anderen Waggon. Nun war zum Glück ein kleiner Elefant *handlicher* als ein Großer und Jana lief zurück auf den Bahnsteig zur aufgekratzten Shura. Bald glichen wir die Zusammenstellungen der Tiere den wachsenden Freundschaften untereinander an.

Während wir die Elefanten anketteten, ruckte es kräftig und die Waggons rumpelten mit weit geöffneten Türen über holpernde Gleise und unendliche Weichen auf ein Rangiergleis. Die Dimensionen russischer Waggons sind der Weite des Landes angeglichen, sie sind breiter, größer, wuchtiger. Doch für uns Zweibeiner brachten sie Nachteile. Denn auf dem Gleis stehend, konnte man knapp in die Waggons sehen und die bei uns übliche Leiter an der Schiebetür gab es entweder nicht oder nur Reste davon. Wir mussten hochspringen und uns irgendwie hereinziehen. Meine Freundin Pia half mir stets, wenn ich sie um *Festhalten* bat. Sie nahm meine Hand, ich hielt mich an ihrer Nase fest, sie zog und schwupp flog ich hoch. Richtige Probleme bereiteten grundsätzlich die Schiebetüren, welche sich nur mit einer Eisenstange als Hebel und mit roher Gewalt zentimeterweise schließen oder öffnen ließen. Während der Fahrt, wenn wir bei einem Halt auf freier Strecke, in der Hoffnung, dass unser Zug auf einen Gegenzug wartet, die Tiere versorgten, mussten wir die Türen weiter öffnen als in der Arretierung durch den Hebel. Gerne schob dann eine Elefantin die Tür ganz und ohne Mühen auf, während wir voller Verzweiflung beim Schließen mit den Eisen rangelten. Die Züge waren riesig, sechzig Waggons normal, selten sahen wir die Lok, da war bei einem Stopp größte Eile angebracht. Ein bedrohliches Scheppern der starren Kupplungen der ersten Waggons war Warnsignal, um schnellstens in die Waggons oder auf die Plattformen zu steigen. Das Knattern raste herbei wie ein Gewitter und wenn es einen erreichte, sprang der Waggon vorwärts und der Zug erreichte sehr schnell Tempo. Oft wurden wir überrumpelt, liefen nebenher und stiegen irgendwie auf. Dunkle Vorahnungen zogen bereits am dem Rangiergleis auf, die reale Erfahrungen warteten in der russischen Weite.

In Brest wurde unser Zug geteilt. Das Ensemble mit F. Capri und U. Schwichtenberg reiste nach Minsk und Ufa, wir verloren ihre Waggons schnell aus den Augen. Dann stellte man auch unsere Einheit zusammen, die Tierwaggons wurden an die Plattformen mit den Wohn- und Packwagen gekuppelt und dann holperten wir, losgelöst von der

Lok, von einem mächtigen Abrollberg in eine Landschaft aus einem Gleisgeflecht und Zügen bis zum Horizont. Geheime Mächte dirigierten Weichen, über welche wir unserem Richtungsgleis entgegen rollten. Zischend schlugen Bremsblöcke an die Räder und verlangsamten die Fahrt jedes Mal beängstigend abrupt, unsere Zirkuswagen hüpften wild hin und her. Als wir uns dem Ende der bereits stehenden Wagenkolonne näherten, bremste ich in Gedanken mit, aber Arbeiter warfen kurz vorher Bremsschuhe vor die Räder und so stießen wir funkensprühend und laut quietschend, aber relativ sanft auf die drohend hervor ragende Kupplung. Wir gewöhnten uns im Laufe der unzähligen Neuzusammenstellungen an diese Fahrten ohne Lok, wie auch an das Aufspringen auf Waggons beim Anfahren und das Übersteigen der Kupplung während der Fahrt, um Kollegen in einem anderen Wohnwagen zu besuchen. Das Erklimmen der Plattformen war leichter als das der Waggons. Nutzte man die Ölkästen der Radnaben als Tritt und Sprungstufe, ließen sich die niedrigen Bordwände leicht fassen.

Auf dem Richtungsgleis auf die Abfahrt wartend, arbeiteten die Elefanten erst einmal an ihren Fenstern. Lüftungsklappen gab es nur im hinteren Bereich, bei den Köpfen war eine geschlossene Wand, aber anders als zuhause hatten die Waggons keine Metall-Außenhaut, sie waren auf einem Eisenskelett komplett aus Holz gebaut. Toll! Und noch in Brest schufen sich Punsha und Pia ganz persönlich designte Fenster, die eine mit Rüssel-Gewalt, die andere bohrte mit den Stoßzähnen vor.

Conny betreute die Dicken am Tag, ich schob die Nachtschicht. Bei den Hauptfütterungen packten wieder alle mit an. Der Zwölf-Stunden-Rhythmus war nicht genau einzuhalten, wir hielten uns eine Stunde vorher bereit, um bei einem Kurzstopp zwischen Tierwaggons und Plattformen zu wechseln. Ich liebte die Tagesfahrten im Liegestuhl auf der Plattform vor der Sattlerei, das gleichmäßige Rumpeln der Räder, das Beobachten der faszinierenden Landschaft. Birkenwälder ohne Ende, Seen, Flüsse, inmitten des Nichts urplötzlich ein Dorf wie die Kulisse in einem Mittelalter-Movie, einsame Streckenposten an einer Schranke ohne eine Ansiedlung in Sichtnähe, Moore, Sümpfe, Hirsche am Bahndamm, das Durchrauschen von großen und winzigen Bahnhöfen. Abenteuer fürs Leben, unzerstörbar im Gedächtnis bewahrt.

Zahlreiche Rangierbahnhöfe und eine Woche später trafen wir in Jaroslavl ein. Die Stadt liegt an der Mündung des Kotorosl in die Wolga und ist mit über tausendjähriger Geschichte eine der ältesten Städte Zentralrusslands. Ein schöner Zirkusbau erwartete uns. Für die Tiere gab es feste Stallungen, angrenzend an den Bereich für den Manegenzugang. Die Elefanten zogen in eine helle, warme Halle. Bei der Ausladung der Materialien und den Vorbereitungen der Stallungen trugen wir einzig die Aufsicht. Denn, wie immer in den Festbauten, trafen Soldaten aus nahen Kasernen zum Helfen ein. So stöhnten andere über das schwere Elefanten-Podium, wir wiesen nur an. Offizieren, welche offensichtlich großen Respekt und ihren Rang genossen, begleiteten die einfachen Soldaten, auf das niemand sein wenig Freisein zu sehr genieße. In den Veranstaltungen wurden stets Sitzreihen frei gehalten, auf welchen ganze Kompanien in Ausgangsuniformen militärisch diszipliniert Platz nahmen.

Vorne am Portal des Zirkus führte eine mehrspurige, belebte Straße entlang, gesäumt von verlebenden Häusern mit einstmals prunkvollen Fassaden, doch am hinteren Wirtschaftseingang begannen die Viertel der typischen Holzhäuser an unbefestigten Straßen. Gleich an den Hof auf der Rückseite des Zirkusbaus grenzte eine verwilderte Wiese mit Bauminseln. Für uns ein Glücksfall, denn dort und begünstigt durch herrliches Herbstwetter, konnten die Elefanten regelmäßig freie Zeit verbringen. Wir stellten uns an den vier Ecken auf und überließen sie sich selbst, Absperrungen gab es keine. Da wurde dann gerangelt, gegraben, sich gewälzt, aber auch leichte Zwistigkeiten ausgetragen und Pia fällte mehrere Bäume, über deren Äste und Laub die ganze Truppe herfiel. Nur wenn der Übermut zu groß wurde, griffen wir regelnd ein. Wie bei Thara, welche gerne Zuschauern zeigen wollte, dass hier Elefanten-Territorium ist und auch ein Vorübergehen nicht grundsätzlich geduldet wird.

Wie alle Zirkusleute wohnten D. und ich im Artisten-Hotel wenige Gehminuten entfernt in einem Zimmer mit großem Balkon. Es war spartanisch eingerichtet, aber von ewig irgendwo im Gebäude wuselnden alten Putzfrauen sauber gehalten. Dusche, WC und Küche gab es auf dem Flur für alle Zimmer der Etage. In der Küche brutzelten die sowjetischen Artisten des Gemeinschaftsprogrammes jeden Abend. Unser Ensemble erhielt ein bevorzugtes Essen in der Zirkuskantine und zusätzliche Möglichkeit zum Kauf von Lebensmitteln. Das blieb denn auch eine feste Erinnerung: in der Stadt riesige *Kaufhallen* mit leeren Regalen. Unser komplettes Gehalt plus Überstunden und Zuschlägen ging zuhause auf das Konto, doch wir erhielten einen Tagessatz Spesen, mit welchem wir uns die teuren Lebensmittel auf dem *Bazar* leisten konnten. Dort wurden reichliche Produkte angeboten, wenn auch die Hygiene gewöhnungsbedürftig war, besonders bei den Fleischwaren. Aber es gehört dazu, offen zu sein für andere Lebensarten, wenn man ein Land kennenlernen möchte. Dann zählen eigene Gewohnheiten nicht, sondern das Jetzt und Hier. Wir waren nie Touris in einem Land, auf vierzehntägigem Trip durch ausgewählte Orte, fern der eigentlichen Realität. Wir lebten dort für Monate. Vorgewarnt von meinem Stallmeister hatten auch wir eine stabile, wuchtige Kiste in die Sattlerei gestellt, randvoll mit Räucherwürsten, Bockwurst in Gläsern und überhaupt Konserven jeder Art. Das war üblich bei einer Reise in die UdSSR, notwendig auch für die langen Bahnfahrten. Trotz dieser *Besonderheiten* reiste ich gerne in jenes Land, Einschränkungen gehörten dazu, aber die herrlichen Bahnfahrten, das weite Land, die unendlichen Wälder und dazu die zirkusbegeisterten Menschen glichen das völlig aus. In den Veranstaltungen wurden die Gronaus mit Blumen überhäuft, sie wussten nicht mehr wohin damit und so glich auch unsere Garderobe einem Blumenmeer.

Das Programm stellten einheimischen Artisten und unser Ensemble. Dauerhaft in Erinnerung blieb mir das fliegende Trapez. Die russischen Artisten gastierten bereits in den USA, was man an der Art ihrer Show sofort erkannte. In *jeder* Vorstellung sah ich ihnen, hoch oben von einem Zuschauereingang aus, zu. Ich hatte etwas Luft, überließ Conny die Aufsicht, aber trug bereits die Uniform für die Elefanten-Show. Im ersten Drittel arbeitete die Truppe wie in diesen Darbietungen üblich, im zweiten Drittel dimmte das Licht und die Artisten sprangen, flogen und wirbelten im Halbdunkel. Schließlich verlosch das Licht und in völliger Dunkelheit sah man die Trikots in bunten Leuchtfarben minutenlang durch die Kuppel fliegen, begleitet von Pink Floyds *Time*. Für mich waren sie das absolute Highlight des Programms.

Legendär wurden die regelmäßigen *Feiern* mit den sowjetischen Artisten, begründet von deren Seite mit vielerlei Anlässen. Erst ein Festessen, danach Wurst, Käse, Brot und Wodka in Strömen. Der liquide Teil der russischen Seele mit Bergen in Gläsern, welche den Dimensionen des Riesenlandes angeglichen schienen. *Auf den Weltfrieden, die Frauen, die Gesundheit, den Zirkus, den Sozialismus…* Der Born für Trinksprüche versiegte ebenso wenig, wie jener des hochprozentigen Getränkes. Und genährt von besonders melancholischen Wünschen, wuchs am Fuße der rückwärtigen Wände das Trümmerfeld aus Glas, in welchem, wie auf dem gesamten Boden, zu späteren Stunden emsige Bittsteller unterschiedlichste Fortbewegungsvarianten der Evolution präsentierten. Dem Wodka gelang es, gleich einem Zaubertrank, alle Tragödien des Daseins und dramatische Sichten auf die Welt in Nichts aufzulösen. Ich stolperte bei der ersten Feier über all die vielen Trinkbegründungen. *Nein* sagen war tabu, es wäre einer Verwünschung gleich gekommen. So lag ich zwar an jenem Abend nicht wie andere unterm Tisch, dafür aber zum Spott meines Stallmeisters am nächsten Tag flach. Zum Glück ein spielfreier, aber mir war er ein gelebter Alptraum. Ich wurde wieder mit gerissener Lebensweisheit von J. Schilinski belehrt. Und es funktionierte beim nächsten *Fest*. Einige Wodka musste man vertragen, aber bald sich dem allzu schnellem Nachfüllen mit Raffinesse entwinden und wenn dann die andere Seite etliche Gläser voraus war, sich selber nachfüllen, schnell und unauffällig – aus der Mineralwasserflasche. So lernt man fürs Leben. Ab da soff ich einige Russen, zu deren Erstaunen, zu Boden…

Nach sechs Wochen Gastspiel in Jaroslavl folgten Bahnverladung und Fahrt in das etwa sechshundert Kilometer entfernte Kasan. Die Stadt, 1177 an der Wolga gegründet, war damals Hauptstadt der Autonomen Sowjetrepublik Tatarstan und Zentrum des russischen Islam. Der Zirkusbau war ein futuristisches Gebäude, nüchtern, ohne jeglichen Charme, überall pfiff der Herr der Winde seine Lieder in dem verschachtelten Betonkoloss. Architekten hatten sich ausgetobt, doch Funktionalität und Zukunft ausgesperrt. Für uns gab es ein besonderes Problem. Für sieben Elefanten existierte keine ausreichend große Stallung. Wir hatten keine Wahl und teilten die Tiere auf. Da nur ein Raum hoch genug für die Großen, jedoch zu eng für die ganze Gruppe war, standen die Kleinen verloren in einem riesigen Nebenraum ohne Sichtkontakt zu ihren Gefährtinnen. Leider konnten die Tiere auch nicht wie in Jaroslavl nach draußen. Verlassen lag der Zirkus in Stadion- und Burgnähe am Ufer der Wolga, umflossen von einer riesigen Fläche bröselnden Betons. Das Artisten-Hotel befand sich zwanzig Gehminuten entfernt in einer endlosen Häuserreihe an einem Kanal, es war finster und heruntergekommen. Als der Winter Kasan übernahm, verklebten wir die undichten Fenster, um das Zimmer etwas wärmer zu bekommen. Ein paar Tage arbeitete ein aufgestellter E-Heizer rumpelnd und wacker gegen die Kälte an, bis seine Wurzeln die Kontakte der Stromquelle zu einem schwarzen, stinkenden Klumpen verschmolzen. Mittels textilumwickelter Verlängerung aus der Dose im Bad gespeist, wagten wir den Heizer nur auf halber Stufe zu fahren. Damit blieb das Zimmer eine frische Erfahrung, warm war nur unser Bad und das Wasser aus dem Hahn. Die Außentemperatur fiel zielstrebig arktischen Verhältnissen entgegen. Auf dem Weg zum Zirkus vereiste mir bei minus zwanzig Grad vom Atem der Bart und mit den Eiszapfen daran, dem verschneiten Pelz auf Kopf und Körper fühlte ich mich wie Väterchen Frost. In den Gängen des Zirkus zog es wie in einem Kamin. Die mächtige Eingangshalle mit den Besuchergarderoben und Imbisstheken hielt, wegen der riesigen dick vereisten Fensterfront, nur mit Mühe das Quecksilber im Plus-Bereich. Die Frauen an Buffets und Garderoben hüllten sich in dicke Jacken, Kopftücher und Schals und watschelten wie Pinguine hinter ihren Tresen, so stellte ich mir Inuit im Packeis vor. Allein der Kern des Bauwerks, die Manege und die steilen Ränge mit den gepolsterten Sitzen, sowie der Trakt mit Kantine und unseren Garderoben hielten den russischen Winter auf Abstand. Auch die Stallungen waren wohlig temperiert, boten aber mit den vielen Heizkörpern und Rohrleitungen ideale Angriffsflächen für interessierte Rüssel. Und nachdem Punsha aus Frust über die Trennung von Daisy einen Heizkörper aus der Verankerung gerissen, vom Kreislauf getrennt und Heißwasser abgelassen hatte, welches die Irrgänge in dichte Schwaden tauchte, kamen Arbeiter und flochten Kilometer von Stacheldraht um gefährdete Areale. Nun standen Pia, Punsha, Oly und Thara zwar warm und hell, aber in beklemmender Gulag-Kulisse. Überhaupt fühlten sich die Tiere nicht wohl, die räumliche Trennung belastete sie. Die Kleinen brüllten oft, die Großen antworteten und zusammen lösten sie eine gewaltige Geräuschlawine aus, welche durch das Zirkusbau-Labyrinth bis ins kleinste Gelass kroch. Widerhall pulsierte minutenlang und ließ Mauern und Menschen erzittern. Daisy nahm die Situation besonders mit, sie webte heftig und unkontrolliert und stieß uns dabei nicht selten zur Seite. Jana versuchte mit Kraft die Situation zu ändern und zerriss mehrmals ihre Hinterbein-Kette, wir mussten eine stärkere nehmen und sogar die Befestigung am Podium durch einen Anker im Betonboden wie bei den Großen sichern. Aller Nerven lagen blank. Erst nach Tagen, Zwang der Unabänderlichkeit und Gewohnheit, trat etwas Beruhigung auf allen *drei* Seiten ein, denn auch an uns schlich der Stress nicht einfach vorbei. Die Sieben sahen einander nur dreimal am Tag, dann wuselten sie ausgelassen auf engster Fläche entweder im Raum der Großen oder am Vormittag in der Manege herum.

Unser Versuch, die Elefanten zu duschen - eine Mischbatterie befand sich am Eingang zu ihnen - endete in einer Katastrophe. Denn recht bald war nicht nur das Podium zentimeterhoch geflutet, das Badewasser nahm auch Schräge und Absatz und strömte in die Gänge des Zirkus. Wir stocherten und spülten erfolglos im Abfluss herum, bis uns herbei eilende Arbeiter erklärten, nein, der funktioniere doch nicht. Da wurden, weil wir das Duschspektakel unbelehrbar und unbeirrt in Ruhe zu Ende führten, dann Soldaten gerufen, welche stundenlang mit Schaufeln und Lappen das Nass in Eimer füllten, im Wirtschaftshof ausschütteten und eine Eisfläche schufen.

Die Elefanten fanden die Flut natürlich ganz wunderbar und feierten begeistert ein Wasser-Fest. Die Zirkusdirektion aber war entsetzt. Wir ärgerten uns sehr, Punsha, Pia, Oly und Thara nicht mehr duschen zu können - bei Jana, Daisy und Shura funktionierte der Abfluss - und wunderten uns zudem über die Art der Problemlösung. Denn nun kugelten regelmäßig Menschen, vorrangig die dicken und im Zwiebelsystem bekleideten Reinigungsfrauen, wie pummelige Matrjoschkas die vereiste Schräge zum Hof hinunter oder lagen eben dort auf irgendeiner Körperseite. Wir streuten zwar Späne, weil wir und die Jungs vom Pferdebereich regelmäßig mit Schubkarren dorthin zum Mistwagen mussten, doch ich erinnere mich einiger persönlicher Kniefälle und Rückenlagen, nebst gekenterter Mistkarre. Es war körperliche Herausforderung bis zu unserer Abreise.

Einmal mehr traten die Soldaten zur Reinigung an. Als ich an einem Mittag zum Tränken eintraf, empfingen mich ein gefluteter Pförtner-Raum und aufgeregte Arbeiter. Punsha oder Pia, beide kamen sie in Frage, hatte das um die Mischbatterie gezogene Stacheldrahtgeflecht umfummelt und sie komplett von der Wand gerissen. Aus zwei gebrochenen Leitungen schoss kaltes und zu meiner Beruhigung nur recht warmes Wasser an die Decke und regnete als großflächige Dusche nieder. Die Elefanten spielten mit der nassen Einstreu, bliesen Fontänen und fanden die Situation ganz prima. Leider wusste niemand, wo im Hohlgeflecht ein Haupthahn die Ströme unterbinden könnte. Also sah ich belustigt der Freude meiner Tiere zu und wie Wasser entschlossen über die Schwelle und durch die Gänge auf den Hof floh und den alten Eispanzer frisch vergletscherte. Schließlich wurde die Hauptleitung geschlossen, das Aufräumen begann. Soldaten schöpften, schaufelten, schleppten und fegten Wasser, freuten sich dabei über die Ausgelassenheit der Rüsseltiere und dem eigenen Freigang vom Kasernendrill. Die Leitungen zum Elefantenstall ließen sich dann doch irgendwo unterbrechen und dabei blieb es, für eine Reparatur fehlte Material, eventuell waren wir aber der Direktion auch nur zu schwierig. Egal, damit mussten wir nun dreimal am Tag einen langen, einen sehr langen Schlauch durch das Labyrinth zum Besucher-Klo-Saal verlegen…Dort flog mehrfach der Schlauch vom Hahn und sorgte auch da für „Land unter". Die Reinigungsfrauen griffen sich bereits bei unserem Erscheinen verzweifelt an den Kopf.

Je näher die Heimreise rückte, desto kälter wurde es. Es war Mitte Dezember und Kasan fror unter Schnee und Eis ein. Vor uns lag eine 2.500 km lange Bahnfahrt. Der Uralt-LKW des Zirkus, ein Überlebender des 2. Weltkrieges, vermochte nur mit Anschieben von Soldaten, welche beim Ausräumen und Abbauen halfen, einen leichten Wohnwagen vom Hof zu ziehen. Doch noch in Sichtweite des Zirkus rotierten die Räder wieder auf der Stelle. Ein Winterdienst schien unbekannt und auch die Hauptstraßen der Stadt bildeten eine durchgängige Eisfläche aus festgefahrenem Schnee. Die Offiziere zögerten nicht lange und schnell trafen zwei schwere Armeefahrzeuge ein, um unsere Hänger zum Bahnhof zu ziehen. Trotzdem bangte der Stallmeister um die Pferde in ihrem langen Transporter. Auch uns grauste. Wir hatten viele Kilometer Fußmarsch durch die winterliche Stadt vor uns. Die Elefanten mit ihren glatten Sohlen rutschten und schlitterten, doch wir trieben zu möglichst schnellem Gehen an, damit sie sich warm hielten, wir fürchteten um Erkältungen und Erfrierungen. Der Weg war ein Alptraum. Wir glitten mit den schweren Filzstiefeln ähnlich wie die Dicken vorwärts und erreichten die Verladerampe erst in der Dunkelheit. Kurz zuvor hatte es zu schneien begonnen. Die Dicken hatten es eilig in die Waggons zu kommen. Auf dem Güterbahnhof funzelten mickrige Lampen, aber nicht dort, wo wir sie brauchten. Deshalb leuchteten Gronaus und der Stallmeister mit Taschenlampen, während wir Pfleger uns durch hüfthohes Stroh tasteten, um die Elefanten zu lenken und anzuketten.

Während der Rückfahrt erhitzte der Stallmeister in seinem Wohnwagen hunderte Liter Wasser, damit wir den Elefanten warmes Wasser anbieten konnten. Besonders beliebt war sein *Hausmittel*: ein Eimer heißes Wasser, eine Flasche Wodka und eine Tüte Zucker für die Großen, die Kleinen erhielten eine *Kinder*Portion. Ach, die Elefanten schlürften dies wundervolle Getränk wie durchfrorene Besucher eines Weihnachtsmarktes den Glühwein. Kistenweise bunkerte der Stallmeister solche Schätze in der Sattlerei. Und er selbst füllte den Wodka ein, auf das nicht einer von den Pflegern sich illegal bediente. Das russische Grundnahrungsmittel erfüllte Tage später noch einen anderen wichtigen Zweck…

Weil viel Gas für das Tränkwasser verbraucht wurde, auch die Pferde erhielten gewärmtes Wasser, konnten die Wohnwagen bald nicht mehr beheizt werden, alle Reserven kamen den Tieren zugute. In den Verschiebe-Bahnhöfen schwirrten wir mit unseren Milchkannen aus, um heißes Wasser zu organisieren und Gas für die unbekannt lange Rückfahrt zu sparen. Die Wohnwagen gefroren zu Eishöhlen, an Fenster und Wänden glitzerten Kristalle. Wir hielten uns vorrangig bei den Tieren auf, zum Durchwärmen auch in meinem Abteil der Sattlerei, dort stand ein eiserner Kanonen-Ofen, welchen ich mit allem Möglichen fütterte. Auf ihm stand, angekettet während der Fahrt, stets eine 20-Liter-Kanne. War das Wasser heiß, dann trug ich sie auch bei einem Kurz-Halt zu Pferden oder Elefanten, um soweit die Menge reichte tränken zu lassen. Frisch aufgefüllt hüpfte sie dann wieder auf dem Ofen. Koppelte die Lok ab, entzündeten wir am Gleisbett ein Lagerfeuer, um uns zu wärmen. Ganz Russland schien einzufrieren. Endlich erreichten wir Brest, wo es bei der Ausreise nur einfache Kontrollen und Stempel in die Pässe gab. Die Umspurungen erfolgten nun im polnischen Grenzbahnhof Terespol. Und dort kam wieder der Wodka ins Spiel, der Stallmeister besaß Erfahrung und kannte die Prozedere von unzähligen Reisen in die UdSSR. Nachdem wir einen Tag am Verladebahnsteig standen, ohne dass man uns beachtete und auch unser Gang zum Dispatcher außer Unfreundlichkeit und Arroganz, trotz Bitten und Betteln wegen der Tiere, nichts zu erreichen war, musste ich eine Kiste Wodka aus der Sattlerei holen. Damit gingen wir zu Bahnarbeitern, von welchen wir bisher nur Kopfschütteln, gleichgültiges Schulterzucken und abweisendes Schweigen geerntet hatten. Aber das gute russische Nationalgetränk wirkte Wunder. Plötzlich war man aufgeschlossen und auf dem gegenüberliegenden Gleis rollte unser Zug mit europäischer Spurweite ein. Das Verladen der Tiere fiel in Terespol einfacher als in Brest, alte und neue Waggons standen einander auf dem schmalen Bahnsteig gegenüber. Sogar die Elefanten stiegen ohne viel

Show um, als ahnten sie von der nun schnell näher kommenden Heimat und dem warmen Winterquartier. Gut, Pia wollte ihren Ruf nicht zu schnell verlieren, präsentierte ihre Stärke aber ungewöhnlich kurz.

Über einen Abrollberg auf einem Richtungsgleis an eine Waggonschlange gekoppelt, schnaufte bald eine Feuer und dicken Rauch speiende Dampflokomotive an uns vorbei. Ein sanftes Wippen der Wagen und das Zischen in den Bremsschläuchen wenig später verkündeten, das sie sich vor unseren Zug gespannt hatte. Bahnarbeiter prüften mit langstieligen Hämmern die Bremsen und gaben damit das Signal für eine baldige Abfahrt. Ein lauter Pfiff, ein kräftiger Ruck, weiches Ausfedern, Rumpeln über Weichen, dann verschmolzen die einzelnen Schwellen zu einem undeutlichen Streifen. Wir hängten den russischen Winter ab, liefen drei Tage später in Frankfurt/Oder ein und wurden völlig überrascht von am Bahnhof wartenden Mitarbeitern der Generaldirektion mit Pässen. Zwar rückte Berlin näher, aber erst einmal die Deutschlandhalle in damals West-Berlin und ihr Programm „Menschen-Tiere-Sensationen". Eine Sensation war es wirklich, von der UdSSR so ganz nebenbei für zwei Wochen in den „Westen". Ich, der im Zoo wegen seiner mangelhaften politischen Einstellung einmal schlechte Tierpfleger, plötzlich auf der anderen Seite des Brandenburger Tores, zwischen Bahnhof Zoo, Pornokinos, KdW und Ku´damm. Die Tage verflogen wie ein Traum, doch dort erfuhren wir, was für eine Tournee uns in wenigen Wochen erwartete.

Unsere Elefanten nach zehn Monaten Tour endlich wieder im sicheren Winterquartier Hoppegarten und unter veterinärmedizinischer Kontrolle von Dr. Kuntze, verabschiedete ich mich mit vielen farbigen Eindrücken dieser Saison in den Urlaub.

Die Dicken hatten Kälte und Strapazen ohne sichtbare gesundheitliche Probleme überstanden, doch sie werden ihre Spuren im Organismus hinterlassen haben. Diese langen Gastspiele in einem Land, dessen Winter legendär sind, waren verantwortungslos. Was die Generaldirektion zu derartigen Engagements bewog, blieb mir ein Rätsel.

AEROS - Programmbesetzung DDR-Tournee 1979

„Zirkus-Schlager 1979"

- Francesco Capri — *Gemischte Raubtiergruppe*
- Siegfried & Helga Gronau — *Elefanten* und
- — *Braune Lipizzaner-Freiheit*
- Uwe Schwichtenberg — *Exoten-Zug* und
- — *Mazedonische Zwergesel* und
- — *Ungar. Wollschweine*
- Maderas — *Tanz-Seil* und Zweitdarbietung:
- Macuros — *Kugel-Äquilibristik*
- Los Inkas — *Wurf-Akrobatik* und Zweitdarbietung:
- Roswings — *Doppel-Vertikalseil*
- Recktons — *Reck-Akrobatik* und Zweitdarbietung:
- Samarras — *Springer und Pyramiden*
- Goldinis — *Antipoden-Spiele*
- Meteors — *Russische Schaukel*
- Gitta & Arno — *Chlownerie*

Tournee von ??.03. bis 12.08. 1979
?? Städte

Ab 17.08. bis 18.11.1979 Programm von Sojusgoszirk UdSSR
„Zirkus auf dem Eis"
in Dresden, Leipzig, Berlin

Ensemble des VEB Zentral-Zirkus Berlin in den Festbauten von Jaroslavl und Kasan, UdSSR 1979

- Siegfried & Helga Gronau — *Elefanten* und
- — *Braune Lipizzaner-Freiheit*
- Recktons — *Reck-Akrobatik* und Zweitdarbietung:
- Samarras — *Springer und Pyramiden*
- Maderas — *Tanz-Seil*
- Meteors — *Russische Schaukel*

Anfang September bis Anfang Dezember 1979

Grenzenlos

Circus Sjoukje Dijkstra/Carl Althoff, Niederlande - Deutschland - Tournee 1980
Elefanten-Pocken, November 1980 - Februar 1981

Im Januar 1980 wurde der „VEB Zentral-Zirkus Berlin" in „Staatszirkus der DDR" umbenannt. Wir sahen es als Anerkennung der hohen Leistungen, kannten jedoch auch die Zusammenhänge. Denn: Die Generaldirektion hatte *ein wenig* den Weg geebnet, geschickt, wie es sich für Außenseiter gehört. Bereits bei dem Gastspiel eines umfangreichen, stark besetzten Ensembles ab November 1977 zuerst im Nouvel Hippodrome Paris, dann bei der anschließenden Frankreich-Tournee mit dem ebenfalls Schauspieler Jean Richard gehörenden Zirkus, gab es Verwirrungen bei der Übersetzung des Namens ins Französische. *Volkseigener Betrieb Zentral-Zirkus Berlin* war für das Ausland etwas holprig geraten, wenn nicht ganz unverständlich und so stand dort auf Plakaten und Programmen, der Einfachheit halber, kurz aber vielsagend: *Staatszirkus der DDR*.

Das verstand nun auch das allmächtige Politbüro der SED als Regent der DDR und bewilligte die offizielle Umbenennung von allerhöchster Stelle. Bis, nun ja, bis nur wenige Jahre später. Aber vielleicht müsste die Zeit doppelt gerechnet werden, bei dem Durchschnittsalter der Herren, vielleicht wusste deshalb die eine Hand nicht mehr, was die andere einmal anrichtete oder aber es war der Rausch der Macht, welcher alle *Lenker* leise wie ein Insekt im Schlaf sticht und merkwürdige Veränderungen in Körper und Geist zeugt, denn 1985 stolperte ein gewisser Erich Honecker über diesen Namen, als er eine Direktive für ein Japan-Gastspiel des Staatszirkus unterzeichnete. *Staatszirkus der DDR?* Ihm drängte sich sogleich der wahrlich nicht *so* unpassende, jedoch in diesem Zusammenhang völlig absurde Vergleich zur Bezeichnung für wirtschaftlichen und politischen Zustand des Landes auf. Er bezog ihn tatsächlich auf genau diesen Schlamassel und verbot sofort den Titel „Staatszirkus". Mit Widerstand, dazu in solchen Maß, hatten die erhabenen Würdenträger kaum gerechnet, Jahre vor der *Wende* mit Mauerfall. Der Staatszirkus war bockig, verweigerte die Rückbenennung, erklärte es mit seinen weltweiten Beziehungen und war auf Krawall gebürstet. Er gewann die nicht zu unterschätzende Situation und die Regierung machte einen stillen Rückzieher. Erst als die glänzende Dollar-Sonne über dem mausgrauen kleinen Land aufging, neue Propheten von *blühenden Landschaften* fantasierten, eine neue selbstverliebte Gesellschaft auf Grund negativer Erfahrungen im alten Herrschaftsgebiet, ohne zu hinterfragen, den Zirkus nicht als Kunstform akzeptierte und im Pakt mit zwielichtigen Vollstreckern vor den Toren Hoppegartens mit eisiger Miene die Büchse der Pandora öffnete, zerbröselte der Titel im Staub der Geschichte. Und mit ihm die Hoffnung der Mitarbeiter auf Respekt vor ihren Leistungen und der Glaube an die viel zitierte unantastbare Würde von Leben. Der Staatszirkus geriet in den Fleischwolf der Treuhandanstalt, wurde vier GmbHs, dann eine GmbH und beständig kleiner. Die Bundesanstalt für vereinigungsbedingte

Sonderaufgaben mit ihren Rechtsunterzeichnern und Liquidatoren schließlich zog den final cut. Wrecking balls und Bulldozer ebneten Europas einst modernstes Zirkus-Winterquartier in Berlin Hoppegarten ein.

Der Februar 1980 neigte sich dem Ende, der Winter wich, Urlaub und Trennung von D. lagen hinter und eine aufregende Saison vor mir. Der holländische Circus Sjoukje Dijkstra hatte ein Ensemble aus dem Staatszirkus eingekauft. Das Unternehmen war eine Neugründung, wie man glaubte. Hinter Dijkstra, einer sehr populären mehrfachen Weltmeisterin im Eiskunstlauf, stand ihr zirkuserfahrener Mann K. Kossmayer. Nur 1978 bestritt ein größeres Ensemble sogar das gesamte Programm in einem westlichen Unternehmen, im bereits erwähnten französischen Circus Jean Richard. Die Saison lief allerdings auf ein Desaster hinaus, endete vorzeitig durch Konkurs des Monsieur Richard und dadurch mit schwerem finanziellem Verlust für den VEB Zentral-Zirkus.

Nun bereiteten sich umfangreiche Tier-Darbietungen auf die Ausreise nach Holland vor: Uwe Schwichtenberg mit seinen Exoten, Schweinen und einer Kuhdressur, sowie Siegfried und Helga Gronau mit Elefanten und Braune Lipizzaner-Freiheit. Hanno Coldam, Regina Marcella & Marcella Coldam mit ihrer Löwen-Tiger-Dressur reisten direkt, nach einem Jahr Tournee im Circus Yano, aus Japan in Amsterdam an. Für einen derart großen Tierbestand wurde erstmalig ein Stallmeister mitgesandt, J. Schilinski vom AEROS. Seine Vertretung im Stammbetrieb übernahm in jenem Jahr der stellvertretende Stallmeister vom Zirkus Busch. Als Artisten waren die Rialtos mit Schleuderbrettakrobatik und der Zweitnummer Hobby Hoppers (Exzentrik) dabei.

Damit wurde wieder ein langer Zug am Bahnhof Hoppegarten zusammengestellt. Packwagen Elefantenstall, Packwagen Pferde- u. Exotenstall, Futterwagen, zwei Pferdetransporter, zwei Exotentransporter, Schweinewagen, Heuwagen, Strohwagen, Requisitenwagen, Sattlerei und zahlreiche Wohnwagen. Diese waren stets die neuesten des Fuhrparkes, in neutralem Weiß lackiert, ohne Zierlinien und Aufschriften. Mehrere LKW mit weiteren Wohnwagen nahmen den Straßenweg durch die DDR und die BRD.

Ich war sehr aufgeregt, die Situation schien unwirklich: eine monatelange Tournee quer durch die Niederlande und ich mit dabei. In tiefster DDR-Zeit!

Die Ausreise verlief noch einfacher und schneller als die Einreise nach Berlin-West. Der Zug rollte in einen schlauchartigen Sicherheitsbereich mit hohen Zäunen und beidseitigen Stegen zur Kontrolle und Abfertigung. Ich musste die Elefantenwaggons öffnen, dann meinen Wohnwagen. Kurze Blicke durch die Tür hinein, nicht mehr, fertig, Stempel. So einfach konnte es gehen. Zügig wurde die Fahrt fortgesetzt und weit schneller als erwartet trafen wir am Tag darauf in Amsterdam ein. Die LKW wurden länger an der deutsch-deutschen Grenze aufgehalten und so standen wir an der Verladerampe, konnten weder die Wagen von den Plattformen ziehen, noch sie zum uns unbekannten Zirkusplatz transportieren. Die Bahn drängte zum Entladen, es liefen Standkosten auf. Aber wir waren bewegungsunfähig. Da beauftragte mich der Stallmeister mit einer Handvoll Gulden, irgendwie den Zirkusplatz zu finden, um dort einen LKW zu organisieren. Man bedenke, es war die Zeit ohne Handys.

Ich allein im faszinierenden Amsterdam. In Nähe des Güterbahnhofes traf ich Polizisten, welche ich um Hilfe bat. Die mochten zuerst nicht recht glauben, was ich da erzählte. Eine kleine Arche Noah in Waggons? Sie wussten nichts von einem Zirkusgastspiel, nirgendwo gab es Plakate und erst langwierige Nachfragen mit dem Revier brachten Klarheit über den gemieteten Platz. Ich fand mich in einer Straßenbahn wieder, musste im Zentrum umsteigen und erreichte den Platz, auf welchem nur drei verlassene Zirkuswagen auf ein bevorstehendes Gastspiel hinwiesen. Doch während ich unruhig hin und her lief, rollten neue Züge an. Schließlich erschien ich mit einem LKW an der Rampe, die Hänger konnten von den Plattformen gezogen und Packwagen und erste Wohnwagen etappenweise zum Zirkus umgesetzt werden. Zwei Mann vom Pferdestall und ich blieben mit unserem Wohnwagen an der Rampe bei den Tieren, die anderen fuhren zum Platz. Zwei Tage darauf trudelte dort Jack Althoff mit seinen Bären, Ponys und Schimpansen ein. Er arbeitete als Dresseur, fungierte während der Saison auch als Platzmeister und vermaß das Gelände. Das Staatszirkus-Ensemble war zu früh eingetroffen und Circus Sjoukje Dijkstra ließ sich Zeit bei der Anreise und Ausrichtung der Platzordnung. Nun erst konnten die Stallanlagen aufgebaut werden. Wir wunderten uns sehr, dass der Zirkus aus Deutschland anrückte…

Zwischenzeitlich trafen die Artisten und Gronaus mit dem Zug ein, U. Schwichtenberg begleitete wie stets seine Tiere auf der Bahn. Auch unsere LKW waren nun da.

Eines fiel sofort auf, wir standen recht verlassen an der Verladerampe in Nähe des Hauptbahnhofes. Zuhause, in der ČSSR und in der Sowjetunion kamen die Menschen in Scharen, um das ungewöhnliche Spektakel zu erleben und die Elefanten zu bestaunen, in Amsterdam erschienen gelegentlich Bahnangestellte. Dafür aber regelmäßig berittene Polizisten, welche mehr Interesse zeigten, jedoch eher an der Tatsache, dass wir aus dem kommunistischen Osten waren, jenem unbekannten, unheimlichen Gebiet auf der Rückseite des Mondes und weniger an den vielen Tieren… Ich hatte dennoch lange, angenehme Gespräche mit den weltoffenen Niederländern.

In diesem Zusammenhang ist eine Erklärung zu allen Tourneen und Gastspielen jenseits des Eisernen Vorhanges angebracht, da das Reisen in der DDR ausschließlich in das *sozialistische Ausland* (aber auch dort teilweise auf bestimmte Gebiete begrenzt) möglich war. Fahrten zu Familienbesuchen nach West-Berlin oder in die BRD wurden fast nur, mit nicht unerheblichen Mühen für die Antragsteller, Rentnern bewilligt. Damit stellte der VEB Zentral-Zirkus/Staatszirkus eine Besonderheit dar, denn weder Dresseure, noch Artisten erfüllten diese Grundforderung. Im Gegenteil, gerade Artisten und Pfleger waren sehr jung. Der komplette Zirkus Berolina reiste 1983 von seiner ČSSR-Tournee für drei Monate nach Griechenland. Ich war bei meiner ersten *West*-Reise gerade vierundzwanzig Jahre, dazu in Trennung mit meiner Frau. Für den DDR-Bürger einfach unglaublich. Kaum jemand war in der SED (*Sozialistische Einheitspartei Deutschlands*), der eigentlichen Notwendigkeit, wenn man in der DDR *Karriere machen* wollte. Die obligatorische FDJ-Gruppe (*Freie Deutsche Jugend*) gab es im Staatszirkus nicht. Viele von uns hatten *West*-Verwandtschaft. Ich auch, wobei meine erst knapp ein Jahrzehnt vorher mit einem Boot der DDR entfloh. Wenn jemand in den Ensembles für die Staatssicherheit spitzelte, dann führte jedoch keine unserer Handlungen zu irgendwelchen Konsequenzen. Mit uns reiste weder eine Aufsichtsperson, noch gab es irgendwelche Einschränkungen oder Vorschriften. Wir bewegten uns völlig frei, verbrachten die Freizeit wo und wie wir es wollten, hatten Bekanntschaften, besuchten Familien und andere Städte. Es gab keine An- und Abmeldungen, keinen Gruppenzwang. Wir *lebten* in den Ländern. Ich besuchte in meiner Freizeit fast ausschließlich alleine mich interessierende Orte und Sehenswürdigkeiten. Wir führten ein freies Leben, reisten quer durch halb Europa, erhielten Tagesdiäten in der jeweiligen Landeswährung, während das Gehalt nebst unzähliger Zulagen (wie z.B. Unmengen Überstunden, Nachtzuschläge, Exotenzuschläge) auf das heimatliche Konto überwiesen wurde und: Wir waren Abenteurer, liebten das Reisen und unsere Berufung. Ein Privileg bei Reisen im *sozialistischen Ausland* war die Möglichkeit der Einzahlung von bis zu 90% des Gehaltes plus sämtlicher Zuschläge auf das Konto des GENEX-Geschenkdienstes. Aus dessen Katalog konnten diverse Konsumgüter, von Genussmitteln westlicher Produktion bis zum Auto ohne Wartezeit für 20% unter dem DDR-Preis erworben werden. Ich kaufte in einer Saison einen PKW Trabant, übliche Wartezeit um 15 Jahre (!) und zwei schwere Lastenhänger mit sonst ebenfalls langjähriger Bestellfrist. Auch für die Teilnahme an dem Kurs einer Fahrschule brauchte der DDR-Bürger ohne *Vitamin B (Beziehungen)* zwei und mehr Jahre Geduld, die Erlangung einer LKW-Fahrerlaubnis war privat aussichtslos. Also zahlte ich bei GENEX für einen LKW-Führerschein ein, musste damit im nächsten Kurs aufgenommen werden, konnte nicht durchfallen und besaß drei Wochen später meine Erlaubnis.

Endlich konnten die Stallanlagen errichtet werden und alle Tiere die Waggons verlassen. Pferde und Exoten fuhren in ihren Transportern zum Zirkusplatz, wir rüsteten uns für den Marsch. Neben dem LKW begleitete uns an der Spitze und als Abschluss berittene Polizei mitten durch Amsterdams Zentrum. Dort fiel unsere schöne Mädchen-Gang dann doch so richtig auf. Ein Chapiteau in kräftigem Rot empfing uns, umringt von einem umfangreichen bunten Fuhrpark. Im hinteren Bereich standen die vertrauten Stallzelte mit den blau-weißen Dächern.

Von Beginn an stand das Gastspiel unter keinem guten Stern. Die Direktion erwies sich als uneiniges Dreigestirn aus Soukje Dijstra, welche den populären Namen gab und ihrem Mann K. Kossmayer, welcher die Spielerlaubnis für den Zirkus in den Niederlanden besaß und, zum Erstaunen des Staatszirkus, Carl Althoff, welcher als Graue Eminenz den gesamten Zirkus stellte und sämtliche Fäden zog. Das Programm dauerte mit Pause vier Stunden, erste Besucher verließen nach der Raubtier-Nummer der Coldams, dem ersten Programm-Akt im zweiten Teil, die Vorstellungen. Wir Elefanten-Leute zogen den Schwarzen Peter, denn als Schlussnummer blieben uns nicht nur die wenigsten Zuschauer, sondern auch nur wenige Minuten Licht. Kaum mit den Tieren im Stall, wurde das Stromaggregat ausgeschaltet und wir arbeiteten im Taschenlampen-Schein. Nein, eine Ausnahme gab es für uns nicht. Jack Althoff agierte als gnadenloser Platzmeister im Interesse seines Onkels. Der Zirkus hatte keinen festen Stromanschluss, überall hämmerten vor den Wohnwagen kleine Stromaggregate. So etwas besaßen wir nicht, dafür um den Hals gehängte Taschenlampen mit kleinen Neonröhren und die Gronaus, den Stallmeister und Pfleger aus dem Pferdestall, welche mit über den Kopf erhobenen Taschenlampen die Hauptbeleuchtung für uns stellten. In diesem flackernden Zwielicht ketteten wir die Elefanten an, tränkten und fütterten sie und schüttelten die nächtlichen Strohlager auf.

Eine ähnliche Katastrophe war die sanitäre Situation in der ersten Stadt, genau, nicht zu vergessen: Amsterdam. Nur knapp vor der Premiere erschien der Toilettenwagen, den musste man erst auf einem Platz der vorjährigen Saison in Deutschland ausfindig machen. *„Keine Ahnung wo wir das Sch...haus haben stehen lassen."*, die vielsagende Antwort von der Direktion auf unser Drängen. Die Caravans der *westlichen* Artisten besaßen Chemie-Klos, derartiges hatten die strahlend weißen Staatszirkuswagen nicht als Einrichtung. Damit blieb unserem großen Ensemble keine Wahl und nur der entwürdigende Besuch umliegender knapper Buschinseln, nebst dem Abenteuer, ob man sauberen Fußes noch freie Plätzchen findet, wem man dort unverhofft in seltsamer Pose womöglich begegnet und deren Teilung mit den polnischen Zeltarbeitern und Musikern der Kapelle, welche in öden Mannschaftswagen *wohnten*. Als es dann endlich eintraf, das *Sch...haus,* da war die Situation etwas entschärft, aber keinesfalls gesichert. Immer wurde der Hänger am letzten Gastspieltag eilig verschlossen und trotzdem als letzter vom Gelände gezogen. Traf er am neuen Ort ein, dann stand er bis jemand Anweisung erhielt, ihn zu öffnen. Wasser wurde nach dem Aufbau angeschlossen. Nein, so etwas kannten wir nicht. Die AEROS-Toilettenwagen waren top eingerichtet, wurden top sauber gehalten und einer ging mit den ersten Leuten auf den neuen Platz, der andere verließ den alten Gastspielort mit den letzten Leuten.

Eine typische Begebenheit, welche über die Unterbringung der Zirkusarbeiter viel aussagt, war die dringliche Bitte der Direktion, die Türen unserer Wohnwagen geschlossen zu halten, um *unnötiges Hineinsehen* von Besuchern und anderen Zirkusleuten zu verhindern. Zu krass war der Unterschied zu den zirkuseigenen Mannschaftswagen mit ihren winzigen Abteilen für vier Leute ohne Wasseranschluss und Gasheizung, mit Doppelstock-Metallbetten, einem Tisch, vier Stühlen und Platz für den persönlichen Besitz im eigenen Koffer.

Noch in Amsterdam werden die Gesangseinlagen einer Sängerin gestrichen, Artisten vertrieben und die Vorstellungen auf übliche zwei/zweieinhalb Stunden reduziert. Unerbittlich kreiste Jack Althoff durchs Gelände, kappte mit dem Messer auch behängte Wäscheleinen und drohte, nur eine saubere Tierschau zu akzeptieren und keinen Strohhalm außerhalb des Stalles zu dulden. Wie muss er mit seinen protzigen Auftritten unseren Stallmeister verletzt haben? Erst Städte später, als er selbst ins Chaos schlitterte, wurde er umgänglicher und still.

Zu allem Überfluss bereiteten die Elefanten Probleme. Oly blies regelmäßig Alarm in der Vorstellung, gerne auch schon hinterm Vorhang, während die Kleinen ihren Auftritt hatten. Die brüllten dann aus Leibeskräften, stürzten in Richtung der Großen und jene durch den Vorhang ihnen entgegen. Wir brauchten Zeit, die durchgeknallte Horde zu beruhigen und neu aufzustellen. Für die Zuschauer eher beängstigend als spannend. Dazu vielsagende Vorhaltungen wie *Sowas würde es bei meinen Elefanten nicht geben*! in völliger Missachtung, dass Tiere keine Maschinen sind. Bei den Proben gab es keine Schwierigkeiten, doch in der Vorstellung konnten wir auf das Durcheinander warten. Mir gelang es weder mit Naschereien, noch mit Kommandos, Olys Tröten zu verhindern. Gronaus versuchten Jana, Daisy und Shura das Antwortbrüllen zu verbieten, doch das lief natürlich ins Leere und zudem beendeten die Drei sofort ihre *Arbeit*. Und mir gingen dann Punsha, Oly, Pia und Thara durch, um den Kleinen in der Manege beizustehen. Wie das, in der Enge der Schleuse, verhindern? Man versuche einmal einen entschlossenen Elefanten zu stoppen! So sehr wir uns mühten, kräftig stritten und über den Grund grübelten, wir fanden keine Erklärung und zu aller Erleichterung war Tage später Oly die Aktion auch ganz von alleine über und die Shows liefen perfekt.

Circus Sjoukje Dijkstra gastierte in einer unruhigen politischen Zeit in Amsterdam. Die Krönungsfeierlichkeiten standen bevor und die Protestrufe "Geen woning, geen kroning" (*Keine Wohnung, keine Krönung*) waren an unzählige Häuser geschrieben, hallten durch die gesamte Stadt und in den News um die Welt. Es begann die heiße Phase der wütenden Proteste wegen der Wohnungsnot. Auf dem Dam, dem Hauptplatz im mittelalterlichen Stadtkern, standen am Königlichen Palast und an der Nieuwe Kerk Schützenpanzer mit schwerbewaffneten Soldaten, überall patrouillierte Polizei, in Seitenstraßen waren Barrikaden errichtet und ich erlebte besorgt Straßenschlachten mit Molotow-Cocktails und Wasserwerfern. Die Lage spitzte sich zu und der Zirkus wich nach Amstelveen aus. Als am 30. April 1980 in der Nieuwe Kerk Beatrix zur neuen Königin gekrönt wurde, konnten die Glocken nur schwer den Lärm der Auseinandersetzungen zwischen Polizei und Demonstranten übertönen.

Die Vorstellungen wurden schlecht besucht, so leere Zelte kannte ich nicht. Auch der Zoff in der Direktion untereinander war offensichtlich und bereits in Zaandam, der dritten Stadt, eskalierte der Streit, in deren Verlauf C. Kossmayer mit Blaulicht im Hospital endete und umgehend mit seiner Frau aus dem Abenteuer Zirkus ausstieg. Nun schwang Carl Althoff alleine das Zepter. Eine Woche darauf, in Den Haag, trug die Fassade den Namen Circus Carl Althoff und auch alle Transporter und Zirkuswagen wurden überklebt. Wie ganz selbstverständlich, trotz Protesten, auch unsere Wohnwagen. Aber weitere Gewitterwolken türmten sich auf. Kaum einige Tage in Den Haag gespielt, erhielten wir zwischen Nachmittag- und Abendvorstellung an einem Sonnabend vom Direktor persönlich die Info, das Gastspiel sei beendet, die Waggons für unsere Elefanten stehen an der Rampe, wir sollen noch am Abend verladen, die Ställe abbauen und zügig aus Den Haag *verschwinden*. Nächster Gastspielort Goch in der Bundesrepublik Deutschland. Für solche Situationen fehlten uns neben der Erfahrung auch geeignete flinke LKW. Gut, die Elefanten waren schnell in den Waggons, die Stallzelte am frühesten Sonntagmorgen verladen, Pferde und Exoten in den Transportern. Doch bei dem umfangreichen Fuhrpark hatten unsere Fahrer Mühe, zügig umzusetzen. Der Zirkus war über Nacht verschwunden, vom Staatszirkus standen auch zwei Tage später Wagen auf dem riesigen Platz, obgleich die Fahrer, wie empfohlen, ihre Züge kurz hinter der Grenze abstellten und zurück nach Den Haag eilten. So machten Leute unseres Ensembles unangenehme Bekanntschaft mit Polizei, Behörden und Presse. Das spektakuläre Ende des Circus Sjoukje Dijkstra und die Flucht gingen auch in Deutschland durch Nachrichten in Fernsehen und Presse.

Neuanfang also Mitte Mai in Goch. Wie in den Niederlanden blieben die Veranstaltungen schlecht besucht, trotz langer Spruchbänder mit Texten wie *Die größte und beste Elefanten-Dressur aus dem Ostblock*. Es begannen die Probleme mit dem Futter. Tagelang kein Obst oder Gemüse, dann aber fuhr manchmal ein LKW vor und kippte eine Ladung davon ab. Einmal eine Riesenmenge Bananen, das ging ja noch, weil wir die überreifen Dinger nur aus den übereinander gewürfelten Kartons befreien und sortieren mussten. Übel waren die gemischten Ladungen, ein Berg aus allen möglichen Obst- und Gemüsesorten zwischen Stiegen und Kartons vorm Elefantenstall. Stundenlang gaben wir die Aschenputtel, trennten Gutes von Vergammeltem, leerten Plastiktüten, entfernten Verpackungsmaterialien, schnitten schlechte Stellen aus, retteten von hunderten Salatköpfen das Innere und versuchten so, möglichst viel zu nutzen. Zumeist landete der überwiegende Teil der LKW-Ladungen, wir wurden den Verdacht nie los, dass sie eigentlich für die Entsorgung gedacht waren, durch unser striktes Sortieren auf dem Misthänger, zur Verärgerung der Direktion über die *Verschwendung* der Ostdeutschen.

Mit den Unmengen Bananen manschten die Dicken schnell herum. Man trat übermütig in die angebotenen Portionen und verkleisterte das Podium. Jana und Pia warfen gar mit ihnen in der Gegend herum und nach Besuchern der Tierschau. Besonders beliebt waren Melonen und es war interessant, wie jede Einzelne damit umging. Punsha griff sich das runde Ding, stopfte es ins Maul, hob den Kopf, damit der Saft nicht verloren ging und biss mit zugekniffenen Augen zu. Pia und Oly bevorzugten den leckeren Ball auf dem Boden mit dem Rüssel zu fixieren, setzten einen Fuß darauf und drückten behutsam bis die Schale brach, dann schlürften sie das Innere und fraßen die Stücke. Thara ging für ihren Charakters typisch vor: Mit Wucht drauftreten oder die Melone auf den Boden knallen dass sie in alle Kompassrichtungen auseinander spritzte. Sie hatte folglich von ihren Melonen am wenigsten, schien sich aber auch mehr am Zerstören als am Fressen zu erfreuen, denn selbst extra geschnittene Stücke trat sie zu Mus und sog dann Reste mit dem Rüssel auf. Auch für Shura, Daisy und Jana teilten wir zu Anfang die Früchte, doch sie sahen sich schnell die Tricks der Großen ab und lernten, mit dem Fuß vorsichtig zu drücken. Einmal erhielten wir Kartons mit einzeln verpackten Früchten, welche wir nicht kannten. Kiwis. Damals auch in der BRD neu in den Regalen. Obgleich überreif und süß, sorgten sie bei den Elefanten für pures Entsetzen! Gut, Pia ausgenommen, die war nicht zimperlich. Zuerst nahm auch sie mir eine Kiwi nicht ab, betastete misstrauisch das behaarte Unding mit verdrehtem Rüssel, während sie mich genau beobachtete und als ich die Frucht auf den Boden legte, trat sie blitzschnell drauf. Da war das kurzborstige Monster erst einmal unschädlich gemacht und sie konnte die kaum sichtbaren Überbleibsel beriechen, befummeln und dann am Rüssel kosten. Ja, das ging in Ordnung, die Seltsamkeit war besser als sie sich anfühlte und Pia warf die Kiwis Stück für Stück ins Maul. Jana hatte der Freundin zugesehen und tat es ihr gleich. Beide hatten dann freie Wahl nach links und rechts, soweit die Rüssel reichten, denn nur Shura vertraute der Unbekümmertheit von Pia und Jana. Punsha boxte die gruselige Kiwi nach der ersten Rüsselberührung weit von sich und die zickige Daisy ließ das Testen besser ganz. Oly trat ihre Portion gleich zu Brei und rührte mit den Füßen darin herum bis nur ein Fleck übrig blieb. Und Thara? Kaum dass sie endlich, nach langem Hin und Her mit nervös zuckendem Rüssel die erste Kiwi berührte, trompetete sie voller Entsetzen und lehnte sich, soweit die Vorderkette es ermöglichte, zurück. Als ich mich ihr mit einer Frucht näherte, um sie zum Kosten zu animieren, riss sie die Augen weit auf, brüllte und wand sich von links nach rechts, um mir und der grässlichen Erscheinung zu entkommen. Nein, Kiwis blieben unbeliebt, man bevorzugte Bekanntes und haarlose Äpfel, Mohrrüben & Co.

Auch angeliefertes Brot brachte stundenlange Zusatzarbeit. Wieder vom LKW gekippt, kämpften wir mit Plastikumhüllungen und Schimmel in allen Farben und Dimensionen. Fast ausschließlich erhielten wir geschnittenes Brot und da waren wir besonders gründlich beim Sortieren. Das meiste landete rigoros auf dem Misthänger und wieder hagelte es Beleidigungen und Ärger. *Denen geht es einfach zu gut* und *Für Tiere ist das völlig in Ordnung*. Nein. Nein, das ist es nicht! Ich machte keine Kompromisse. Wir kannten wahrhaft eine bessere Versorgung im Staatszirkus und sogar in der diesbezüglich klammen UdSSR.

In allen Orten erregten die Kfz mit ihren DDR-Kennzeichen Aufsehen und wir wurden häufig gefragt, was das auf sich habe und ob wir tatsächlich aus der DDR kommen. Und wie das sein kann, dass wir so einfach reisen dürfen, durch den Eisernen Vorhang in die *freie* Welt. Unsere Antworten ließen zumeist staunende oder grübelnde Menschen zurück. Verständlich, wir selbst konnten es ja kaum fassen.

Währenddessen kleckerte der Zirkus von Stadt zu Stadt. Anders als zuhause reisten die Elefanten in ihren Waggons stets als Sonderzug. Eine Lok, nur für uns. Doch für die Tiere gab es große Einschränkungen. Wir lernten dazu. Hier gab es ernste Probleme, wenn die Dicken beim Freilauf die Wiese umpflügten. Nur so rumstehen fanden sie aber auch ziemlich doof… Einige Male mussten wir die *Verwüstungen* mit Spaten und Harke *beseitigen*, dann verbot die Direktion die Spielrunden, es sei, das DDR-Ensemble zahlt die Beseitigung der Schäden. Nun, auch der Staatszirkus war nicht alleiniger Herr über die erwirtschafteten Devisen, ein Großteil floss weiter in verborgene Staatskassen. Dem Ensembleleiter stand nur eine geringe Notreserve zur Verfügung. Somit duldeten wir ausschließlich das Rangeln und Grasen und griffen bei geringsten Versuchen, Erde aufzuwühlen, sofort ein. Damit hatten jetzt fünf Leute voll zu tun und der Spaß kam auf beiden Seiten abhanden.

Schweren Ärger gab es auch mit meiner Aktion, frische Äste zu besorgen. Wir lernten seltsame Artisten und Dresseure kennen, welche unser Ensemble gerne beobachteten und für ihre Besserstellung der Direktion die gesammelten Informationen zutrugen. Schleimspuren glänzten im Gras, wenn gewisse Leute C. Althoff beflissen hinterher trippelten, es fehlten nicht einmal die dienernden Rücken. Zwei jener Spione erschienen immer gerne und ganz zufällig zu unseren Dienstbesprechungen mit dem Stallmeister im Pferde-Exoten-Stall. So, wie die sich benahmen, vielleicht waren sie gar ausgesandte Stasi-Spitzel? Wir brachen jedes Mal die Besprechung umgehend ab, schwiegen und erzeugten damit bestimmt mehr Neugier. Die Zwei taten, als merkten sie nicht, dass sie stören. Manchmal trollte der Mops des Einen zu uns und blickte mit kugelrunden Augen unbeweglich in die Runde. Es war ein freundlicher kleiner Kerl, aber ihn traf unser Spott, wenn wir offen fragten, ob das liebe Herrchen wohl eine Wanze am Halsband versteckt hat. Also, irgendjemand hatte mich wohl mit der Axt zwischen Bäumen, die Elefanten darauf mit Ästen gesehen und seine Sichtung gemeldet. Der Direktor erschien und drohte, dass der Staatszirkus den Schaden zu bezahlen hat, wenn ihn jemand bemerkt. Damit wurde auch das verboten. Nur auf den unbeobachteten Bahnfahrten schlug ich, wo nur möglich, kräftig zu.

Frau Gronau hatte eine tolle Köstlichkeit für die Elefanten entdeckt. Über einen Umweg mit vitaminangereicherten Fruchtbonbons einer bekannten Marke, sie wollte den Mädchen Gutes tun, kam sie bei Fruchtgummis im Bärendesign an. Oh, welche wundervolle Geschmacksexplosion! Die Dicken waren hingerissen von den leckeren Winzigkeiten. Früher gab´s Würfelzucker als Belohnung. Ja, so als Abwechslung war der ganz o.k., aber da musste es, zum Entsetzen meines Stallmeisters, welcher die Futtermittel verwaltete und eben auch die Kartonberge Würfelzucker, schon eine tüchtige Handvoll sein. Und die zermalmte man wie nebenbei und riss das Maul für mehr auf. Gronaus Vorrat war aber tagesbegrenzt und der Stallmeister blieb knallhart. Ich verteilte gerne aus eigenem Vorrat, allein für die grauen Mädchen, als Besonderheit süß-saure Fruchtbonbons und Pfefferminz-Pastillen aus DDR-Produktion. Nun hatten wir Gummibärchen, welche so unterschiedlich schmeckten. Klar bettelten die Elefanten gerne nach mehr, aber sie genossen die gereichten Dinger einzeln. Es rührte mich, wenn eine 5-Tonnen-Riesin jedes Gummibärchen auf der Zunge zergehen ließ und dabei genüsslich lutschte. Zumeist hielten sie die fünf oder wenig mehr gereichten kleinen Süßigkeiten liebevoll im sanft eingerollten Rüssel und führten sie nacheinander ins Maul. Thara gar holte das Bärchen zwischendurch aus dem Maul, kostete eine Weile den Geschmack nach und hielt das auf die Hälfte abgelutschte Ding wie einen Schatz in der unteren Hälfte ihrer Nasenspitze verborgen, bis sie sich auch dies gönnte. Im *Westen* wurde das unsere bevorzugte Belohnung für die Tiere. Diese Episode verdeutlicht, wie feinfühlig ein Elefant mit seinem Rüssel umgehen kann.

Da das Programm schlecht angenommen wurde, obgleich allein durch das Staatszirkus-Ensemble sehr stark, blieben die finanziellen Probleme nicht aus. Die wöchentliche

Diäten-Auszahlung verschob sich gerne um etliche Tage. Aber wir bekamen sie, sicherlich durch die Hartnäckigkeit des jeweiligen Ensembleleiters. Das war bei anderen Artisten nicht so, denn die verschwanden manchmal von heute auf morgen. Gleich in eine der ersten deutschen Städte eskalierte es auch zwischen Jack und Carl Althoff, in dessen Verlauf der Erste mit einem weiteren Verwandten an einem Abend den Kassenwagen samt Inhalt, sowie mehrere LKW als Geiseln nahm und mit seinen Fahrzeugen umstellt sicherte. Der Zirkus zog weiter, die Nostalgie-Kasse, die LKW und Jack Althoff sahen wir nie wieder. Ein simpler Wagen war von da an Kasse und die Umsetzungen zogen sich hin, es gab viele spielfreie Tage.

Ein anderer Mann mit Frau, Sohn und Schimpansen im Möbeltransporter erschien, fühlte sich sofort berufen, über das DDR-Ensemble zu wachen und herzuziehen. Doch er verschwand schnell wieder. Wir bedauerten es, denn seine Spektakel mit Affen in der Manege und mit Familie außerhalb waren Erlebnisse. Gerne bimste ein Schimpanse aus und entschwand während der Vorstellung an einem Gittermasten oben durch die Lüftungsklappe und turnte dann außen auf dem Chapiteau herum. Welche Show. Welch Geschreie. Unsere Enttäuschung musste nicht lange halten, schnell stand eines Morgens der bekannte Möbelzug außerhalb am Zirkuszaun, auch in der nächsten Stadt und der übernächsten, dann durfte er auf den Platz und die Gesellschaft wieder arbeiten. Es ist nicht leicht, während einer Saison ein neues Engagement zu finden und noch weniger zu fairen Konditionen. Nun spotteten wir. Doch bis zum Schluss blieb der befremdliche Clan wieder nicht…

In den Niederlanden begleitete unseren Marsch durch die Städte berittene Polizei, in Deutschland fuhr manchmal ein Polizeiwagen mit Blaulicht voraus. Sonst schützten uns vorne und hinten Ensemble-LKW, denn die Rücksichtnahme im Verkehr, besonders am Rande oder außerhalb der Orte, tendierte gegen Null. S. Gronau lief stets an der linken Seite, um Fahrzeuge zum langsamen Überholen mit möglichst weitem Abstand aufzufordern und geriet oft in kritische Situationen. Derart rüdes, dummes Verhalten gegenüber Tieren kannten wir zuvor nicht. Ellenbogen-Gesellschaft, gegen alles und jeden, bereits damals. Gerne zeigte ungeduldiges, um sich selbst rotierendes Zweigebein durch Hupkonzerte, auch beim Vorbeijagen an unserer Kolonne mit dröhnendem Motor und qualmenden Auspuff, seinen Zorn zu der *Behinderung der persönlichen Freiheit* und uns dessen dürftige Sicht auf diese Welt. Anders als wir zornigen Begleiter nahmen die Elefanten jene Einfältigkeiten völlig gelassen. Sie kannten herbeilaufende Menschen, bellende Hunde, Autoverkehr, quietschende Straßenbahnen und Tunnel und trabten mit schlenkernden Rüsseln entspannt neben uns. Einmal nur verloren sie ihre Nerven und wir kurzzeitig die Kontrolle. Wir standen auf einer Verladerampe vor den Waggons, die Elefanten waren bereit zum Einsteigen und Pia, Oly und Thara längst von den Sicherheitsketten am LKW gelöst, als in geringer Entfernung eine Dampflokomotive vorüberfuhr. Solche stampfenden, fauchenden, Rauch blasenden Ungetüme waren den Dicken nie wirklich geheuer, aber von den vielen Bahnhofsaufenthalten und Zugfahrten bekannt und verdienten höchstens im Moment des Auftauchens einen kurzen Blick.

Nun jedoch fand es der Lokführer lustig, als Gruß die Pfeife der Maschine intervallweise zu betätigen. Diese Lautstärke, dieses Zischen, ein Gleis entfernt, da zuckten wir alle zusammen. Oly und Daisy aber erschraken dermaßen, dass sie trompetend davonstürmten. Das löste eine Kettenreaktion aus: Punsha eilte umgehend ihrer Schutzbefohlenen nach, Pia aus Sympathie Oly, Jana hastete, gefolgt von Shura, ihrer Freundin hinterher und als Letzte stürmten Thara und wir los. Kopflos wie eine Hühnerschar wetzten die Elefanten auf der breiten Pflasterstein-Straße des Güterbahnhofes zwischen Gebäuden und stehenden LKW herum. Dann liefen sie als graue Mauer die grasbewachsene Böschung zur angrenzenden Straße mit Einfamilienhäusern hinab, drehten aber unten vor parkenden PKW um, bezwangen den Aufstieg und waren wieder auf dem Bahnhofsgelände Richtung Vorplatz unterwegs. Von dort rannten S. Gronau und ich ihnen laut *Stooop!* schreiend und mit ausgebreiteten Armen entgegen. Bereits langsamer, bremste die Meute tatsächlich. Sie wuselten eng zusammen, die Kleinen schoben und drängelten in die Mitte, doch sie standen wenigstens und wir gaben ihnen Zeit zur Beruhigung und sprachen auf sie ein. Vier- und Zweibeiner waren atemlos. Ich nahm dann Pia am Ohr und wir führten die Elefanten zurück zu den Waggons und verluden sie ohne Probleme. Die zogen dafür in Gestalt von Möchtegern-Autoritäten des Bahnhofes auf, welche erfahren wollten, wer denn jetzt die ganzen *Sauereien überall auf dem Gelände* beseitigt. Nun, in ihrer Aufregung hatten die Dicken Därme und Blasen geleert. Wir sammelten die verteilten Kugeln ein und wurden auf Vergessene aufmerksam gemacht…Schäden gab es keine, nicht einmal an den PKW, was uns ziemlich entspannte.

Städte später zogen frische dunkle Wolken über dem launigen Paradies auf. Der angemietete Platz in Cochem lag idyllisch am Ufer der Mosel, gegenüber der Stadt, umringt von Weinbergen und mit einer einzigen Zufahrt, schmal, sandig, ein Weg zur Bewirtschaftung. Wir trugen Vorahnungen, welche unsere dicken Mädchen auch erfüllten. Doch kann man es einem Elefanten verdenken, wenn er in einem Wald grüner Rebenreihen, voll mit Trauben, der Versuchung nicht widerstehen kann? Der Rüssel musste ja nur leicht ausgestreckt werden, so nahe hingen die Verlockungen! Wir zogen schon vor dem Weg das Tempo an, doch Rüssel sind flink. Erst recht, wenn nur ein Glied der Kette nicht mitspielt. Jana, hinter mir, brach aus und in die Rebenreihen ein. Shura und selbst die eitle Daisy folgten der Entschlossenen. Kopf runter und rein. Und während S. Gronau und zwei Pfleger sich plagten, das durch die Reihen tobende Trio zu bändigen, verloren H. Gronau und ich die Kontrolle über die Großen. Der LKW fuhr weiter, aber lange Nasen rissen im Vorübergehen alles Greifbare aus oder ab. Der Weg war nicht lang, die Schäden jedoch unübersehbar, besonders durch die außer Rand und Band geratenen Kleinen. Es wunderte uns deshalb nicht, dass wir kaum die Tiere im Stall angekettet hatten, bereits Polizei, Althoff, Ensembleleiter und aufgeregte Personen erschienen. Alle Vorwürfe, lautstark auch untereinander, nützten nichts. Wir hatten unser Bestes versucht, doch Tiere haben einen eigenen Willen.

Im Circus Carl Althoff begann das Personal zu wechseln. Polnische Zeltarbeiter/Requisiteure/Kraftfahrer kamen und gingen. Plötzlich war über Nacht das Orchester fort.

Lange folgte kein Ersatz. Dadurch entstanden Probleme beim Auf- und Abbau des Chapiteau, zu welchem auch die Musiker verpflichtet waren. Und an ihrem Platz neben der Manege stand nun tatsächlich ein Hi-Fi-Turm fürs Wohnzimmer mit einem Kassetten-Tonband-Gerät nebst zwei erbärmlichen Lautsprechern, welche im riesigen Zelt beim Versenden hörbarer Töne über die Logen hinaus versagten. Andere Artisten hatten ihre Auftrittsmusik auf Tonbändern parat. Wir nicht. Siegfried Gronau stand verzweifelt mit seinen Notenblättern am Hi-Fi-Gerät…Was blieb? Der Zirkus wusste Rat, trieb aus privatem Besitz bespielte Kassetten auf und wir arbeiteten bei aktueller *Schlagermusik* mit Pausen und Knacken zwischen den Aufnahmen und sogar dem Wechsel auf eine andere Kassette mit weiteren Scheußlichkeiten für Ohren und Gemüt. Schade um die verbrauchten Noten. Eingeprägt hat sich aus jenen Tagen *Dsching- Dsching- Dschinghis Khan, he Leute, ho Leute…* beim Einmarsch der großen Elefanten in die Manege. Als dann eine Drei-Mann-Combo aufgetrieben war und mit spärlichen Tönen bis zum Tournee-Ende in den laufenden Vorstellungen an unserer Musik übte, war der eine Schrecken gegen einen neuen ausgetauscht.

Doch die Saison endete frühzeitig und urplötzlich, ähnlich der Flucht aus Den Haag, schon Ende September. Das Programm war zu teuer, der Besuch zu gering und durch Querelen mit der Partnerin besaß C. Althoff erst einmal nicht mehr genügend Material, um weiter reisen zu können. Damit standen wir noch einige Tage unschlüssig herum, ärgerten uns über verlorengehendes Westgeld und warteten auf die Bereitstellung notwendiger Waggons für die Heimreise.

Die Einreise in die DDR fürchteten wir ein wenig, bei dem, was wir uns alles gekauft hatten…! Aber wir rauschten geradezu durch den Spalt im Vorhang. Keinerlei Kontrollen, nichts hätten wir derart mühevoll verstecken müssen. Stempel in den Pass und fertig. Und so fanden wir uns schnell in Hoppegarten wieder, trotteten mit den dicken Mädchen auf dem Kopfstein, vorbei an den Villen im Dornröschen-Schlaf, dem leeren Winterquartier entgegen. AEROS, Busch und Berolina tourten noch wochenlang durch die Lande und wir grausten uns vor der langen Zeit bis zur nächsten Tournee.

Aber alles kam ganz anders.

Zuerst erfuhren wir von einem Weihnachts-Gastspiel mit Elefanten und Lipizzanern in der Hugenotten-Halle Neu-Isenburg und dann hatten wir Dreharbeiten mit dem Fernsehen für eine Kindersendung in einer umgestalteten Werkhalle im Winterquartier.

Im November bemerkte ich bei der Abendfütterung Shuras Zurückhaltung beim Fressen des sonst so begehrten Obstes. Das gereichte Brot nahm sie mir zögerlich ab und ließ es fallen. Sofort griff Jana danach und rollte es fest im Rüssel ein, weil sie noch an ihrem kaute. Mich machte Shuras Verhalten nachdenklich, ich versuchte sie mit Früchten zu animieren, aber sie drehte sich fort. Nun ließ ich sie das Maul öffnen. Shura war sehr schüchtern und zierte sich stets, solchen intimen Kommandos zu folgen. Beim Blick in das Mäulchen erschrak ich, denn auf der Zunge war eine offene Stelle und im Rachen Pusteln. Nur aus der Theorie kannte ich die gefürchtete Krankheit, aber ich war mir sicher. Aufgeregt kontrollierte ich sofort alle Elefanten. Auch bei Jana und Daisy fand ich Bläschen im Maul. Ich lief zum Stallmeister. Er wollte spotten, weil ich angerannt kam, sah aber an meinem Gesicht, dass etwas Ungewöhnliches passiert sein musste. Als ich von meiner Entdeckung und Vermutung berichtete, erstarrte er und wir eilten zu den Elefanten. Dort sagte er knapp *Ja, das sind Elefanten-Pocken*. Wenig später traf Dr. Kuntze ein, bestätigte die Diagnose und wies sofortige Quarantäne an. Der Trakt wurde gesperrt, Seuchenmatten ausgelegt. Nur ich hatte Zutritt bei den AEROS-Elefanten und war mit ihnen wochenlang alleine. Unseren Tieren gegenüber stand, wie üblich, die Elefanten-Gruppe von G. Quaiser. Auch dort durfte nur ein Pfleger arbeiten, mit strikter Trennung zu uns. Eine Umstallung war unmöglich, doch zum Glück infizierte sich kein Tier, täglich kontrollierten ihr Pfleger und Dr. Kuntze Mäuler und Körper. Gronaus mussten mit den Pferden zum Gastspiel ausreisen, sie riefen regelmäßig voller Sorge von dort direkt im AEROS-Stall an.

    Unsere Großen erkrankten nicht. Dafür traf es die Kleinen mit voller Wucht. Überall an den Körpern brachen Pusteln auf, Zunge und Maulschleimhäute lagen wund, Shura hatte sogar offene Stellen im Rüsselchen und bei allen Drei begannen sich an einigen Füßen Sohlen und Zehennägel zu lösen. Sie fraßen kaum, verweigerten Wasser und standen nur apathisch, das Rüsselende am Boden liegend. Ein trauriges Bild. Auf mich kam Arbeit vom frühen Morgen bis zum späten Abend zu. In einem winzigen Vorraum mit Zugang von außen und zu unseren Elefanten, desinfizierte ich mich, zog mich um und richtete ihn so gut als möglich für notwendige medizinische Utensilien her. Meinen Wohnwagen ließ ich direkt neben den Zugang stellen und war damit ständig zugegen. Und um es gleich zu erklären, ich tat es von Herzen gerne, Uhr und geregelte Arbeitszeit waren für mich bedeutungslos.

    Shura, Jana und Daisy trugen maßgefertigte Lederschuhe. Zweimal täglich reinigte ich die betroffenen Beine und badete immer zwei gleichzeitig für je zwanzig Minuten in einem warmen frischen Aufguss aus Eichenrinde, musste diesen *nebenbei* temperiert halten und die Elefantenmädchen ermahnen, in den kleinen Bottichen stehen zu bleiben. Anschließend legte ich Druckverbände an und zog ihnen als Schutz die Lederschuhe mit Lederschnürung und Schnallen an. Von Beginn an beeindruckte mich, wie artig die Tiere dies erduldeten. Ja, später, als es ihr besser ging, da zupfte Jana gerne die Schnüre ab und kaute darauf herum, aber niemals versuchten sie die Stiefel auszuziehen. Dreimal täglich maß ich die Körpertemperatur jedes Elefanten, suchte gründlich bei allen nach möglichen Krankheitsanzeichen und reinigte und verarztete offene Stellen. Täglich kam Dr. Kuntze zu Kontrollen der Daten und Tiere, untersuchte Wunden und wies mich in die Behandlungen ein. In Shuras Mäulchen löste sich großflächig die Schleimhaut, ihr ganzer Körper war von eitrigen Pusteln übersät, die Kleine hatte es am ärgsten getroffen. Keine der Drei fraß und trank mehr, es galt, dringend zu handeln. Ich bat die Küchenmannschaft der Kantine, mir täglich eine Riesenportion Reis zu kochen. Ganz selbstverständlich erfüllten sie meine Bitte und brachten mir den Topf sogar zum Stall, damit ich keine Zeit für die Elefanten verlor. Als ich einmal beiläufig erklärte, dass ich den Reis zu Knödeln forme, standen von da an Schüsseln voller Reisbälle vor meiner

Tür. Dem Einkäufer gelang das fast Unmögliche, kartonweise hatte ich Bananen zur freien Verfügung. So fütterte ich die Kleinen mehrfach am Tag und bei jeder Gelegenheit, froh über jeden verschluckten Kloß und jede in den Schlund gerutschte (geschälte) Banane. Sie hatten Schmerzen beim Kauen, deshalb ließ ich sie das Maul öffnen, was sie trotz der Schmerzen, die ich ihnen dort bei der Behandlung mit Sicherheit zufügte, taten und schob Kloß oder Frucht weit hinein, so dass sie die weiche Kost nur abschlucken mussten. Ganz zu Anfang steckte ich Bananen-Stückchen in die Reis-Klöße. Jana und Daisy erkannten schnell meine Hilfe und öffneten zu meiner riesigen Freude sogar alleine das Maul. Shura musste ich zuerst bitten, sie kniff die Lippen zusammen und wehrte sich. Mit Geduld, Mühe und sanfter *Gewalt* gelang es mir schließlich, dass sie das Maul öffnete und ich einen Kloß weit hineinwerfen konnte. Ich ließ von ihr nicht locker, bis sie ihn schluckte. Es liest sich leicht, aber es war eine nervenaufreibende und kraftzehrende Aktion. Viel Reis und Banane ging daneben, welche die Großen gierig aufsammelten, sie waren ganz verrückt nach der Köstlichkeit. Vorrangig war es Krankenkost, trotzdem gab ich Pia, Punsha, Oly und Thara immer ein paar Klöße und Bananen zu naschen. Schließlich entschied auch die schüchterne Shura, dass sie leben will und ich durfte ihr ruhig, wie den anderen, die Nahrung hinter die Zunge legen. Wunden in den Rüsseln waren der Grund, weshalb die Kleinen nicht tranken. Ich überzeugte die drei, aus dem Schlauch zu trinken. Drehte dazu das Wasser auf, regelte die Temperatur lauwarm und hielt ihnen das Ende tief ins Maul. Wie die Nahrung schluckten die Kranken nun das Wasser hinunter. Ein ziemliches Geplantsche, doch erfolgreich.

Durch den engen Körperkontakt öffnete sich Shura mir gegenüber völlig, sogar ihren Rüssel durfte ich nehmen und die Wunden darin reinigen. Ich bin überzeugt, die Tiere spürten meine Bemühungen und nahmen sie an, niemals hätte ich ihnen sonst derart helfen können. Sie vertrauten mir mehr als zuvor und die Großen, welche jede meiner Handlungen an den Kleinen genau beobachteten, taten es ihnen gleich. Plötzlich zogen mich sogar Punsha und Oly zu sich heran, um mich an sich zu drücken und um Streicheleinheiten zu bitten. Nur Thara, naja, die blieb wie immer dreist und gerne grob. Pia hingegen, die zeigte mir ja bereits seit den ersten Monaten nach meinem Arbeitsbeginn bei ihnen ihr Zutrauen. Es war normal, dass sie mich fasste, zwischen die Vorderbeine schob und meinen Körper leicht umschlang, während ich ihren Hals und die Beine streichelte. Gerne stand sie so lange mit mir und ich liebte es. Ich erinnere mich wie Frau Gronau ganz entsetzt sah, was die Pia mit mir da anstellte und wie gerührt sie dann von der Zärtlichkeit zu mir war. Nun also, in dieser schweren Phase des Kampfes gegen eine furchtbare Krankheit, an welcher viele Elefanten sterben (*Beispiele siehe Elefantendaten im Anhang*), da öffneten sich mir alle Sieben.

Wochen später beobachteten wir ein Abklingen der Krankheit, die Körpertemperaturen sanken, die Wunden heilten, die Kleinen fraßen und tranken wieder alleine. Zuerst vorsichtig und wenig und ich zerkleinerte Obst und Gemüse zu Schnipseln, dann wurde der Reis unnötig. Kein weiteres Tier erkrankte und keine der Kleinen verlor Nägel oder Sohlen, ein Teil der Krankheit, vor welchem ich mich am meisten gefürchtet hatte. Mitte

Januar 1981 erklärte Dr. Kuntze die Pocken für besiegt und die Quarantäne wurde aufgehoben. Ich war glücklich über diesen Erfolg und auch stolz auf meine Arbeit.

Schnell ein paar Wochen Urlaub, denn der jährliche „Tag der offenen Tür" und die Ausreise zur neuen Tournee standen bevor.

Ensemble des Staatszirkus der DDR
im Circus Sjoukje Dijkstra/Carl Althoff, Niederlande und Deutschland 1980

- Siegfried & Helga Gronau *Elefanten* und
- *Braune Lipizzaner-Freiheit* und
- *Tigerschecken*
- Uwe Schwichtenberg *Exoten-Zug* und
- *Ungar. Woll-Schweine* und
- *Kuh-Dressur*
- Hanno & Marcella Coldam *Löwen-Tiger-Dressur*
- Rialtos *Schleuderbrett-Akrobatik* und Zweitdarbietung:
- Hobby-Hoppers *Komische Exzentrik*

Circus Sjoukje Dijkstra - Programmbesetzung NL 1980

- Hanno & Marcella Coldam — *Löwen-Tiger-Dressur*
- Ivan Dimitri — *Eisbären*
- Uwe Schwichtenberg — *Exoten-Zug* und
- — *Ungarische Woll-Schweine* und
- — *Kuh-Dressur*
- Siegfried & Helga Gronau — *Elefanten* und
- — *Braune Lipizzaner-Freiheit* und
- — *Tigerschecken*
- Jackie Althoff — *Reitende Schimpansen* und
- — *Longenbären*
- Miss Isabella — *Schwingendes Trapez*
- Krystyna — *Wurf-Akrobatik*
- Gina — *Luft-Akrobatik*
- Pio Nock — *Hochseil*
- Granek — *Perche-Akrobatik*
- Rialtos — *Schleuderbrett-Akrobatik* und Zweitdarbietung:
- Hobby-Hoppers — *Komische Exzentrik*
- 4 Sinekos — *Kopf-auf-Kopf-Akrobatik*
- Duo Staszewski — *Trapez*
- Giovanni — *Fakir- und Schlangenshow*
- Pio & Mario — *Clownerie*

05.04. bis Ende April/Anfang Mai 1980 in den Niederlanden:
Amsterdam, Amstelveen, Zaandam, Den Haag

Circus Carl Althoff - Programmbesetzung BRD 1980

- Hanno & Marcella Coldam — *Löwen-Tiger-Dressur*
- Ivan Dimitri — *Eisbären*
- Uwe Schwichtenberg — *Exoten-Zug* und
- — *Ungarische Woll-Schweine* und
- — *Kuh-Dressur*
- Siegfried & Helga Gronau — *Elefanten* und
- — *Braune Lipizzaner-Freiheit* und
- — *Tigerschecken*
- Manuela Beeloo — *Hohe Schule*

- Jackie Althoff — *Reitende Schimpansen* und
- *Longenbären*

  - nach dessen Ausstieg bei Carl Althoff:
- Kübler — *Schimpansen*
- Giovanni — *Fakir- und Schlangenshow*

  - gleichzeitiger Ausstieg mit Jackie Althoff
- Miss Isabella — *Schwingendes Trapez*
- Pio Nock — *Hochseil*
- Rialtos — *Schleuderbrett-Akrobatik* und Zweitdarbietung:
- Hobby-Hoppers — *Komische Exzentrik*
- Duo Staszewski — *Trapez*
- Pio & Mario — *Clownerie*

17.05. bis 30.09. 1980 in Deutschland
43 Städte

Stammbetrieb AEROS - Programmbesetzung DDR-Tournee 1980

„Zirkusschlager '80"

- Francesco Capri — *Gemischte Raubtiergruppe*
- Werner Hädrich — *Mecklenburger Goldfüchse* und
- *Hohe Schule*
- Hasso & Monika Mettin — *Freiheitsdressur Groß & Klein* und
- *Pudel-Dressur*
- Meteors — *Russische Schaukel*
- Daidalos — *Ikarier*
- Maderas — *Tanzseil*
- Gitta & Arno — *Clownerie*
- 2 Marko — *Longen-Bären* freiberufliche Dresseure
- Schneller — *Schimpansen* freiberufliche Dresseure

21.03. bis 16.11. 1980
54 Städte

Chaos

Zirkus AEROS auf DDR-Tournee 1981
Ensemble in Ufa und Kriwoi Rog (UdSSR) 1981
Tod von Shura und Oly, 1981

Zurück aus dem Urlaub führte mich, nach dem Durchschreiten des Objekt-Tores, mein Weg sofort zu den Elefanten. Ich freute mich auf die innigen Begrüßungen. Zuerst lauschten sie still meinen Worten, wenn ich die Schiebetür leise einen Spalt öffnete. Dann brüllten und trompeteten die Sieben und ich wurde von Elefant zu Elefant durchgereicht. Zwei Hände waren zu wenig, um alle Forderungen nach Streicheleinheiten gleichzeitig erfüllen zu können und kleine und dicke Rüssel zogen mich hin und her. Es brauchte Zeit, bis ich zu meinem Wohnwagen konnte. Immer kam wegen der Unruhe die besorgte Stallwache angelaufen.

Vor uns lag eine halbe Tour mit dem AEROS durch die DDR und ab September Ensemblegastspiele in Ufa und Kriwoi Rog. Kurz vor der Ausreise wurde es aber stressig, denn wie jedes Jahr gab es den „Tag der offenen Tür" im Winterquartier. Dazu wurden tagelang Vorbereitungen getroffen, jeder kleinste Winkel geputzt und die auf seltsame Weise immer von ganz alleine in Ecken gedeihenden Haufen nützlicher und längst unbrauchbarer Dinge geräumt. Aber der Stallmeister fand bis zum Eintreten erster Besucher immer wieder Punkte zum Nachbessern. Putzkolonnen des Winterquartieres fegten Straßen, harkten Rasen und Sandflächen, Stände wuchsen vor den Ausrüstungshallen und die zum Staatszirkus gehörenden Volksfesteinrichtungen montierten und polierten ihre Fahrgeschäfte. Jene waren auf jeder Kirmes gefragt, denn „Twister" I und II und „Satellit" hatte der Staatszirkus 1968 aus den Niederlanden, die Kinderfahrgeschäfte „Air Tramp", „Babyflug" und „Astroid", sowie den „Saturn" 1980 aus Frankreich eingeführt. Bereits ab dem frühen Vormittag füllte sich das Winterquartier, mehr als zehntausend Besucher wollten hinter die Kulissen der beliebten Zirkusse sehen. Wobei jene Zahl in der Statistik als Tiefpunkt gelten muss, Grund dafür war sicher die Witterung. 1969, zum ersten „Tag der offenen Tür" nahmen 2.500 Interessierte die Gelegenheit wahr, in den Jahren stiegen die Zahlen kontinuierlich, 1972 waren es bereits 12.000 und 1987 sogar 30.000 (Rekord) Besucher.

In den drei Probe-Manegen zeigten Tiere, Dresseure und Artisten Ausschnitte ihrer Arbeit. Menschenströme schoben sich ununterbrochen durch die Gänge und in den Stallbereichen herrschte Hochbetrieb. Die Pfleger sorgten im Gedränge für totale Sauberkeit bei den Tieren und durch Regulierungen an den Türen für wenigstens etwas Ordnung. Die Bereiter bemühten sich, Fragen zu beantworten und allzu kontaktfreudige Besucher von den Hengsten fern zu halten. Einerseits waren diese Tage schön, allein, weil sie das Interesse der Menschen zeigten und es einer Wertschätzung gleich kam. Andererseits fochten wir einen stundenlangen Kampf gegen Unvernunft. Bei den

Elefanten waren wir nur zu zweit, der dritte Pfleger genoss seinen Urlaub. Und wir hatten einen besonderen Stand, denn die Leute konnten die Elefanten ausschließlich durch die offene knappe Schiebetür vom AEROS-Pferdestall aus sehen. Ich erinnere mich, wie beeindruckt *ich* das erste Mal von den gewaltigen Tieren des AEROS und Busch war und Menschen, welche nie derart nahen Kontakt mit Exoten hatten, empfanden es sicher weit stärker. So entstand schon nach Minuten ein Menschenstau, welcher wie ein Korken die Sicht zu den Elefanten, aber ebenso die Ein- und Ausgänge des Stallkomplexes sicher verstopfte. Dann war es bald soweit und wir unwilligen Pfleger mussten auf Anweisung den Stall öffnen und die Leute fluteten zwischen beiden Elefantengruppen entlang und durch das, wegen der Temperatur nur leicht geöffnete, Tor zum Außenbereich hinaus. Ausnahmezustand! Man bedenke: die sich gegenüber stehenden Elefanten berührten einander fast mit den Rüsseln! Conny stand bei den Kleinen, ich bei den Großen, um möglichst Frechheiten auf Zwei- und Vierbeinerseite zu unterbinden. Die meisten Menschen hielten (und halten!) einen Elefanten für einen gutmütigen, menschenliebenden Dumbo aus Disney`s Märchenwelt und mussten beständig ermahnt werden, den *Mindestabstand* zu achten. Und unsere frechen Elefanten, allen voran Thara, Pia und Jana, schnell zogen aber auch Oly und Punsha nach, grabschten nach Beuteln, Handtaschen und allen sie interessierenden Dingen, welche die bunte Kolonne so an ihnen wie auf einem Förderband vorbei führte. Das *Geschenke*angebot war riesig und Rüssel laaang ausfahrbar, extrem beweglich und schnell! Wieder und wieder musste ich von einer Dicken Geraubtes zurückfordern und nicht selten nutzte eine andere meine Beschäftigung erbarmungslos aus und führte Leibesvisitationen durch. Proteste, Schreien und Zappeln der unbekannten Zweibeiner beeindruckte sie nicht im Geringsten. Zwar standen die Mädchen extra in viel Stroh und Heu, aber, pah, was ist das alltägliche Zeug schon gegen Süßigkeiten, Kuchen, Eis, eine Obst-Tüte oder auch einfach eine Tasche - was kann dort drin gehortet werden?! Allemal wert, es zu überprüfen. Zugegeben besaß ich weniger Mitleid für die Geplünderten, als vielmehr Sorge um die Gesundheit der Elefanten. Thara verschlang eigentlich Ungenießbares, wenn auch nur, um es ja nicht wieder herzugeben, das geraubte Gut. Sie kniff im Wissen, Ärger zu bekommen, die Augen fest zu und stopfte sich was auch immer trotzdem ins Maul, Handschuhe, einen Schal, eine Mütze. Die Beraubten wurden zum Gespött anderer Besucher und nahmen das tatsächlich hin. Und wenn Pia die Leute gezielt und feucht anpustete, folgte nach dem Schreck auch nur Gelächter. Situationen und Verhalten, welche in späteren Jahren undenkbar wurden. Rechtsanwälte hätten den Staatszirkus mit Klagen zugeschüttet. Pausen kamen für die Elefantenpfleger nicht in Frage, einer allein konnte nicht auf alles achten. Es blieb schon schwierig mit Maskottchen Conny, der, obgleich daneben stehend, oft in seiner eigenen Welt spazierte und nicht bemerkte, wie Jana zügellos und energisch nach Begehrlichkeiten griff. Freundin Pia führte ihr die Tricks, wie man sich fremden Eigentums bemächtigt, ja vor. Besonders erfolgreich war, unaufdringlich artig zu stehen, den Rüssel auf den Kopf zu legen, bettelnd das Maul zu öffnen und lieb zu gucken. Dann trat der oder die Auserkorene gerne gerührt aus der Reihe und einen Schritt vor, es gab ja keinerlei Absperrungen, und erfüllte damit die Erwartung des Elefanten, welcher nun schnell gezielt nach der vorher anvisierten Beute packte. Gegen Mittag blieb uns ein Moment, um durchzuatmen, wir tränkten die Tiere und sperrten dafür die Halle. In Sekunden versiegelte ein Menschenpfropf den Gang, es ging weder vor noch zurück. Als wir wieder öffneten, stürzten die Wartenden wie ein Tsunami zu den Elefanten und es startete die gefürchtete rush hour am Nachmittag. Im Interesse beider Seiten waren diese Stall-Durchflutungen unverantwortlich, und dass nichts Ernsthaftes passierte... eher Zufall.

Im März startete AEROS zur DDR-Tournee. Zug um Zug wurde zusammengestellt und ständig rumpelten die LKW mit den Hängern vom Gelände und der ersten Stadt entgegen. Endlich wieder on tour! Unseren Tagesablauf bestimmten Auf- und Abbau, Umsetzungen, Proben und Vorstellungen.

Punsha bereitete derweil beständiger Sorgen. Ganz Diva, fühlte sie sich berufen, gelegentlich auf ihren Status hinzuweisen und entschied spontan *Nein, das mache ich heute nicht!* Das begann schon einmal im Stall, wenn sie mir etwas vorspielte. Vor jeder Veranstaltung war eine wichtige Aufgabe, die Tiere zum Absetzen ihrer Stoffwechsel-Endprodukte zu animieren. Wir beschäftigten jede Einzelne durch Bewegung, Abrufen von Kommandos und forderten dabei unter *Fest! Drücken, Fest!* zur Komplett-Entleerung auf. Die Elefanten wussten Bescheid und taten dies oft pünktlich von alleine. Wir vermieden damit, dass Derartiges bei der Vorführung passierte. Die Zuschauer wollen zwar Elefanten sehen, sind aber pingelig, wenn dann eine Schubkarre Mist aus so einem Koloss fällt und eimerweise Flüssigkeit die Sägespäne wässert. Punsha also, sie gaukelte mir anstrengendes Drücken vor, mit Stöhnen, Schnaufen und zugekniffenen Augen und entließ ein paar Kugeln. Zu wenig eigentlich, doch sie strengte sich sooo an und ich glaubte ihr. Aber in der Manege, beim Hochsteher und Helga Gronau im Kopfstand auf ihrem Kopf, da entließ das dicke Ding die zurück gehaltenen Kanonenkugeln und öffnete zudem die Schleuse. Toll! Das Publikum reagierte gespalten, lachte schallend oder schrie *Ihhh!* und *Ähhh!* Ich erntete Gronaus verärgerten Blick und das Fluchen der Requisiteure, welche den Schlamassel auf der Tonne und aus der Manege bereinigen mussten. Vor der nächsten Veranstaltung war ich achtsamer und konnte das Gefühl nicht verdrängen, dass Punsha eine Show abzog und nur tat, als bemühe sie sich. Als ich mich zu ihr umdrehte kniff sie schnell die Augen zu und pustete aus dicken Backen. *Überführt!* Ich stand mit dem Rücken zum Kopf, beobachtete Punshas hintere Hälfte und die sah seelenruhig zu, wie ich da redete, trampelte und sie ansporne. Ich musste ihr mehr Zeit widmen, konsequenter sein und ließ mich nur gelegentlich reinlegen.

Mehr Probleme bereitete jedoch Punshas Rüsselfertigkeit. Unsere Elefanten wurden an Ketten gesichert gehalten. Um den Fuß geschlungen, dort war die Kette gepolstert, verband ein Schäkel, ein U-förmiger mit Schraubbolzen verschließbarer Bügel, das letzte Glied mit der Kette. Jenes Teil war, wie vieles in der DDR, eine Rarität und für uns unverzichtbar, wertvoll wie ein Schatz. Nun waren aber die großen Elefantinnen ausgebuffte Zirkustiere. Pia und Punsha brauchten zum Aufdrehen eines Wasserhahnes nur Sekunden: Rüssel übergestülpt und gedreht, fertig. So testeten beide gerne auch nach dem Anketten die Festigkeit des eingeschraubten Bolzens im Schäkel. Das bedeutete, diesen am Vorderbein mit einem Dorn besonders fest anzuziehen und regelmäßig nachzuprüfen. Am Hinterbein zogen wir die Schraubbolzen nur handfest, um sicherzustellen, dass in einer Notsituation die Tiere schnellstmöglich von den Ketten befreit werden können. Mit den Feuerlöschern waren zwei große Bolzenschneider zum Kappen der Ketten die wichtigste Grundausstattung bei unseren Elefanten, gleich ob im Zelt oder einem festen Gebäude oder im Waggon. Die Werkzeuge stellten ebenfalls hohe Werte dar und mussten vor Dieben verborgen werden. Pia besaß beim Schäkelprüfen nicht Punshas Ausdauer, sie widmete sich eher anderen Beschäftigungen, jene mit Kraftanwendung lagen ihr besser. Das Polken am Bolzen langweilte bald. Da zog sie doch lieber an ihren Ankern oder dehnte und streckte sich, um eine Mittelstange zu erwischen. Man möchte kaum glauben wie Yoga-fähig ein massiver Elefant ist! Aus dem Zeltfirst heraus gezogen, konnte Pia nicht nur das Sicherungsseil abreißen und zerfleddern, sondern dem langen Eisenteil neue Gestalt verleihen. Spezialistin war sie auch beim Entfernen der Rondellstangen hinter ihr. Pia trat dazu so weit als möglich zurück und ruderte mit dem Bein, bis sie endlich mit den Zehen eine Stange erwischte. In ihrem Einflussbereich stellten wir diese extra schräg nach außen, was der Stabilität des Zeltes nicht zu Gute kam. Gelang es Pia, eine Stange mit dem Bein zu fassen, dann rammelte sie damit herum, bis entweder das Sicherungsseil riss und sie die Stange nach vorne bugsieren und mit dem Rüssel packen konnte oder aber sie bearbeitete das Teil mit den Hinterbeinen. In beiden Fällen waren die Ergebnisse fast identisch und die Stangen verbogen. Ich weiß nicht, wie oft ich das Poltern der Eisenstangen im Wohnwagen hörte, diese von Bearbeitung durch Elefanten befreite und anschließend mit mehreren Leuten, Muskelkraft und Hebelwirkung versuchte, den alten Zustand herzustellen. Schließlich ließen wir Sockel an einzelne Stangen schweißen und sicherten sie mit Kurzankern. Nicht immer gewannen wir mit der Methode gegen Pias Geschick und Kraft…Aber Punsha - sie widmete sich den Entfesselungskünsten. Für ihre Hinterbein-Kette schlugen wir zwei sich kreuzende Anker. Einen allein trat sie so tief in den Boden, bis die Schlaufen offen lagen und die Kette länger wurde. Dann reichte sie Mittelstangen oder Zaunteile für Bastelarbeiten an die neidischen Gefährtinnen weiter. Oder sie begann an den Schäkeln zu fummeln. Dabei konzentrierte sich Punsha nicht egoistisch nur auf ihren Schäkel, nein sie prüfte auch die von Daisy und Oly, gerade eben in bequemer Reichweite. Punsha war vorne an einer besonders langen Kette befestigt, deren Ende, anders als bei den Artgenossinnen, nicht Ringe des Podiums, sondern zwei über Kreuz eingeschlagene Anker sicherten. Vorher genügte, wie nur noch bei Oly und Pia notwendig, neben dem Ring ein bis auf zwei Handbreit Höhe versenkter Anker für notwendige Sicherung. Doch Punsha gelang es immer wieder, das von uns mühsam eingeschlagene Eisen völlig im Boden verschwinden zu lassen, damit lösten sich Schlaufen in der Kette, sie konnte sich umdrehen und die hinteren Schäkel lösen und sich nebst Nachbarn befreien. Unsere Neuerung mit der langen Kette verwirrte Punsha nicht lange. Irgendwie gelang es ihr, den knallfest angezogenen Schäkel an der Vorderbein-Kette zu lösen und dann war sie nicht knickerig, schraubte sich und andere Mädels hinten los. Elefanten können sehr leise sein! Das Chaos war perfekt, viele Rüssel erfreuten sich dann an Rondellstangen, Rundleinwand, dem Besucherzaun und gelagerten Futtervorräten. Oft hörten wir oder die Stallwache verdächtige Geräusche oder Besucher schlugen entsetzt Alarm. Punsha war schnell beim Befreien…Es blieb uns lange unerklärlich, wie sie den Schraubbolzen lösen konnte. Dann kehrte ich eines Tages aus der Stadt zurück, beobachtete versteckt die Aktion und staunte richtig. Punsha hielt das angekettete Vorderbein hoch, warf beharrlich mit dem Rüssel eine Schlaufe über das Kettenende mit Schäkel am Fuß, fixierte sie mit dem Rüssel und riss blitzartig an der Kette. Danach prüfte sie den Bolzen. Zeit und Geduld hatte sie und tatsächlich fielen irgendwann zwei Glieder so auf den Kopf des Schraubbolzens, dass sie ihn einkeilten und durch den festen Ruck löste er sich im Gewinde. Einmal gelockert dauerte das Herausschrauben nicht länger als bei mir! Sie wurde immer professioneller und wir konnten nichts weiter tun, als bei jeder Gelegenheit ihren Schäkel zu überprüfen. Punsha quittierte das stets mit einem Pusten durch die zusammengepressten Lippen und klemmte den Rüssel patzig zwischen die Vorderbeine. Nun war der angerichtete Schaden der losgelösten Elefantendamen bereits zusätzliche Arbeit für uns, schlimmer jedoch die Suche nach den Schäkeln und Schraubbolzen. Der Notvorrat des Stallmeisters war limitiert, also krochen wir auf Händen und Füßen zwischen Elefantenbeinen und Stroh, polkten in Spalten des Podiums und im Gras ringsherum, nur um die Einzelteile zu finden. Nicht selten stocherten wir am nächsten Tag im frischen Mist und fanden tatsächlich ein fehlendes Teil. Und hier kam Oly als Täterin ins Spiel. Zu gerne lutschte sie auf etwas herum, so auch auf den Schäkelteilen und bevor sie dies blanke Ding hergab, schluckte sie es besser ab. Was man hat, das hat man, wo auch immer und zumindest bis zum nächsten Tag. Also begann ich meine Suche stets in ihrem Maul. *Rüssel hoch. Maul auf, Oly!* Oft wurde ich wenigstens mit einem Teil fündig. Aber auch Oly lernte dazu, öffnete zwar artig das Maul, schob vorher aber Bolzen oder Schäkel unter die Zunge oder zwischen Lippen und Zähne. Damit trickste sie mich aus, verriet sich aber nach der Maulkontrolle durch emsiges Lutschen. Nun klappte ich auch die Zunge hin und her und tastete die anderen Verstecke ab, bis ich Gesuchtes fand. Einmal, ich hatte in kurzer Zeit mehrfach Schäkel vom Stallmeister holen und seine Standpauken anhören müssen, war Punsha wieder frei. Conny fand den U-förmigen Bügel, der Bolzen blieb verschwunden. Olys Maul hatte ich ohne Erfolg gründlich durchstöbert. Also grabbelten wir zwischen Podiumplatten und Gras herum. Bis ich Oly lutschen sah! *Maul auf!* Ohne Zögern folgte sie dem Befehl. Ich kontrollierte erneut alle Maulverstecke. Nichts!!! Wir suchten auf allen Vieren weiter am Boden, getrieben vom beißenden Spott des Stallmeisters zu unserer Aktion. Da, Oly lutschte! Verdammt, sie musste den Bolzen haben. *Maul auf!* Kontrolle. Nichts! So ging es eine ganze Weile, bis mir nach der gefühlt hundertsten Maul-Durchsuchung, bereitwillig von Oly geduldet, ihre vorne, ganz vorne, auf zehn Zentimeter Länge zusammen gekniffene Unterlippe auffiel. Ich klappte den Zipfel auseinander und da ruhte der schlanke Schatz wohl behütet. Ach, Oly…! Wir mussten alle herzlich lachen. Nun kannte ich ein neues Versteck und auch das schnelle Herausnehmen und Verbergen im sanft eingerollten unteren Rüsselende, dort wo sonst Gummibärchen zwischengelagert wurden, übersah ich nicht mehr. Selbst wenn uns diese Suchaktionen oftmals zur Verzweiflung trieben, ich vermisste später Oly und ihre stilleRaffinesse.

Gleich in den ersten Städten der Tournee lahmte Pia und schonte das linke Vorderbein. Eine Verletzung war nicht zu erkennen, eventuell hatte sie sich eine Blessur beim Rangeln mit Punsha zugezogen. Also erhielt sie in der Vorstellung einen Schonplatz, musste nicht auf die Tonne steigen und stand bei mir, während die anderen Dicken vor uns im Kreis liefen. Nur bei einem Part war sie unabkömmlich: Zusammen mit Punsha hielt und straffte Pia das Seil, auf welchem Frau Gronau arbeitete. Notwendig für die Höhe, stiegen die Elefanten dazu mit den Vorderbeinen auf ihre Tonnen. Dabei durfte sich Pia Zeit lassen. Mehrmals am Tag massierte ich lange und gründlich eine entzündungshemmende Tinktur in ihr Bein. Das gefiel ihr sehr. Zwar stand sie sowieso bei mir im Vordergrund, nun aber noch mehr. Schon kurz nach unserem Kennenlernen hatten wir Gemeinsamkeiten entdeckt, Pia zog mich bald freundlich zu sich heran, damit ich sie hinter den Ohren liebkosen konnte. Jetzt trugen wir auch dasselbe *Parfüm* der Salbe. Auch nach einer Woche schien ihr Bein nicht kuriert, zum Glück lag der Bahnhof nicht weit entfernt und wir passten das Tempo Pia und nicht wie sonst dem trödelnden Duo Punsha & Conny an. Am nächsten Tag, im neuen Gastspielort, wanderten wir voller Sorge zum Zirkus und beschlossen Dr. Kuntze zu informieren. Doch auf dem Zirkusplatz geschah eine Wunderheilung. Die Elefanten hatten Platz und beschäftigten sich auf einer großen Rasenfläche. Voll gefangen vom Freizeitvergnügen pflanzte uns Pia erste Zweifel. Sie warf sich auf den Boden, rangelte mit den Beinen mit Jana und Oly, buddelte mit dem Hinkebein wie wild im Boden und rannte Punsha hinterher, um sie zu boxen. Von Behinderung keine Spur. Doch in der Nachmittagsvorstellung konnte Pia wieder nicht laufen. Womöglich hatte sie sich übernommen und wir schonten sie wie gehabt, auch in der Abend-Show. Aber am folgenden Morgen wiederholte sich auf dem Rasen das Spiel von gestern, Pia rannte, buddelte und boxte. In den Vorstellungen wollte ich sie nun zur alten Arbeit animieren. Ach, Pia zeigte Willen, aber nun war das ganze Vorderbein steif und sie zeigte, wie mühevoll sie es auf das Podest stellen muss. Natürlich gaben wir nach, ich massierte weiterhin fleißig ihr Bein. Dr. Kuntze fand keine Ursachen und auch eine Röntgen-Aufnahme zeigte keinerlei Veränderungen. Unser Verdacht erhärtete sich. Pia simuliert. Es ging ihr bei den Wegen zum Bahnhof und zum Zirkus perfekt, nur auf dem Weg zum Chapiteau, da kamen die Beschwerden. Und erst als wir in einer Probe hartnäckiger als sie blieben, gab Pia auf. Natürlich hatte sie zu Anfang ein Problem, aber meine Massagen, mein Mitgefühl und ihr Schonposten gefielen ihr richtig gut. Sie musste nur hinken andeuten und hatte all diese Bevorzugungen wieder! Es war ganz einfach…

Ich wurde zur Direktion gerufen. Dort erklärte mir ein Mitarbeiter der Generaldirektion, dass ich demnächst nach Südamerika fliegen werde. Hasso und Monika Mettin reisen mit ihren Rappen, Ponys und Hunden im Programm des sowjetischen Staatszirkus durch Uruguay, Argentinien, Brasilien und Mexiko. Die beiden Pfleger benötigen dringend Unterstützung. Meine Ausreise war genehmigt, nur das Einreise-Visum nach Uruguay und meine Tropenuntersuchung fehlen. Da steckte ich in einem Dilemma, Südamerika reizte mich sehr, aber Pferde? Und viel wichtiger, ich müsste mich für dieses Jahr von den Elefanten trennen. Erst nach Gesprächen mit dem Stallmeister und Gronaus und deren Zusicherung, mich bei der Rückkehr sofort wieder zu sich zu holen, gab ich dem Druck und meiner Abenteuerlust nach, ließ die Untersuchungen über mich ergehen und wartete auf die Bewilligung der Einreise. Zusammen mit dem Generaldirektor sollte ich nach Montevideo fliegen. Doch zuständige Behörden taten sich schwer. Probleme bereiteten bereits die einzureichenden Fotos für den Pass, sie mussten ein völlig ungewöhnliches Format haben und bei den begrenzten Möglichkeiten der Fotografen, zog sich alleine diese Forderung hin. So reiste ich weiter mit den sieben Dicken durch die DDR, bereit für den Abflug, irgendwann.

Unsere Elefanten besaßen eine Menge an Lebenserfahrungen, nur Unbekanntes, wie eine schreckliche Kiwi, konnte sie aus der Fassung bringen. Sie kannten Trubel auf den Wegen durch eine Großstadt und den lauten Verkehr. Aber es geht ihnen wie uns: Schlägt ein Ereignis unerwartet zu, dann fährt einem der Schreck schon gehörig durchs Gebein. Zirkus AEROS gastierte in Leipzig und es war einer der ganz normalen Alltage während eines laufenden Gastspieles. Hinter uns lag die Probe, eben hatten wir den Elefanten Heu und Stroh gereicht. Da kauten sie nun ruhig und halb dösend, die erste *Arbeit* geschafft, und waren auf das Schütteln der gegriffenen Büschel und dessen Stopfen in die Futterluke konzentriert. Nach den Pferde-Proben würden wir noch eine Zeit nach draußen gehen, das wussten sie. Einheitliches Schmatzen. Währenddessen bahnte sich fünfzig Meter entfernt das Unheil an. Zwei Lipizzaner waren durch Unachtsamkeit nach dem Verlassen der Manege nicht abgefangen worden und gingen streitlustig, so ohne Führung und ganz Hengste, gleich auf das Paar vor ihnen los. Erschrocken vom rückwärtigen Überfall und dem Gemenge ließ der unerfahrene *Pfleger* seine Longen fallen und jetzt galoppierten vier Pferde aus dem Requisitenzelt in den Zirkus und Richtung Stall. Kopflos, wie Pferde bei einer Flucht sein können, verwechselten sie die Zelte und galoppierten durch den halb geöffneten Giebel in den Elefantenstall. Dort bemerkten sie den Irrtum, stiegen, wieherten laut und rasten ausschlagend und sich gegenseitig behindernd wieder hinaus. In Sekunden war der Spuk vorbei, doch man stelle sich die Elefanten vor… Als hätte die Hölle urplötzlich ihre Pforten geöffnet und blutrünstige Fledermäuse ausgespien. Sie erschraken fürchterlich, brüllten aus Leibeskräften und warfen sich in die Ketten. Ob Punsha oder Pia die erste Platte aus dem Podium riss, blieb ein Geheimnis und auch egal. Bei längeren Gastspielen erhielten Pfleger oftmals einen freien Vormittag, dann halfen die Elefantenkutscher beim Führen der Lipizzaner zur Probe. Conny und ich ketteten gerade die Pferde an, als der Tumult losbrach. Wir rannten sofort zu unserem Stall, doch darin toste das Unheil. Oly, Pia und Punsha waren frei, Thara zog eine Platte neben sich her und nur die Kleinen standen an ihren Plätzen und rissen an den Ketten. Mehrere Mittelstangen und viele Rondellstangen hatte die erschrockene Schar umgerissen, das Zelt hing durch, lag teilweise auf den Rücken der Großen. Während wir verzweifelt versuchten, die Kontrolle über die Tiere zu erlangen, fielen weitere Mittelstangen um und das Zelt riss am First der Länge nach ein, dann auch an einigen Quernähten. Wir befreiten die sich durch unsere Gegenwart beruhigenden Elefanten eilig von den Ketten und leiteten sie hinaus. Die armen Dinger waren völlig aufgekratzt, immer wieder trompetete oder brüllte jemand und löste erneutes Durcheinander aus. Endlich entspannter, hüteten Gronaus sie und wir konnten die Zelt-Ruine inspizieren. Platten des Podiums lagen wild durcheinander, Anker waren gezogen, der Besucherzaun verbogen und gebrochen. Das Zelt war schwer beschädigt und nicht in Eile zu reparieren. Zum Glück lagerte im Winterquartier ein nagelneuer Elefantenstall und ein LKW fuhr umgehend nach Berlin, um ihn zu holen. Wir hatten ein Chaos zu ordnen: die Reste abbauen, das Podium zusammensetzen, neue Verankerungen schlagen. Dann stellten wir die Elefanten open-air auf. Das Wetter blieb auf unserer Seite und so überstanden wir die Nachmittagveranstaltung, selbst den Besucherandrang in der immer übervollen Tierschau-Pause. Vor der Abendveranstaltung traf das Zelt ein, doch vor und während der Show war an einen Aufbau nicht zu denken. Erst danach, als der Zirkus zur Ruhe kam, achteten die Gronaus auf die Mädchen-Gang und wir errichteten das neue Zelt. Dazu schlugen wir die Anker der Inneneinrichtung wieder los, um beim Aufbau nur keine Zeltbahn zu beschädigen. Das Podium überstreuten wir dick mit Stroh und Heu und erst als die neue Anlage stand, schlugen wir die Anker wieder ein. Der Boden war hart, ein Schotterplatz, wir fluchten und erreichten unsere Grenzen. Danach führten wir die Elefanten hinein, welche schon den Rüssel voll hatten vom Warten im Freien, wo doch das Abendmahl längst überfällig war!!! Im Schein der Lampen legten wir die hohen Rundleinwände aus und dabei, ganz typisch, unterstützte uns Helga Gronau, stieg auf Tonnen und hakte die gereichten Bahnen ein.

Im August endete in Berlin die DDR-Tournee. Der Staatszirkus hatte noch immer keine Einreise-Dokumente für Uruguay erhalten. AEROS wechselte das Programm, setzte die Saison mit Darbietungen aus dem sowjetischen Staatszirkus fort und die eigenen Dressuren und Artisten reisten nach Ufa und Kriwoi Rog. Ich führte die Elefanten zum Bahnhof und in die Waggons und trennte mich dort schwer von ihnen. Bis zur Abfahrt des Zuges trieb ich mich an der Verladerampe herum und blickte dem Rücklicht hinterher, bis es sich in der Ferne auflöste. Dann fuhr ich wie vereinbart nach Hoppegarten, um mit gepacktem Koffer auf den Flug nach Südamerika zu warten und Nachtstallwache bei einer Pferdegruppe zu schieben. Vier Wochen darauf reichte es mir. Weder Lust auf das menschenleere Winterquartier, noch auf Nachtdienst und Pferde, war auch mein Interesse an Ländern der Neuen Welt entschwunden. Zugleich stellte die Generaldirektion fest, dass sich nun die Anreise für die verbleibenden Monate nicht mehr lohnen würde und sandte mich mit dem neuen Ensembleleiter A. Scheel im Flieger den Elefanten hinterher nach Kriwoi Rog.

In Moskau gab es zwei Tage Aufenthalt und wir besuchten die beiden Zirkusse der Stadt. An einem Vormittag stieg ich in ein Taxi, bat den Fahrer, mir alle Sehenswürdigkeiten wenigstens von außen zu zeigen und kurvte stundenlang kreuz und quer durch Moskau. Wir hielten oft, der Fahrer verwandelte sich in einen Fremdenführer und redete und redete. Ich verstand allenfalls die Hälfte, trotzdem wurde es unvergesslich.

Der Inlandflug brachte interessante Erfahrungen. Das Flugzeug füllte sich mit Menschen und Material wie ein Überlandbus von Dorf zu Dorf. Ich staunte über die lärmenden Passagiere und dröhnenden Propeller. In luftiger Höhe erschrak ich über den grantigen König aller Winde, welcher die greise Flugmaschine umarmte, gehörig schüttelte und die Menschenfracht schreien und speien ließ. Und später, als der Wolkentreiber anderen Eindringlingen eine Lektion erteilte, bewunderte ich den weißen Wolkenteppich unter uns, der wie ein flauschiges Watteflies die Welt verdeckte. Es war mein zweiter Flug und ich fotografierte fasziniert und naiv den märchenhaften Ausblick. Zwei Fotos nur, dann klopfte mir eine Stewardess hart auf die Schulter: *Fotografieren verboten!* So wie sie das sagte und wie sie und ihre Kolleginnen uns nicht mehr aus den Augen ließen, zog instinktiv das Gefühl für eine Bedrohung auf. Es täuschte nicht. Als der klapprige Flugapparat auf den Rädern stand, ich in der offenen Tür auf den Airport und die angefahrene Treppe blickte, sah ich sofort uniformierte und zivile Gestalten, welche mich fixierten. Ich kannte solche Blicke, meine Schlangen peilten genauso ihre Beute an. Kaum den Fuß von der Gangway, hakten mich zwei gesichtslose Vollstrecker unter und schoben mich im Kokon ihrer Gang zu einem Gebäude. Der Ensembleleiter protestierte, wurde aber erst einmal missachtet und verschwand aus meinem Sichtbereich. Ich landete in einer Zelle ohne Fenster mit einer blanken Glühbirne an hoher Decke. Bei der Erinnerung an den erstaunlichen, doch wenig erfreulichen Empfang im *Bruderland* mit Kommandoton und Kalaschnikow in Brest, war ich zugegeben etwas um mein Wohl besorgt. Nach gefühlten Stunden führte man mich wortlos in einen Raum. Hinter einem Monster von kahlem Schreibtisch saßen einige graue Homo arrogantia und mehrere Uniformen, deren Neugier sich auf meine Fotos bezog. Welche Geheimnisse wollte ich Mütterchen Russland entlocken, was ausspionieren und für wen. Meine simplen Antworten verstanden sie nicht, öfter wechselte ich zwischen Zelle und Tribunal, bis dann auch Herr Scheel, der Direktor des Zirkus Kriwoi Rog und eine Dolmetscherin anwesend waren. Nun verstanden Vollstrecker und Lakaien meinen Protest gegen die Behandlung. Ich dachte als *Freund* in *Freundesland* gekommen zu sein, naja und solch Gerede, wie es die DDR-Propaganda seit Kindertagen über mich ausgeschüttet hatte. Ich meinte damals, sowas wollen die hören, aber ich denke, es war ihnen völlig egal. Trotzdem gab man mir Kamera mit Film zurück, der Spuk war vorbei und ich lagerte ein weiteres Abenteuer im Gedächtnis ein. Hinterher kann man drüber lächeln…

Kriwoi Rog war beklemmend. Überall atmeten gigantische Schornsteine der Stahlwerke schwarzen Rauch aus, Industriekomplexe lagen wie Inseln inmitten der Stadt. Bei einer Fahrt mit dem Trolley-Bus wechselten Wohnviertel und stinkende Eisenverhüttung einander ab, übergangslos waren sie verklumpt, verwoben mit einem Spinnennetz aus Bahnschienen voller verschmutzter Güterwagen mit Schüttgut. Eine sichere Smog-Glocke, genährt von Stahlkochereien, stülpte sich über die Industriestadt, tarnte den Himmel und nur diffuses Licht ohne Sonne erhellte den Tag. Fast verwunderte es, dass Schneeflocken Durchlass fanden. An einem Abend, auf dem Weg zum Artisten-Hotel, hielten sich ungewöhnlich viele Menschen im Freien auf und blickten empor zum alltags-graubraunen Dunst. Die Natur hatte ein Wunder gezeugt, den Smog zerrissen und das Firmament präsentierte seine Schönheit. Eine Nacht, in all den Wochen dort.

Wenige Tage darauf konnte ich *meine* Elefanten bei ihrer Ankunft aus Ufa an der Rampe begrüßen. Der Stall im Zirkusbau war groß und hell, verfügte jedoch über keinerlei Möglichkeiten zum Sichern des Podiums oder der Ketten. Also mussten wir, nach Absegnung durch das technische Personal des Zirkus, in einem Kraftakt Anker in den Boden schlagen. Wir trieben die Eisen Zentimeter für Zentimeter durch Beton und bei Thara durch das Hauptwasserrohr. Aber das merkten wir erst Stunden später, als die Mädchen nach der Bahnreise in ihren dicken Strohlagen schliefen und ich mich über ein mysteriöses Rauschen aus der Tiefe wunderte. Vielleicht war es die Kanalisation? Wasser trat nirgends aus und die Stellen für die Anker waren uns markiert worden. Doch am nächsten Tag erschienen Arbeiter und zeigten uns von der Treppe aus den gefluteten gigantischen Kellertrakt. Wir zuckten die Schulter, sie auch und so rauschte das Wasser noch, als wir die Halle nach dem Gastspiel räumten. Die Anker mussten wir komplett opfern, sie steckten fest, es gelang uns nicht, sie zu lösen.

Wie nicht anders erwartet, wurden die Veranstaltungen unter dem nüchternen Titel „Berlin `81" geradezu gestürmt. Hauptattraktion waren natürlich die sieben Elefanten. Aber bereits Anfang November brach die Katastrophe über uns herein. Es blieb bei Vermutungen, von wo sie ihren Anfang nahm. Vielleicht aus der Halle, in welcher im vorigen Programm ein unglückliches Flusspferd in einem Container als *Badebecken* im eigenen stinkenden Morast waberte und in welcher wir nun, nach unserem besten Bemühen um gründliche Desinfektion, die Futtermittel lagern mussten. Vielleicht in der äußerst mangelhaften Hygiene des gesamten Baues. Und eigentlich war es egal, wir konnten nicht reinlicher arbeiten, als wir es eh schon taten.

Ich verteilte wie abends üblich Brote an die Elefanten, reichte jedem etappenweise die Portion, damit man sich nicht gegenseitig beklaute. Brot mochten sie stets. Shura nahm mir jedoch auch nach mehrfachem Anbieten keins ab und drehte sich sogar weg. Sie wollte auch keine Äpfel, keine Möhren, kein Heu. Die Kleine stand nur still da. Ich meldete es gleich dem Stallmeister, doch nachdem ich bei der Kontrolle von Shuras Rüsselchen und Maul keine Veränderungen entdeckte, beschlossen wir, weiter zu beobachten und zu warten, wie sie sich am nächsten Morgen zeigt. Und da erschraken wir, Shura lag noch im Stroh, stand mühevoll auf und hatte schwersten Durchfall. Der herbei gerufene Zirkus-*Tierarzt*, wenn er denn tatsächlich einer gewesen sein sollte, diagnostizierte eine *simple Magenverstimmung* und empfahl wahrhaft lächerliche Hausmittel wie *heiße Milch mit Honig*. Als Shura dann schwere Krämpfe bekam, sich wand und bog und brüllte, da war er ratlos und tauchte unter. Ständig waren J. Schilinski und ich auf der Suche nach ihm, er sollte für kompetente Hilfe sorgen, doch er blieb verschollen und ließ sich erst viele Tage später wieder sehen. Und so starb Shura am frühen Morgen, am dritten Tag nach dem Abend, als sie nicht fressen wollte. Auch bei den anderen Elefanten gab es Krankheitsanzeichen, schwerer Durchfall, Appetitlosigkeit. Verzweifelt kämpfte der Ensembleleiter um Telefonate nach Berlin. Unser Dr. Kuntze sollte dringend kommen. Aber das war schwer. Ein Telefongespräch ins Ausland musste zu einer genauen Zeit angemeldet werden und dann wartete man ein bis drei Tage, bis es, wenn überhaupt, zustande kam. Da nützte kein Bitten, kein Drängen. *Saftra budjed*. Ich denke, in Moskau musste erst der entsprechende Dolmetscher nüchtern und bereit sein, um das Gespräch für den KGB mitzuschreiben. Als Doktor und Generaldirektion endlich erreicht wurden, benötigten sowjetische Stellen trotz Dringlichkeit vierzehn Tage, bis sie die Einreiseerlaubnis gaben. Zu dem Zeitpunkt waren bereits alle Elefanten erkrankt, besonders kritisch ging es Oly.

Die tote Shura musste aus dem Stall. Jener hatte keinen direkten Zugang zum Hof, konnte nur über Gänge erreicht werden. Somit war Muskelkraft vieler Leute, zu Hilfe gerufene Soldaten und die Unterstützung eines Gelände-PKW des Militärs gefragt. Dazu führten wir die Elefanten aus dem Stall in die Manege. Mich bewegte, wie jede einzelne Dicke im Vorübergehen sanft Shura berührte und wie vorsichtig und leise sie waren. Wir ließen ihnen Zeit zum Abschied. Ich sollte mit den Sechs alleine in der Manege bleiben und protestierte, weil ich die Bande kannte und befürchtete, die Kontrolle zu verlieren. Grundlos. Es dauerte sehr lange, bis Shura auf den Hof gezogen worden war, zeitgleich ließ der Stallmeister den Stall gründlich desinfizieren. Doch obgleich nur der Manegenvorhang, die Vorbereitungshalle und ein Stückchen Gang uns von dem Geschehen trennten - die Elefanten standen stumm, oft mit erhobenen Rüsseln, um Witterung aufzunehmen. Ich musste sie nicht beaufsichtigen, konnte nur diese und jene krabbeln und selbst sprachlos mitten zwischen ihnen stehen.

Als Dr. Kuntze eintraf, ging es Oly sehr schlecht. Entgegen der anderen, welche sich immer wieder einmal zu Obst und Gemüse überreden ließen, hatte sie tagelang nichts gefressen. Ich erinnere mich an Frau Gronau, wie sie verzweifelt versuchte, Oly Futter ins Maul zu stopfen und als es auch mit meiner Hilfe - man versuche einmal einen sich sträubenden Elefanten das Maul zu öffnen oder einen Apfel durch die zusammengepressten Lippen zu zwängen - nicht gelang, sie vor Schmerz zusammenbrach. Nun standen wir abwechselnd auf einer Leiter und hielten stundenlang einen Tropf, um mit einer Infusion über eine Ader hinter dem Ohr das schwerkranke Wesen mit Medikamenten und Nährlösung zu versorgen. Inzwischen hatten wir Gewissheit, dass die Elefanten an Salmonellose erkrankt waren.

Es herrschte eine äußerst angespannte Atmosphäre. Bis auf Oly erholten sich die Elefanten, doch sie waren krank. So kam es zu unseren Forderungen, dass die Tiere nach nur wenigen Tagen Ausfall nicht auftreten könnten und dürften. Doch die sowjetische Direktion wollte die Situation nicht akzeptieren, drohte Ensembleleiter und Staatszirkus mit Abbruch des gesamten Programmes und Konventionalstrafen. Es folgte die Anordnung, dass die *genesenden* Tiere verkürzt arbeiten *müssen*. Dr. Kuntze protestierte wütend. Der Stallmeister tobte vor Zorn, bemühte sich aber, Herr der Lage zu bleiben. Gronaus fügten sich nach langen Diskussionen. Ich weigerte mich, mit in die Manege zu gehen. In der Eskalation der Situation reiste Dr. Kuntze gefrustet ab. Allerdings war aus Moskau ein junger, sehr engagierter Tierarzt angereist, welchen er zuvor genau instruierte, sonst hätte er Elefanten und uns *niemals* zurück gelassen.

Das gesamte Ensemble musste sich auf Grund der hohen Ansteckungsgefahr peinlichsten ärztlichen Untersuchungen und Probennahmen unter nie auch nur vermuteten, primitivsten Verhältnissen fügen, deren Ausführungen derart hygienefrei waren, dass nur ein Wunder einen Ausbruch verhindert haben konnte.

Das Programm endete. Die Elefanten fraßen wieder gut. Allein Oly mäkelte, zu jedem Bissen überredeten wir sie. Nun stand im Dezember die Rückfahrt an. Oly war zu geschwächt, um den Weg zum Bahnhof zu bewältigen. Wir führten sie auf den leeren Podiumwagen und sie fuhr darauf stehend zur Rampe. Unsere Bedenken zerstreute sie, blieb völlig ruhig und drehte sich regelmäßig zu den ihrem Gefährt folgenden Artgenossinnen um. Wo er sie auftrieb, weiß ich nicht, aber J. Schilinski fertigte aus mehreren Lagen Decken einen Umhang für Oly als Wärmeschutz. Niemals sonst hätten die Dicken so ein Ding auf sich geduldet, es viel lieber zerfetzt oder gekostet, doch Oly ertrug es bis zum Ende. Nur den Umhang zurecht rücken und die Gurte stetig enger schnallen musste ich während der Bahnfahrt. Wir hatten Strohballen an den Waggonwänden gestapelt, hoch Stroh und Heu eingestreut, lockerten es immer wieder auf und fügten neues zu, hofften, Oly ins sichere Winterquartier bringen zu können. Aber die Infusionen entfielen und Oly fraß nicht mehr.

Endlich erreichten wir nach etwa einer Woche Brest, dann wenige Kilometer weiter Terespol. Umspurung der Wagen, Umsteigen der Tiere in andere Waggons. Doch wir standen unbeachtet auf einem Rangiergleis, warteten wieder einmal und entzündeten ein Lagerfeuer. Wie von hier gewohnt, zeigten uns zuständige Dispatcher die eiskalte Schulter. Schließlich erschien Militär. Wir hatten nicht die geringste Ahnung, welche politischen Gewitterwolken über Polen lagen. Die unabhängige Gewerkschaft Solidarność unter L. Wałęsa überzog seit Monaten das Land mit Streiks und hatte für den 17. Dezember einen landesweiten Generalstreik angekündigt. Die Regierung verhängte als Reaktion mit der Begründung, *Anarchie, Willkür, Chaos und einen Bürgerkrieg zu verhindern* am 13. Dezember über Polen das Kriegsrecht. Zwischen diesen Tagen trafen wir im zerrütteten Land ein. Wie es weiterginge, wüssten sie nicht, erfuhren wir von den Offizieren, erst einmal sei hier für uns Schluss der Reise. Wahrscheinlich werden alle Ausländer zu ihrem Schutz interniert. Artisten und Dresseure waren wie üblich mit dem Flieger kurz nach der Bahnverladung in Kriwoi Rog Richtung Berlin gestartet - wir und die Tiere hingen fest.

Es gab bekanntlich ein Gestern vor dem Heute, ohne Handys und mit dichten Grenzen auch zu Staaten des eigenen *Bündnisses*. Der Stallmeister und ich redeten auf Dispatcher, Militärs und Bahnarbeiter ein, baten um einen dringenden Anruf nach Berlin, aber da lachten sie uns aus, die Telefonnetze sind fast komplett unterbrochen, erst recht ins Ausland. Wieder gelang mit einigen Kisten Wodka das Unmögliche: Einige Transportarbeiter ließen Beziehungen spielen und wir wurden an den Bahnsteig geschoben, erhielten gegenüber Waggons der europäischen Schienennorm und mit der letzten Kiste Wodka halfen sie gar beim Umladen der Futtermittel. Die Elefanten maulten wieder eine Zeitlang herum, wollten nicht mehr in einen Waggon und wir hatten schweißnasse Kleidung, als sie endlich einstiegen. Pia weigerte sich besonders, hielt brav meine Hand mit dem Rüssel, aber wollte mir partout nicht ins rollende Gefährt folgen. Schließlich ließ sie mich mehrfach los und drehte sich weg, bis ich sie mit einer langen Kette am Waggon sicherte. Vorderbein anheben, Kette anziehen und sichern, Pia musste zum Absetzen etwas nachrücken, wieder Vorderbein anheben usw. Zentimeterweise bekamen wir sie so hinein. Oly wollte umsteigen, hatte aber Probleme beim Gehen, Bücken und Rückwärtsgehen und wankte. Ich hatte große Angst, sie würde umfallen. Nein, es sind keine schönen Erinnerungen an die Zeit geblieben.

Stunden später standen wir erneut auf einem Abstellgleis, entzündeten wieder mit allen möglichen herumliegenden Materialien ein stinkendes, qualmendes, aber wärmendes Lagerfeuer und wurden dabei von den Soldaten misstrauisch bewacht. Dort standen wir einige Tage, immer wieder begleitete ich den Stallmeister zu altbekannten Stellen. Wir redeten, bettelten, tobten. Inzwischen hatte der Staatszirkus in Berlin über die Deutsche Reichsbahn unsere Lage herausbekommen und mit Regierungshilfe Einfluss nehmen können. Wir konnten es kaum glauben, als sich völlig unerwartet eine Dampflokomotive an unsere Waggons koppelte. Wenig darauf ratterten wir als Sonderzug mit kurzen Stopps durch Polen und erreichten schon einen Tag später am Abend Frankfurt/Oder. Üblich waren drei Tage Transit. Da konnten wir aufatmen, im Dienstgebäude heiß duschen und uns auf Hoppegarten freuen.

Kurz nach Mitternacht traf der Zug dort an der Verladerampe ein. In den ersten Stunden des neuen Tages sackte Oly plötzlich zusammen und starb nur wenige Minuten später.

Ein furchtbares Jahr lag hinter Elefanten und mir.
Erst Pocken, dann Salmonellen und Shura und Oly tot.
Es war wenige Tage vor Weihnachten.

AEROS - Programmbesetzung DDR-Tournee 1981

„Artisten, Aeros, Attraktionen"

- o Hanno Coldam & Regina Marcella — *Löwen und Tiger- Dressur*
- o Werner Hädrich — *Mecklenburger Goldfüchse*   und
- o   *Exoten-Zug*   und
- o   *Hohe Schule*
- o Siegfried & Helga Gronau — *Elefanten*   und
- o   *Braune Lipizzaner*   und
- o   *Tigerschecken-Freiheit*
- o Majongs — *Jonglage an Masten*
- o Vulkanos — *Stangenwurf-Darbietung*
- o Rovellos — *Rad-Äquilibristik*   und Zweitdarbietung:
- o Marjanas — *Diabolo-Spiele*
- o Daidalos — *Ikarier*
- o Gitta & Arno — *Chlownerie*
- • Duo Buco — *Luft-Darbietung*   Rumänien
- • 2 Twerdowski — *Luft-Akrobatik*   UdSSR

Tournee vom 26.03. bis 16.08.1981
23 Städte

Ab 21.08 bis 22.11.1981 mit Programm von Sojusgoszirk UdSSR
5 Städte

**Ensemble des Staatszirkus der DDR
in den Festbauten von Ufa und Kriwoi Rog, UdSSR 1981**

- Siegfried & Helga Gronau — *Elefanten* und
- — *Braune Lipizzaner* und
- — *Tigerschecken-Freiheit*
- Werner Hädrich — *Exoten-Zug* und
- — *Hohe Schule*
- Majongs — *Jonglage an Masten*
- Delphins /vormals Los Inkas — *Wurf-Akrobatik* und Zweitdarbietung:
- Roswings — *Doppel-Vertikal-Seil*
- Goldinis — *Antipoden-Spiele*
- Daidalos — *Ikarier*
- Vulkanos — *Stangenwurf-Darbietung* und Zweitdarbietung:
- Morenos — *Springer*
- Maderas — *Tanz-Seil*

28.08. bis 11.10. Ufa
23.10. bis 07.12.1981 Kriwoi Rog

Dimensionen

Zirkus AEROS auf Kaukasus-Tournee 1982

Von der Erkrankung und den Strapazen der Rückreise erholten sich die Elefanten körperlich recht schnell, wie sie den Verlust zweier Gefährtinnen hinnahmen, vermag ich nicht fair zu beurteilen. Doch es geht im Kopf eines Elefanten weit mehr vor, als der Gemeine Homo arrogantia einem anderem Tier zugestehen will, völlig verdrängend, dass auch er nur ein von Genen der Urzeit getriebenes Wesen ist und dem Tierreich angehört, als, wie es Bernhard Grzimek einst treffend formulierte, gefährlichstes Raubtier der Erde.

Die Ruhephase und der Urlaub waren kurz. Wir und die Elefanten hatten viel zu proben, die gesamte Show musste umgestellt werden. Oly und Shura fehlten.

Im Februar verluden wir erneut Elefanten, Pferde und Uwe Schwichtenbergs umfangreiche Tierfamilie in Waggons und reisten für zehn Tage zu Fernsehaufzeichnungen nach Offenburg. Die Fahrt ging schnell, an der deutsch-deutschen Grenze gab es nur Passkontrollen und kurze Blicke in Waggons und Wohnwagen, bereits am nächsten Tag standen wir an der Verladerampe Offenburg. In der nahen Oberrheinhalle hatte das ZDF die Illusion eines Zirkus geschaffen: ein Stückchen Gradin, schräge Stangen, welche ohne Funktion vor der Hallendecke mit den unzähligen Scheinwerfern endeten und Sturmstangen eines Chapiteau vorgaukelten, außerhalb der Kamera abrupt endende Rundleinwände, eine Manege mit richtig gestyltem Manegen-Eingang und der Attrappe eines Nostalgie-Zirkuswagens als Blickfang daneben. Ein winziger Ausschnitt Zirkuszelt-Fantasie. Ringsherum Scheinwerfer, Monitore, mächtige Kameras und sich wichtig nehmende Leute und noch wichtigere auf Klappstühlen. Unter Anweisung des Regisseurs, mit dem Geschick seiner unzähligen Zuarbeiter und der Kameramänner nebst Helfern, entstand auf dem Bildschirm das Innere eines prächtig geschmückten Chapiteaus. Bei den Aufzeichnungen wurde regelmäßig unterbrochen, oh Fernsehleute sind auch eine Species für sich, und die wenigen, zählbaren Zirkusbesucher-Komparsen erhielten den Befehl *Vermischen!* Dann wechselten die ihre Plätze, krabbelten von der höchsten Sitzreihe in die Loge, zogen dabei Jacken an oder aus und kamen dabei gar, praktisch nebenbei, zu Kindern. Kreuz und quer ging das, entsprechend der Kameraeinstellung. Oft blieben ganze Reihen des ohnehin mickrigen Sitzeinrichtungs-Fragmentes leer, doch das nahm die Kamera nicht auf, vor ihrer Linse saß das begeisterte Publikum dicht an dicht. Petra Sperlich mit ihrem Solo-Trapez konnte beim Fußhang fast die Späne streicheln, so niedrig waren die Sicherungspunkte für ihre Apparatur. Aber die Kameras fingen raffinierte Bilder ein und vor den Fernsehzuschauern schwebte Petra hoch unter der Kuppel.

Die Elefanten standen in der warmen Halle, unsere Wohnwagen im Außenbereich. Ich versorgte am ersten Abend die Elefanten und schüttelte Strohberge für die Nachtruhe auf. Es war ruhig, allein das Schmatzen der Dicken an ihrem Obst und Gemüse schlich durch die Stille. Die anderen Tiere ruhten, sehen konnte ich sie nicht, überall standen Zirkuswagen und Transporter vom Fernsehen. Pia forderte ihre Streicheeinheiten und schob mich sanft zwischen die Vorderbeine. Ich genoss Ruhe und Sympathie, legte den Kopf an ihren Hals und kraulte ihn, während sie ihre Äpfel futterte. Das *Schönen guten Abend* einer tiefen Stimme zog mich in die Realität zurück. Ich drehte mich um. An der Absperrung stand Freddy Quinn. In jener Zeit war er als Schauspieler und Sänger sehr prominent und Moderator der ZDF-Sendung „Zirkus, Zirkus". Wenn ich auch bereits damals völlig andere Movies und Musik konsumierte, so kannte ich ihn natürlich und war beeindruckt von seiner lockeren, offenen Art, wie er mir selbstverständlich fest die Hand schüttelte und mich mit Fragen überhäufte. Ich stellte ihm die einzelnen Elefanten vor, erfüllte die Bitte, sie berühren zu dürfen und freute mich zu seiner Freude, wie ihn die Fünf nun befummelten und interessiert begutachteten. Wir standen lange, er erzählte von seiner Zeit beim Zirkus, ich von meiner Arbeit. Täglich bis zur Abreise begegnete ich ihm, dann stets von einem Schwarm Höflinge umgeben, aber er ging nie an mir vorbei, ohne die Hand zu reichen. Ein Star ohne Überheblichkeitsgetue.

Für die Aufzeichnungen führten wir unsere umgestellte Darbietung mehrmals täglich vor, das Fernsehen schnitt die besten Sequenzen zusammen. Wir hatten vor allem nervige Wartezeiten, weil niemals etwas nach Zeitplan lief und, wenn wir endlich dran waren, selten alles stimmte. Die Komparsen hatten sich nicht genug *gemischt*, die Beleuchtung war nicht optimal, die Kamera nicht in der besten Position...

Die Zeit verflog, bald rollten wir wieder der kleinen DDR entgegen, zwängten uns ohne Probleme durch das Nadelöhr im Eisernen Vorhang und trabten auf dreißig Beinen die Kopfsteinstraße entlang der abgetakelten Villen dem Winterquartier entgegen.

Dort grassierte schon das Reisefieber und trieb den Puls der Winterschläfer hoch. In der von Busch und AEROS gemeinsam genutzten Probemanege, mittig zwischen den jeweiligen Stallanlagen gelegen, arbeiteten vor- und nachmittags Dresseure zu festgesetzten Zeiten, in den Frühstücks- und Mittagspausen zwischendurch und danach, oft bis zum späten Abend, Artisten. Zirkus Berolina besaß eine eigene Probehalle auf seinem Gelände im Objekt II, vorrangiger Übungsbereich der Artisten. Für die Raubtiere gab es in ihrer Halle ebenfalls eine Manege mit Zentralkäfig. Das technische Personal traf in den Hallen letzte Vorbereitungen für die Ausreise, in den Lebensadern des Winterquartiers pulsierte das Fernweh.

AEROS musste für die Tournee besonders gründlich planen, nichts durfte vergessen werden. Ersatzteile jeder Art, so viel als möglich, wurden verstaut und die Lebensmittelvorräte im Küchen- und im Club-Packwagen drückten die Federn bedrohlich bis an ihre Grenzen. Eine weite Reise und lange Saison stand bevor. Da war nichts mit mal schnell zum Winterquartier zurückfahren. Zirkus AEROS rüstete sich für eine Tournee durch den Kaukasus.

Der Zirkus wurde auf die Bahn verladen und nach den Kämpfen mit Lademaß und weiteren gutbekannten Problemen, rollte er auf zwei Sonderzügen Richtung Osten. Ein schönes, buntes, exotisches Bild boten sie und erregten überall Aufsehen. Eine fast endlose Kette Plattformen, voll mit Packwagen, Wohnwagen und Spezialwagen, versehen mit dem auffälligen Schriftzug AEROS, dazu LKW, Traktoren und PKW. Nach Abfahrt aus Hoppegarten, am Tag darauf, Frankfurt/Oder, drei Tage weiter Brest. Kalaschnikows, eifrige Militärs, Massen an Soldaten, bellende Hunde, gründlichste Kontrollen, halbtägiges Stehen im Hochsicherheitstrakt des Einreisebereichs. Dann wurde der Zug getrennt, die Tierwaggons fuhren zum vertrauten Umspurbahnsteig, die Plattformen entschwanden in einen anderen Bereich des Mega-Güterbahnhofes zum Umladen des Fuhrparkes auf russische Plattformen. Dort hatten die mitreisenden Zeltarbeiter alle Hände voll zu tun beim Lösen der alten und Setzen der neuen Sicherungen jedes Fahrzeuges. Die Pfleger schlugen sich mit Unmengen Heu, Stroh, Hafer-, Kleie-, Rübenschnitzel- und Mohrrübensäcken, mit Obst- und Gemüsekisten und Brotbergen herum. Wie erwartet protestierten die langnasigen Dinger auch wieder. *Noch mehr Bahn fahren?* Pia und Punsha stifteten die anderen zur Meuterei an und es vergingen Stunden, bis sie in den sowjetischen Waggons standen. Diese rotbraunen XXXL-Holz-Gebilde traditionell wieder nur mit Einstiegsleiter-Fragmenten oder ganz ohne unter den nur mit Brechstangen zu handhabenden Riesen-Schiebetüren. Alles wie gehabt. Zum Glück dauerte auch das Umladen der vielen Zirkuswagen, sonst hätte die Verzögerungstaktik der grauen Riesinnen den Fahrplan außer Kraft gesetzt.

 Endlich verließ unser Sonderzug Brest und es wurde eine grandiose Bahnfahrt durch ein weites Land. Nicht endende lichte Birkenwälder, Sümpfe, moorige Niederungen, dichte, finstere Wälder wie eine Mauer neben dem Bahndamm und Ufer verträumter Flüsse und Seen. Ich übernahm erneut die Nachtschichten, liebte das gleichmäßige Rattern und Schwingen der Waggons, stand gerne stundenlang in der stets mannbreit offenen Schiebetür und sog die vorüber schwebende Welt in mir auf, bis die Dunkelheit sie verschleierte. Alleine das Firmament beleuchtete mit seinem magischen Licht scherenschnittartig die Landschaft. Dann schlief ich wunderbar im Stroh neben Pia, obgleich sie mich regelmäßig ungewollt weckte. Sie bedeckte mich mit Stroh und kontrollierte gerne, ob es mir auch gut ginge und fummelte dazu vorsichtig an mir herum. Und spätestens, wenn ihre stets feuchte Nase mein Gesicht berührte, war ich munter und Pia zufrieden, *ja er lebt noch*. Döste sie selbst vor sich hin und lag ihr Rüssel nahe an meinem Körper, umfasste ich das Riech-und Greiforgan und spürte ihren warmen ruhigen Atem. Ich genoss diese Vertrautheit. Pia hatte eine bestimmte Zeit, in welcher sie sich für wenige Stunden hinlegte. Diese kannte ich und stand vorher auf oder ich wurde von ihren unruhigen Bewegungen wach. Dann setzte ich mich zwischen Jana, sie stand auf der anderen Seite des Waggons, und Pia in die Mitte auf den Heuvorrat. Doch nickte ich ein, dann war Jana nicht so gnädig wie ihre Freundin. Jana untersuchte schamlos meine Kleidung nach Naschereien oder überhaupt Interessantem und sie zog grundsätzlich das Heu unter mir fort, bis ich mich auf blanken Holzboden wiederfand. Änderten sich der Fahrgeräusche oder rumpelten wir über zu viele Weichen, dann erwachte ich stets. Zumeist schaukelten wir einem Bahnhof entgegen oder wir liefen in das von Flutlicht taghell beleuchtete Universum eines Güterbahnhofes und fädelten uns auf einem Richtungsgleis zwischen parkende, schier unendliche Waggonreihen ein. Während der etwa zwölf Stunden Schicht wechselte ich bei jedem Halt zwischen den Waggons der Elefanten, um allen durch Anwesenheit und Beschäftigung gerecht zu werden. Ich schüttelte Stroh und Heu auf, entfernte den Mist und verteilte Brote, Äpfel und Mohrrüben, welche ich bei einem Stopp schnell aus dem Waggon mit dem Futter in Kisten heran schleppte. Das Verlassen der Waggons war einfach, man sprang, obgleich durch das schräge Schotterbett der Gleise nicht ungefährlich. Hinein klappte es nur mit Packen des Eisengriffes oder Türrahmens, hochspringen und hineinziehen. Glück für denjenigen, dessen Waggon wenigstens ein Stück Leiter übrig hatte. Mir halfen oft Pia und Punsha, indem sie mir nach dem Kommandos *Zufassen* den Rüssel reichten. Bei einem eiligen Einstieg verließ ich mich jedoch nur auf mich. Schwieriger war das Abtränken der gesamten Tiergruppen. Das geschah am Tag und alle Pfleger kamen zum Einsatz. Das Wasser schleppten wir vom Tankhänger auf einer Plattform in 20-Liter-Milchkannen herbei oder lieber von einem entdeckten Wasserhahn. Stand der Zug in einem Güterbahnhof, schwärmten wir auf der Suche danach aus. Auf freier Strecke blieb nur der Tankhänger. Zwar sollten die Lokführer einen Signalton geben, doch der erfolgte meist kurz oder auch gleichzeitig mit dem Anfahren. Man glaubt nicht wie schnell diese Mega-Züge auf Tempo kommen! Güterbahnhöfe brachten mehr Sicherheit und Ruhe, doch wir wussten nie, wann wir in einen einlaufen würden. Dort wechselten häufig die Lokomotiven, zwei Giganten zogen den Zug, und uns blieb eine unbekannte Zeitspanne. Arbeitete sich ein Rattern durch die Wagenreihen, hatten die neuen Loks angekoppelt, aber dann kontrollierten noch Arbeiter mit langen Hämmern die Bremsen. Das beste Zeichen aber waren Bahnangestellte, damals fast ausschließlich Frauen, welche aus schmierigen Kannen Öl in die Klappöffnungen der Radlager nachfüllten, das bedeutete vieeeel Zeit und beruhigte unser Tun. Denn allein das Öffnen und Schließen der Waggontüren mit Brecheisen auf Kopfhöhe, Zentimeter für Zentimeter unter vollem Körpereinsatz erforderte viele Minuten. Nicht selten hielten es Punsha und Pia für unangebracht, wieder stundenlang durch einen Spalt schielen zu müssen und stießen die Schiebetüren kraftvoll mit dem Rüssel beim Schließen wieder auf, so dass einem das Brecheisen um die Ohren wirbelte. Mehrmals bekamen wir eine Tür nicht rechtzeitig zu und die Elefanten fuhren in einem Panorama-Waggon, was mir alleine wegen des Fahrtwindes und der Ungewissheit der Fahrtdauer übles Magendrücken verursachte, ich stieg dann in diesen Waggon. Conny war leider etwas unbeholfen beim *Schnellsein* und tapsig oberdrein. Einmal bot ich ihm während eines länger erwarteten Haltes einen frisch aufgegossenen Tee an. Er stieg zu mir auf die Plattform und schlürfte das Getränk. Als ich Zucker aus dem Wohnwagen nachhole, raste das bekannte und gefürchtete Knallen der Kupplungen herbei, ein starker Ruck und der Zug rollte. *Toll, Elefanten ohne Aufsicht bis zum nächsten Irgendwann-Stopp. Vielleicht in Minuten, vielleicht in Stunden!* Ich drehte mich zu Conny um, der stand zuvor am Ende der Plattform, nun war er verschwunden. Er konnte nur durch den Ruck über die Bordwand gefallen sein! Der Zug rumpelte und schwankte über Weichen, während ich von der Veranda sprang und zur Kupplung lief. Den Sturz zwischen die Waggons auf die Gleise hätte er kaum überleben können, aber Conny das Glückskind war seitlich über die niedrige Ladeklappe gefallen, lag quer auf einer Strebe, dem Druckluftschlauch und der starren großen Kupplung, das vorbeifliegende Gleisbett unter ihm! Mit einer Hand hielt er sich an einem Eisen fest, mit der anderen umklammerte er den Plastikgriff des Teeglases, der Glaseinsatz samt Inhalt fehlte. Gebirge fielen mir vom Herzen. Ich half ihm hoch auf die Plattform und war ab sofort für Stunden Connys typischem Gemecker ausgeliefert. Völlig ignorierend, dass sein Dasein von einem verdammt dünnen Fädchen gerettet worden war, schimpfte er ohne Atem zu holen über den Verlust des Getränkes, des Teeglases, und dass der gelbe Plastehalter so allein nun zu nichts mehr zu gebrauchen sei. Selbst ein neuer Tee besänftigte ihn nicht. Später lachten wir oft über diese Episode und auch über sein nächstes Abenteuer. Bei plötzlichen Anfahrten auf freier Strecke schaffte Conny es zwar in einen Waggon zu klettern, die Arbeitsgeräte jedoch vergaß er in seiner Eile bereits zum dritten Mal am Bahndamm. Also drohte ihm der Stallmeister, nicht noch einmal eine Forke oder ähnliches stehen zu lassen. Zieht der Gegenzug vorbei, geht es gleich weiter, dann ist Tempo geboten! Conny prägte es sich zu gut ein. Ich sah ihn oft bei Anfahrten in den Waggon steigen und atmete jedes Mal auf, wenn er drin war. Aber dieses Mal stieg Conny, kaum drin, gleich wieder aus und griff sich ...eine Forke am Bahndamm! Niemals konnte er jetzt mehr in einen Waggon kommen! Tatsächlich sah ich ihn auf dem handtuchbreiten Schotterbett nebenher stolpern und mir war klar, erst einmal habe ich mich eine Weile allein um die Elefanten zu kümmern. Doch dem liebenswert Unbeholfenen gelang in seiner Angst das schier Unmögliche: er bekam den Haltegriff am letzten Waggon zu fassen, am Ende, dort wo die Rückleuchten sind. Wie, das blieb auch ihm ein Rätsel. Die Panik, allein irgendwo in russischer Pampa zu sein, gab ihm wohl den nötigen Schwung, auf den Tritt für Rangierer zu springen. Da stand er dann auf zwei Fußbreit Gitterrost, als drittes Schlusslicht, in einer Hand den Griff, in der anderen die gerettet Mistforke. Ich sah ihn in jeder Rechtskurve dort stehen. Der Zug fuhr viele Stunden und Conny umklammerte bereits mit beiden Händen die Eisenstange. Die Gleise rumpelten, die Federung der Waggons war gewöhnungsbedürftig und das Tempo beeindruckend. Wir konnten nichts tun, als hoffen, er möge durchhalten. Es gelang ihm und beim Halt, wieder auf freier Strecke im Ausweichgleis, da zeigte er stolz lächelnd die Forke. Ach Conny, er war einer jener Zirkus-Originale und trug längst eine Inventarnummer. Wasser für die Elefanten ließ ich ihn auf einem Bahnhofsgelände nie herbeitragen, aus Angst, er ginge uns verloren - und da hätte es fast wegen einer blöden Forke geklappt. Wo Conny mit seinen Gedanken kreiste, vermochte niemand zu entschlüsseln. Passte er auf Jana und Daisy auf - die Großen liefen ihm sofort davon und Pia schob ihn dabei auch freundlich zur Seite - blieb auch das eine Herausforderung. So hüteten wir zwei anderen Pfleger fünf Elefanten und Conny. Die Kleinen legten nicht nur hinter seinem Rücken den Rückwärtsgang ein und verschwanden lautlos, während wir *Conny!!!* schrien damit er es bemerkte. Nein, Ernst nahm ihn die Elefanten-Bande nicht, doch anders als bei einzuarbeitenden neuen Kollegen, welchen sie durchaus zeigten, dass sie nicht bereit sind, jedermanns Befehlen zu folgen, verhielten sie sich ihm gegenüber freundlich bestimmt. Bei den Wegen zum Bahnhof und Zirkus, da bummelte er hinten ganz genau wie Punsha. Und unseren Spaß bekamen wir, wenn er die Elefanten im Waggon begleitete. Jedes Mal, wenn wir sie von der Bahn abholten, waren wir gespannt auf Conny. Meist meckerte er vor sich hin oder beachtete uns gar nicht, dann war klar: Die Dicken hatten ihn wieder ausgeplündert. Die Reisetasche geraubt und in Einzelteile zerlegt, seine Kleidung zerfleddert, den Forkenstiel gefressen, die Brille zerbrochen. Die frechen Dicken zogen ihn im Schlaf regelrecht aus. Einmal waren ihm nur Hose und Schuhe geblieben und wir kamen aus dem Lachen nicht heraus. So etwas passierte nur ihm. Er schimpfte immer wie ein aufgeschrecktes Huhn vor sich hin, konnte sich ewig nicht beruhigen, später dann aber auch über sich selbst lachen.

Trotzdem waren die Elefanten nicht zu unterschätzen. Zweimal versuchten wir, gute Kollegen aus dem Pferdestall einzuarbeiten. Beide scheiterten vorrangig an den erwachsenen Tieren, aber auch bereits an Daisy, die sich an Punsha ein Beispiel nahm *Nein, mach ich nicht!* und an Jana, die Pia als Vorbild hatte *Was?! Du willst mir was sagen? Versuchs! Wer hat den dickeren Kopf?!* Punsha blieb einfach stur, klemmte den Rüssel zwischen die Vorderbeine, überhörte die Kommandos und erstarrte in ihrer persönlichen Pose zu einer Skulptur. Thara ging weiter, sie griff schon einmal nach der Mistkarre und warf sie um oder trat *versehentlich* nach dem Neuling: *Na? Was machste jetzt?!* Und dabei senkte sie drohend den Kopf und stellte die Ohren weit ab. Pia war noch rigoroser, sie stieß den Wassereimer um oder nahm ihn einfach aus der Hand, *Wer ist stärker?* und trat dann lässig mit einem Fuß drauf. Ja, sie griff sich auch die Kratze, den Besen oder die Schaufel, wenn der Neue damit arbeitete, protestieren nützte da rein gar nichts. Sie zerbrach den Stiel mit Rüssel und/oder Fuß und zerbiss den Stiel wie eine Salzstange: *Und?! Komm, leg dich mit mir an!* Als R. daraufhin in seiner Verzweiflung einmal allen Mut zusammennahm und Pia mit dem Parier-Haken drohte, griff sie sich das Eisending, hielt es über den Kopf und sah ihn herausfordernd an *So, und jetzt?* Ich konnte und wollte da nie helfen, bemühte mich zu schlichten, genau zu erklären, beim Umgang zu helfen und zu raten, doch durchsetzen muss sich ein Pfleger allein. Notfalls konnte ich eingreifen, aber ich strafte die Elefanten nicht, mit mir machte sie das schließlich nicht. Mir gab Pia auch den Haken brav zurück.

Während der Reise saß ich am Tag stundenlang auf der Plattform vorm Wohnwagen und genoss die Landschaft. Ab und an besuchten wir einander während der Fahrt, zu einem Tee, einem Kaffee, einfach zum Reden. Pro Plattform stand ein Zirkuswagen, wir waren geübt im Überlaufen der starren Kupplungen und dem Balancieren zwischen niedriger Bordwand und Zirkuswagen zur nächsten Plattform. Nein, schwieriger waren die Hauptversorgungen der Tiere bei einem Halt in der Wildnis.

Ein breiter Strom floss träge herbei und schmiegte sich fast an den Bahndamm: der

Don. Unser Zug ratterte durch den Bahnhof von Rostow, erstaunt blickten uns Wartende auf den Bahnsteigen hinterher. Dann zog die Bahnlinie einen weiten Bogen um Wolgograd und um Flanke und Rücken des 85 m hohen Monumentes *Mutter Heimat ruft*. Die 1967 im Gedenken an den Großen Vaterländischen Krieg errichtete Kolossalstatue schwingt ihr 33 m langes Schwert entschlossen und bedrohlich in guter Amazonen-Tradition über geschichtsträchtigen Boden um den Mamajew-Hügel. Die Gestalt ist beeindruckend, obgleich mir das Motiv abgekupfert zu sein scheint. Jeanne d`Arc, das unglaubliche Mädchen aus Domremy an der Maas, die Heldin von Orleans ist in ganz ähnlichen Posen verewigt worden.

Ankunft in Ordschonikidze (*heute Vladikavkas*), das Tor zum Kaukasus, nach zwei Wochen Bahnreise. Majestätisch ragten Gebirgsketten in den Himmel, zauberten einen grandiosen Horizont. Es gab Verzögerungen beim Aufbau. Der erste Zirkuszug traf einen Tag zuvor ein, es wurde noch entladen, sortiert und der Platz ausgemessen. Ein Pfleger aus dem Pferdestall und ich blieben bei den Tieren, welche bereits mit ihren Waggons an der Rampe standen, die anderen fuhren zum Errichten der Stallanlagen auf den Zirkusplatz. Hauptaufgabe für uns war das Abwehren des aufdringlichen Kinderheeres. Der freche Haufen stieg in die Waggons, stahl Obst, öffnete die Hähne am Wassertank und die Kellerkästen der Wohnwagen. Die Tiere ließen sich einfacher kontrollieren! Obwohl meine Pfleglinge auch Sorge bereiteten. Sie erkannten das Ende der Reise und wollten aussteigen, hatten genug Kilometer gefressen und wurden ungeduldig. Und weil nichts geschah, zerlegten die Elefanten aus Frust ihre Waggons. Ermahnte ich Punsha und Thara, dann bastelten Jana und Pia weiter und umgekehrt. Daisy war sich für derartig grobschlächtige Arbeit zu fein, aber die anderen öffneten ihre Seitenwände. Erst einmal ein Brett gelöst, geht es ganz einfach. Ich gab auf, sollen sie, wenn wir so lange warten müssen! Pech nur, dass mein Wohnwagen zu dicht neben den Waggons stand. Die vorwitzige Jana erreichte mit Dehnen und Strecken die stabilen Verankerungsbügel für meine Veranda während der Umsetzungen. Und daran rüttelte sie, dass mein Wagen schwankte und bebte. Sie fand es lustig, wenn ich dann vor der Tür erschien wie ein Kuckuck aus seiner Uhr, linste mich mit einem Auge durch das gebaute Fenster an und war artiges Mädchen. Kaum war ich wieder drin, packte sie erneut zu und rüttelte. Sie hatte Langeweile und deshalb viel, viel Zeit für dies Spiel. Unsere Züge erreichten das Ziel schneller als geplant, deshalb waren Gronaus noch nicht da und brachten die zusätzliche Wartezeit in den Waggons. Endlich, nach drei Tagen wurden wir abgeholt. Artisten und Dresseure waren mit dem Flieger angereist und trafen auf einen fertigen Zirkus. Ach, wie bequem und langweilig! Wir trauten uns zu, die Tiere zum Zirkus zu führen, doch das hätte schwer am Ego Fehlender gekratzt und dunkle Wolken für lange Tage über den Elefantenstall geschoben. Der Stallmeister riet mir dringend ab. Dafür gab es Ärger wegen der demontierten Wände und neu geschaffenen Freiluft-Waggons. Punsha hatte auch das Dach geöffnet. Aber da zuckte ich die Schultern und biss zurück. *Wäre alles nicht passiert, wenn...oder?!*

Wie kaum anders erwartet, wurde der AEROS gestürmt. Eine derart große Zelt- und

Wagenstadt, zudem aus dem fernen Deutschland, hatten die Menschen hier nie zuvor erlebt. Die Gastspiele waren in jeder Stadt ausverkauft. Pro Veranstaltung dreitausend Besucher. Das Chapiteau, ein Hexenkessel. Es machte viel Freude zu arbeiten. In manchen Städten sicherte Polizei das Zirkusgelände ab, weil an unserem Objektzaun unzählige Neugierige dicht an dicht standen, um etwas von der fremden Welt zu sehen. Das war verständlich, denn niemand konnte sich an einen so riesigen und *ausländischen* Zirkus mit so vielen Tieren erinnern.

Aber das brachte uns auch seltsame Erlebnisse. Eine der mir am häufigsten gestellten Fragen war, ob wir, überall auf den Plakaten stand ГДР *(DDR)*, aus dem befreundeten oder kapitalistischen Deutschland kommen. So wie in der DDR die Freundschaft mit der UdSSR in leuchtenden Farben und einfallslosen Parolen überall und bei jeder Gelegenheit von der Partei- und Staatsführung in Erinnerung gebracht wurde, da durften wir schon staunen, dass es im Kaukasus offensichtlich nicht ganz klar war, mit wem genau man denn in *tiefer Waffenbrüderschaft* verbunden ist.

In Derbent, der Stadt des Orientteppich-Handels am Kaspischen Meer, wo die Muezzine von ihren Minaretten riefen, wurde der Zirkus angewiesen, unseren Frauen das Tragen von Bikinis und anderer unzüchtiger Kleidung - wohl gemerkt: auf dem Zirkusgelände - zu verbieten. Die protestierten, suchten anbetracht der Männerscharen am Zaun so und so nicht einsehbare Winkel zum Sonnen auf, aber es nützte nichts. Wir sind Gäste, hatten uns zu fügen. Seltsam jene verlogene Prüderie, denn in den Veranstaltungen trugen die Artistinnen selten mehr. Aber dort war es o.k. Das Publikum bestand dann auch, wie mir oft Helga Gronau leicht verwirrt zuflüsterte „*F., da sitzen wieder fast nur Männer drin!*", aus genau dieser Geschlechtervariante nebst Kindern. Frauen waren in vielen Orten kaum zu sehen. Dafür erschienen die Männer prächtig aufgeputzt und mit Zierdolch am Gürtel. Ich bin durch viele Städte gelaufen, fand mich mehrfach in einer völlig anderen Kultur wieder und wurde häufig auf meinen Streifzügen wie ein Alien beobachtet, Kinder liefen oft bis zum Zirkus hinterher. In jener Zeit waren große Teile der UdSSR von der Außenwelt abgeschottet. Selbst die eigene Bevölkerung durfte nicht überall einfach von Ort zu Ort zu fahren. An den Ausfallstraßen standen Polizeiposten und kontrollierten jedes Fahrzeug, jeden Erlaubnisschein. Dagegen kreiste der Zirkus frei herum, bekam aber Gastspielstädte und Routen vorgeschrieben. Eine russische *Direktion* leitete diese Koordinierungen. Mein Stallmeister, ein begeisterter Angler, konnte irgendwie den Polizeiposten umfahren, doch als er wieder zurück in den Gastspielort wollte, da erstarrten die Uniformierten vor Entsetzen: ein ausländischer PKW?! Der Fahrer konnte nur ein Spion sein. Wie auch immer der mit seinem Fahrzeug in das Hochsicherheitsareal UdSSR hätte einreisen sollen. Aber erst einmal sperrte man ihn ein und seine Sprachschwierigkeiten legte man als bockig aus. Als J. Schilinski am freien Spieltag abends noch immer nicht vom Fischen zurück war, begann die russische *Direktion* zu forschen und befreite ihn am nächsten Tag aus dem Knast. Das Angeln verging ihm für den Rest der Saison.

Ich fuhr eines Tages mit einem Tragflächenboot von Asow, wo AEROS gastierte, den Don aufwärts nach Rostow. Warum ich in Asow beim Ticketkauf nicht auffiel, weiß ich nicht, in Rostow verweigerte die Verkäuferin mir als Ausländer die Rückfahrt mit dem Boot und war entsetzt, dass eine Tour bereits hinter mir lag. In Erinnerung meiner Konfrontation mit dem KGB in Kriwoi Rog verschwand ich fix vom Schalter der zeternden Unschönheit, tauchte in die Masse Wartender unter und versuchte mein Glück eilig direkt am Boot mit Rubeln in der Hand. Doch ich wurde auch dort *enttarnt* und meine Erklärungen rollten unbeachtet über den Don: *Nein, keine Ausländer! Verbotene Zone! Da muss zuerst ein Milizionär die Sache klären.* Ich verschwand sofort, suchte den Bahnhof und eine Zugverbindung, nuschelte am Schalter mürrisch etwas von *Asow* und одна персона *(odna persona - eine Person),* fiel zu meiner Erleichterung nicht auf, die Kamera hielt ich längst verborgen und rüttelte dann stundenlang in einem überfüllten, lauten, stinkenden Zug durch unbekanntes Terrain und fürchtete Polizeikontrollen. Doch es ging glatt und ich erreichte kurz vor Mitternacht Asow. Unbeschreiblich das Gefühl, als ich das heimatliche Chapiteau mit seiner funkelnden Beleuchtung sah!

Trotzdem waren viele Menschen sehr aufgeschlossen. Ich begleitete die Elefanten von Stadt zu Stadt, traf somit Einheimische und musste unzählige Fragen beantworten. Auf den Bahnhöfen waren die Elefanten natürlich DIE Sensation. Gerne ließ ich die Waggontüren weit geöffnet, gut für die dicken Mädchen und die interessierten Menschen. Häufig schirmten mich Milizionäre ab und verhinderten, dass Leute zu dicht an die Waggons traten. In einer Stadt fuhr ein LKW Soldaten herbei, um uns zu *schützen*. Der Offizier hatte in der DDR Dienst versehen, konnte etwas Deutsch und sprach lange mit mir. Schließlich lud er mich in das Bahnhofsrestaurant in Sichtweite ein. Nein, ich gehe nicht von den Tieren fort, habe auch keine Ahnung, wann der Zug abfährt. *Du musst vor der Fahrt etwas Vernünftiges essen, ich lade dich ein* und *Alles kein Problem, ich mache das!* Dann bekam er die Abfahrtzeit heraus, stellte seine Soldaten mit Kalaschnikows um die Waggons auf und führte mich zur Gaststätte. Wir ließen uns draußen bedienen, von dort sah ich meine Tiere. Trotzdem fehlte mir die Ruhe und wir gingen bald zurück. Die Soldaten hielten die vielen Schaulustigen mit martialischen Gesten auf Abstand und ich gab in Dauerschleife Erklärungen zur Biologie der Tiere. Es waren stets die gleichen Fragen und die Standardantworten gingen mir auf Russisch inzwischen leicht von den Lippen. Bis zur Abfahrt wachte meine Leibgarde an der Rampe und verabschiedete mich dann mit militärischem Gruß. Ich wunderte mich, dass sie nicht dazu in die Luft schossen…

Als wir von Taganrog am Asowschen Meer nach Astrachan am Kaspischen Meer wegen der 850 km Entfernung und der Querung der Kalmücken-Steppe, eine unwirkliche graubraune Grasebene, durch welche der Wind totes Gesträuch kugelte, mit zwei Zügen per Bahn umsetzten, gab es wie üblich nach solchen Tagen Verzögerungen beim Aufbau. Einmal mehr waren ein Pfleger für die Pferde und ich mit den Elefanten auf uns gestellt am Bahnhof. Als sich auch am nächsten Tag nichts bewegte und wir mit dem Tränken der Tiere begannen - wir hatten einen Wasserhahn ausgemacht - kamen Einheimische herbei, um zu helfen. Wieder standen wir nur bei den Tieren und reichten

Eimer und Kannen vor. Das wiederholte sich am Abend, wo man mir nicht nur die Heuballen, sondern auch Obst, Gemüse und Brote aus dem Futterwagen abnahm und zu den Elefantenwaggons trug. Ruhig, ohne Erwartung auf irgendetwas, einfach um zu helfen. Am nächsten Vormittag dasselbe, doch nun brachten uns freundlich lächelnde Männer und Frauen von den anliegenden Häusern Flaschen mit Getränken, frisch aufgebrühten Kaffee und großzügig mit Butter, eine Rarität und wirklicher Luxus in der damaligen UdSSR, bestrichene frische Weizenfladen und obendrauf, wir wollten es kaum glauben, dick Kaviar! Uns war das peinlich, wir kannten die Versorgungsnöte im Land, doch unsere Gönner setzten sich auf Heuballen und Steine und sahen uns lächelnd beim Essen zu. Wir beantworteten unendlich viele Fragen zu unserer Welt und dem Zirkus. Ich stellte die Elefanten vor und erlaubte, Punsha und Daisy zu streicheln. So nahe vor den Riesen zu stehen und sie zu berühren, brachte größte Aufregung und viel Freude und man beteuerte mir immer wieder, dies Erlebnis niemals zu vergessen. Mittag bewirteten sie uns mit warmem Essen und kurz darauf wurden wir endlich abgeholt. Wir bedankten uns bei den gastfreundlichen Leuten und ich lud sie zum Zirkus ein, sie sollten sich im Elefantenstall melden, ich würde Freikarten besorgen. Sie kamen nicht, vielleicht scheiterten sie bereits an den Milizionären am Haupteingang. Wir standen, wie so häufig, schwer von Polizei abgesichert.

Astrachan brachte orientalisches Flair und eine schwere Magen-Darm-Infektion. Hohe Temperaturen, verunreinigtes Trinkwasser, Obst, welches man vermeintlich sauber wusch…Bis auf drei Ausnahmen erkrankte die gesamte AEROS-Belegschaft. Artisten fielen in Krankenbetten und Darbietungen aus. Hartgesottene gaben ihr Bestes, traten auf und mussten nicht selten nach einer Weile fluchtartig die Manege verlassen und den Toiletten-Wagen anstreben. Jene, welche es richtig schwer erwischte, krümmten sich in Schmerzen. Die Tonkulisse im Räder-WC ließ auf meiner Haut sämtliche Härchen stramm stehen.

Es war sehr heiß in Astrachan, vom ersten Tag an holten wir Elefanten-Leute uns von einem gelb angestrichenen Tankwagen mit Aufschrift *Квас* (Kwas) dies eiskalte Getränk. Er parkte nahe unseres Zeltes und war das 5-Liter-Gurkenglas leer, dann schlüpfte einer hinten hinaus, durch den Zaun und ließ es von der Jugendlichkeit mit weißem Käppi neu befüllen. Täglich mehrfaches Ritual für lächerliches Geld. Wir liebten die leicht säuerliche, schwach alkoholische Erfrischung, tranken nichts anderes und waren verlässliche Stammkunden. Vielleicht machte Kwas uns Drei immun, vielleicht standen wir unter dem Schutz unserer Pfleglinge, vielleicht waren wir besonders hart im Nehmen…? Warum auch immer, alleine wir Elefantenpfleger blieben verschont, waren für Kollegen und Ärzte ein Wunder und froh darüber. Die Dresseure arbeiteten grundsätzlich, aber mehrmals beendeten wir die Elefantenrevue vorzeitig. Zumindest einmal standen wir Drei während der Vorstellung plötzlich mit den Elefanten alleine in der Manege! Eine Weile warteten wir, Elefanten und Publikum auf das, was kommen würde, dann drehten wir eine Ehrenrunde mit den Dicken und verließen das Chapiteau. Erfahrungsgemäß kehrten Flüchtige nicht so schnell aus dem Sanitärbereich zurück. Im AEROS-

Sanitätswagen unterstützte eine einheimische Ärztin nebst Helferin unsere von dieser Situation überforderte Krankenschwester. Einige Leute mussten ins Krankenhaus, doch allmählich verebbte die Erkrankungswelle.

Bei einer Bahnumsetzung mit den Dicken stand der Zug wieder im Nirgendwo der Weite auf einem Ausweichgleis, Zeit schien nicht existent. Doch meine Waggons standen günstig, ein Wald lag gegenüber und ich schulterte erst die Axt, dann unzählige kleine Bäume für die hoch erfreuten Mädchen. Klar, das liebten sie. Die frischen Blätter, das saftige Holz. Zudem brachte es viel Beschäftigung: sorgfältig zogen sie die Rinde ab und zerlegten die armdicken Stämmchen mit Beinen, Rüssel und Maul in kaugerechte Größen. Auch als Hilfsmittel zum genüsslichen Kratzen eignete sich mancher Ast. Ich saß Beine baumelnd in der Tür eines Waggons, genoss die Sonne und sah, wie eine alte Frau mit einem Bündel Reisig, ein Mütterchen wie aus einem russischen Märchen, aus dem Wald hervortrat und am Bahndamm in unsere Richtung kam. Sie lief gebeugt, konzentriert auf den holprigen Schotter, nahm weder mich noch die Geräusche von den Elefanten wahr. Dann stutzte sie über den schwankenden Waggon von Punsha, Daisy und Thara. Mit schrägem Kopf trippelte sie misstrauisch weiter, äugte empor zum offenen Türspalt, als ein riesiger Rüssel ins Freie schwang. Die Alte erschrak, schrie, und bevor ich reagieren konnte, warf sie das Reisigbund vom Rücken, rannte flinkfüßig, ohne sich umzudrehen davon und verschwand unter den stehenden Waggons. Ihr Feuerholz lag verwaist neben den Gleisen. Sie tat mir leid, doch Komik hatte die Szene trotzdem. Das Schmunzeln verging mir wenig später, als eine geballte, laut palavernde Dorfgemeinschaft, bewaffnet mit Knüppeln und Forken wie ein böser Spuk unter Waggons hervorkroch. Die Bewaffneten vorne, Frauen und Kinder dahinter. Ich wollte die Situation entschärfen, winkte und grüßte freundlich. Schnell entspannte sich das entschlossene Expeditionsteam. WAS? Elefanten? Tatsächlich lebendige, richtige Elefanten? HIER? Nun lachten alle und quasselten auf die Alte ein, die zögerlich hinter der ersten Verteidigungslinie hervor lugte. Die Leute konnten es nicht fassen. Nie zuvor im Leben hatten sie Elefanten live gesehen und nun gleich fünf und davon drei Riesen! Da kein Gegenzug in Sicht war, öffnete ich die Schiebetüren, zeigte und erklärte die Tiere, ließ sie den Rüssel heben, das Maul öffnen, das Bein heben. Kleinigkeiten, aber die Leute waren rührend beeindruckt und begeistert. Ein deutscher Zirkus? Hier auf Tournee? Soweit der Heimat?! Doch selbst unser nächster Gastspielort lag für sie bereits ebenso unerreichbar fern wie die DDR. Plötzlich erschienen Menschen mit Körben voller Äpfel, Birnen und Mohrrüben für die Elefanten und sie hatten eine Riesenfreude, wie den Dicken diese unerwartete Zwischenmahlzeit schmeckte. Immer mehr frisches Obst wurde herbei getragen und alle waren begeistert von der Art, wie geschickt und vorsichtig ihnen ein Elefant eine Frucht aus der Hand nahm. Als dann der Gegenzug vorüber ratterte, halfen mir Männer beim Kampf um das Schließen der Türen. Viele freundliche Menschen winkten mir lange nach, ich sah sie auf dem Gleisbett kleiner werden, bis sie zu einem grauen Tupfer verschmolzen. Das sind bewegende Momente im Leben. Sicher wird unser Streckenhalt lange DAS Gesprächsthema im Dorf gewesen sein und vielleicht sind Punsha, Daisy, Jana, Pia und Thara zur Legende geworden, dort irgendwo in einem versteckten Tal des Kaukasus.

Eine Herausforderung für die Kraftfahrer und ihre schwachen DDR-LKW waren die Umsetzungen. Die Straßen oftmals nur Schotterpisten, steile Auffahrten, steile Abfahrten, Serpentinen, enge Tunnel, Nadelöhre durch Schluchten. Eine Tortur für aller Nerven blieben bis zum Saisonende die sowjetischen Leihfahrer mit ihren starken, aber bereits äußerlich wenig Vertrauen erweckenden LKW. Sie fuhren auf den Pisten nicht so zimperlich, boten sich Überholmanöver in den Serpentinen, Rennen in Ebenen und zogen wie Kometen meilenweite Staubschweife hinter sich her. Die Nachfolgenden fuhren auf gut Glück. Dass die Zugeinrichtungen nicht kompatibel mit unseren Hängerkupplungen waren, gab dem eine zusätzliche Note. AEROS besaß nur wenige Adapter, die UdSSR keine. Doch die Fahrer wussten Rat und verbanden ihren Haken und die Hängerdeichseln mit dickem Draht. Ordentlich mit einer Eisenstange eingedreht, fertig. Langsam anfahren und gleichmäßig beschleunigen, *das wird schon*. Natürlich passten auch die Kupplungen für die Druckluft der Bremsen nicht. Ich hoffte jedes Mal, wenn ich nach der Umsetzung mit den Elefanten in der neuen Stadt eintraf, dass mein Wohnwagen entweder von unseren Kraftfahrern gezogen wurde und wenn nicht, dass er bitte nicht in einer abgrundtiefen Spalte im Kaukasus als Holz-Eisen-Haufen ruht. Aber für jene Transportmethode gab es in dieser Saison erstaunlich wenige Unfälle und nur einmal lagen zwei Gradin-Wagen viele Meter tiefer und das wertvolle Material musste per Hand geborgen werden. Niemals ließ der Stallmeister die Tierhänger und Packwagen der Stallzelte von einheimischen Fahrern ziehen.

Bei einer zweiten Bahnumsetzung verloren wir tatsächlich einen Pfleger. G., groß, wuchtig und *etwas* ungelenk, schaffte nicht den Sprung auf den Waggon, als der Zug unvermittelt anfuhr. Und er erwischte auch nicht den Rangierertritt wie dereinst Conny, sondern sah die Rückleuchten am Horizont verschwinden. Auf einsamer Flur, in fremdem Land, Geld und Dokumente im davon gerauschten Wohnwagen und nur einen dünnen blauen, nicht wirklich sauberen Arbeitsanzug am Leib. Welche andere Wahl blieb ihm, als dem Zug auf den Schwellen hinterher zu trippeln? Kilometer um Kilometer, Abzweigungen gab´s keine, also immer geradeaus. Erst nach einem halben Tag traf er auf einen einsamen Schrankenwärter-Posten an einer Schotterpiste, die im Nichts verlief. Weit und breit keine Häuser. Zum Glück war der Posten besetzt, doch wie üblich von einer Frau. Die erschrak nicht wenig über den imposanten Streckenwanderer, welcher urplötzlich auftauchte und sie verbarrikadierte sich. Er mühte sich durch die Tür zu erklären, aber sie verstand von seiner Sprache so viel wie er von ihrer. Es kann als Reisender durchaus nützlich sein, die Landessprache in Grundzügen zu erlernen, aber das setzt Wollen voraus. Die Schrankenwärterin trat ihm erst entgegen, als sie die Schranken, für wen auch immer, schließen und dem durchrauschenden Güterzug ein Fähnchen präsentieren musste. Sicher brachte sie dafür allen vorhandenen Mut auf. Doch sie hatte Alarm geschlagen und ihre Verstärkung in Gestalt einer weiteren Frau mit ebenso vielen Lebensjahren radelte herbei. Gemeinsam waren sie mutiger, verstanden was von *Цирк (Cirk, Zirkus)* und *Zug weg,* sahen auch die Verzweiflung in den Augen des Fremden und beschlossen, den nächsten Güterzug, in ein paar Stunden und der gewünschten Richtung unterwegs, anzuhalten, um den massiven fremdländischen Unheimlichen schnellst möglich in die Lok zu setzen und los zu werden. Sie warteten sehr lange, belauerten einander, bis der Megazug gestoppt wurde und die erstaunten Lokführer G. aufnahmen. In der nächsten Stadt empfingen ihn Milizionäre, sperrten ihn aber nicht wie mich oder den Stallmeister ein, sondern versorgten ihn mit Essen und Trinken und trieben währenddessen einen Kriegsveteranen auf, welcher durch deutsche Gefangenschaft einige deutsche Worte verstand und sprach. So klärte sich zwar die Situation, blieb jedoch ein Mysterium. Nun glühten Telefonleitungen und mühsam erfuhren die Milizionäre, ja da kreist ein Zirkus aus Deutschland, ja, hier auf Tournee, wie, tatsächlich, ja, und der Zirkus sucht einen Mann, verloren gegangen bei der Bahnumsetzung. Nun schob man G. in den Miliz-Wolga, fuhr die lebende Sensation - ein Ausländer im Sperrgebiet - von Polizeistation zu Polizeistation und von Stadt zu Stadt. Endlich stieg er drei Tage später, man hatte ihn auch schon zu weit in die übernächste Gastspielstadt gefahren, erleichtert über das ganze Gesicht strahlend im unsauberen Arbeitsanzug aus dem Gefährt. Überall war er gut verpflegt worden, nur geschlafen hat er in Arrestzellen, aber in offenen und mit Extra-Service in Gestalt von Decken und Kissen.

Bei jener Bahnumsetzung schrammten wir knapp an einem Unglück vorbei. Während der Fütterung am Tag, bei einem Halt auf einem Ausweichgleis, entdeckte ich die von Punsha mit Zehen und Rüssel bearbeiteten Bodenbretter. Sie hatte ganze Faserstränge abgezogen und die gealterten Bohlen auf die Hälfte abgeschabt, nicht ahnend von der Tatsache, dass man den Ast, auf welchem man sitzt, nicht absägen sollte. Punsha stand auf sehr dünnem *Eis*, voller Schrecken sah ich unter der Einstreu durch fingerdicke Spalten das Gleisbett und wie sich der Boden unter ihrer Last bewegte. Ich befürchtete, das Holz könnte brechen, rief den Stallmeister und die anderen um Hilfe. Wir beschlossen, eine Platte des Vorpodiums über der schadhaften Stelle zu befestigen. Leichte Entscheidung, schwere Ausführung. Denn erst einmal ruckte der Zug an und fuhr los. Ich blieb bei Punsha, um ihr durch meine Anwesenheit das Weiterbasteln zu vermiesen. Mit Grauen beobachtete ich die schwingenden Bohlen. Schließlich kettete ich Punsha vorne los und befahl ihr, so weit als möglich in die Mitte der Waggon-Seite zu gehen. Sie protestierte, weil Daisy neben ihr stand, sie diese zwar sehr mochte, nicht jedoch solche Enge. Daisy maulte ebenfalls. Doch ich ließ nicht locker und nahm Punshas alten Platz ein, beanspruchte die Hälfte der Seite für mich, während zwei Elefanten auf der anderen aneinander klebten. Punsha klemmte wieder die lange Nase zwischen die Vorderbeine, bekundete damit und mit Pusten durch dicken Backen ihren Protest. Wieder hielt der Zug auf einem Ausweichgleis. Umgehend enterten mehrere Jungs vom Stall den Podiumwagen und wühlten eilig unter Tränktonnen, verpackten Rundleinwänden und Besucherzäunen mühsam eine Vorpodiumplatte heraus. Über die hohen Bordwände des Wagens und über die Zugplattformen reichten sie diese weiter zu Leuten auf dem Gleisbett. Jene stolperten, so schnell es Last und Schotter erlaubten, zu mir, stemmten die Platte in die Höhe und schoben sie durch den Türspalt. Dann ratterte der Gegenzug vorbei und unsere Fahrt ging weiter. Die Platte war groß und schwer und durch den begrenzten Raum unmöglich unter Punsha zu platzieren. Sie konnte doch nicht beide Vorderbeine gleichzeitig anheben. Also löste Conny Daisy von den Ketten und führte sie während der rumpelnden Fahrt in den freien Raum vor den Schiebentüren, ich dirigierte Punsha ganz an die Wand, ließ sie das rechte Vorderbein heben und die Jungs schoben die Platte über die Gefahrenstelle. Dann Punsha zurück auf ihren Platz, anketten und Daisy rückwärts *einparken*. Die Kleine hatte uns arg behindert, weil sie sich mehrfach drehte, denn Thara nahm die Gelegenheit der plötzlichen Nähe wahr, um sie zu treten und zu boxen. Nun war Daisy geradeaus auf ihren Platz geeilt, stand mit dem Kopf an Punshas Hinterteil und wollte lange nicht zurück in die Mitte, weil Thara sofort boxte, sie wusste unsere Beschäftigung voll auszunutzen. Die fremden Pfleger waren ihr egal, die sollten ihr mal zu nahe kommen mit Forderungen! Ich musste dem frechen Ding erst klarmachen, dass ich ihr Verhalten Daisy gegenüber nicht duldete und baute mich vor ihr auf. Daisy konnte nun rückwärts, Conny gelang es, sie zu drehen und richtig neben die Freundin zu stellen. Dies alles bei rumpelnder Fahrt. Punsha stand mit beiden Beinen auf der Podiumplatte, konnte sie eigentlich nicht bewegen, doch ich wollte sicher sein und nagelte sie gründlich an. Die Not-Reparatur hielt. Ohne neue Probleme trafen wir am Mittag des nächsten Tages am Zielort ein.

Ähnlich wie das Land boten auch die Elefanten ein prächtiges Spektrum von Ungewöhnlichkeiten. So entschied Diva Punsha ohne Vorankündigung in der Vorstellung: *Nein, auf die Tonne steige ich heute nur mit den Vorderbeinen,* Schluss, egal ob ich als Solo-Star mit Helga Gronau zusammen einen besonderen Part in der Show darstelle. S. Gronau lockte Punsha von vorne, H. Gronau, auf ihrem Nacken, redete auf die Unwillige ein, ich bedrängte sie von hinten. Wir erreichten einzig, dass Punsha mit den Vorderbeinen auf der Tonne mit dem Hintern um diese kreiselte. Das Orchester hängte eine Fantasie-Strophe an. Wir zischten Kommandos, Punsha pustete durch die Backen, beharrte auf ihren Entschluss und wir gaben auf. Punsha triumphierte. Da sie keine Probleme beim Gehen zeigte, schoben wir zwischen beiden Vorstellungen eine Probe ein. Abendbrot ade. Punsha schwebte ohne Zögern wie eine Feder auf das Podest, auch beim zweiten Mal - wir blieben misstrauisch. Nur zwei Stunden später in der Abendveranstaltung wiederholten sich ihr Spiel und unsere Niederlage vom Nachmittag. Am Vormittag darauf:… Probe! Punsha arbeitete wunderbar, gab keinen Anlass für Unzufriedenheit, doch uns wuchsen dunkle Ahnungen, welche sich prompt in den nächsten Vorstellungen bestätigten. Natürlich wusste die clevere, dicke Diva vom Unterschied Probe/Vorstellung. Vor Publikum wird sie kaum bestraft, und weil sie unsere Arglist durchschaute, absolvierte sie das Training perfekt und hütete sich vor Provokationen. So konnte es aber nicht weitergehen, deshalb entschied ihr Dresseur *Jetzt legen wir Punsha rein!* Zur nächsten Probe am Vormittag saßen die Jungs vom Pferdestall, dazu alles eben greifbare und überzeugte Zirkuspersonal in Logen und auf Sitzreihen verteilt als *Publikum* im

Chapiteau. Nun, die paar *Zuschauer* nimmt ein ausgebuffter Elefant nicht ernst, egal wie die klatschen und jubeln! Nein, derart billig trickste man sie nicht aus. *Das ist eine ganz normale Probe, zu der Zeit und mit dem dürftigen Manegenlicht!* Punsha arbeitete wunderbar und spätestens bei zweiter Wiederholung der gesamten Arbeit wird sie innerlich gejubelt haben, nicht hereingefallen zu sein auf den Mummenschanz. Aber! Vorstellung ist Vorstellung! Da stieg sie nicht auf die Tonne, da konnte Gronau locken und drohen, was er wollte und H. Gronau links und ich rechts an den Ohrzipfeln ziehen, um sie auf die Tonne zu führen. Wir gaben auch die Proben in der Pause zwischen Nachmittags- und Abendvorstellung auf, sie waren sinnlos. Punsha führte uns an der Nase herum. Tagelang verweigerte sie ihren Solopart. Das Arbeitsklima verschlechterte sich dramatisch, unüberlegte Schuldzuweisungen, Geschreie, Zoff. Ich meine, die Elefanten werden über das Verhalten und die Verzweiflung ihrer Zweibeiner verwundert gewesen sein, so wie wir uns untereinander aufführten! Dann wollten es Gronaus wissen und inszenierten eine Vormittagsveranstaltung. Gut, etwas musste geschehen, doch ich sah das eher skeptisch und war von der Intelligenz der dicken Mädchen überzeugt. Wieder saß fast das gesamte Zirkuspersonal im Chapiteau, die Elektriker fuhren die volle Beleuchtung und standen an den Lichtanlagen und die Kapelle saß auf ihrer Bühne über dem Manegen-Eingang wie in einer Show. Wir vervollständigten die Täuschung, trugen Manegen-Kostüme, ich legte den Elefanten die Schmuckgeschirre auf den Kopf und die feingliedrigen verchromten Kettchen um die Beine. Ein Signal, die Kapelle spielte, das Publikum applaudierte unsichtbaren Darbietungen vor unserem Auftritt. Wir gingen hinüber, stellten uns gewissenhaft im Sattelgang auf, die Moderatorin kündigte unsere Show an, die Requisiteure öffneten den Vorhang. Sollten die Elefanten auf den Maskenball herein fallen? Natürlich nicht. Punsha erkannte den Schwindel mit ihrem feinen Gespür für Ungewöhnliches wohl schon im Stall. Noch nie gab es am frühen Vormittag eine Veranstaltung. Wo war die übliche Hektik und Unruhe vor einer Veranstaltung? Wieso lag der Zirkus wie ausgestorben? Wieso waren die dreitausend Zuschauer so geheimnisvoll leise ins Zelt geschlichen? Wieso spielte das Orchester erst kurze Zeit, wo wir doch als Schluss-Nummer auftraten? Wieso war der Sattelgang wie leer gefegt, wo sonst Artisten wuselten? Nein, die Inszenierung war umsonst, Punsha arbeitete eifrig, stieg auf die Tonne und zögerte keine Sekunde. Um uns gleich in der nächsten Veranstaltung aus dicken Backen pustend erneut vorzuführen und die Tonne zu verweigern. Da beschlossen wir in der nächsten Veranstaltung durchzugreifen. Viele Minuten stockte die Show, weil Gronaus die Unwillige vorne und ich von hinten *bedrängten*. Jetzt blieben wir beharrlich und ungezählte Musikstücke und Tonnen-Umläufe später stieg Punsha plötzlich hinauf. Das Publikum hatte Geduld und spendete unangebrachten Riesenapplaus! Helga Gronau schwang sich dann dort über Punshas Vorderbein auf deren Rücken und beide zogen ihre Soloarbeiten perfekt durch. Wir konnten es kaum glauben und grausten uns trotzdem vorm nächsten Mal. Einen weiteren peinlichen Einsatz vor Publikum brauchten wir nicht. Die Dicke zögerte tatsächlich kurz, doch als H. Gronau wieder von ihr abstieg und wir die gestrige Position einnahmen, gab sie auf. So spontan wie ihr die

Marotte eingefallen war, legte sie diese auch wieder ab.

Der Ansturm auf die Zirkuskassenwagen blieb ungebrochen. Unvorstellbar in der DDR, gab AEROS sogar Stehplätze heraus. In jeder Stadt hätte das Gastspiel verlängert werden können, was jedoch durch den festen Tourneeplan unmöglich war. Das Chapiteau brodelte wie ein Hexenkessel und jede Nummer im Programm wurde zum gefeierten Auftritt. Derartige Begeisterung wirkte auf alle im Zirkus und das Arbeiten war eine Freude. Schwierig blieb die Neigung der Zuschauer, den Tieren vermeintliche Leckereien in die Manege zu werfen. Die Longen-Bären erhielten Süßigkeiten vor die pelzigen Nasen geworfen, waren ganz gierig auf all das ausgestreute Wunderbare und nur mit Mühen vom steten Aufsammeln abzuhalten. Gemäß ihrer Natur reagierten sie über die Verbote ihrer Dresseure durchaus ungehalten, zeigten wenig Interesse an Arbeit und bereiteten gefährliche Probleme. Eine Longe und ein Beißriemen stoppen keinen Braunbären. Mehrfach musste die Nummer abgebrochen werden. Selbst Ermahnungen vor und während der Tiervorführungen an das Publikum durch die Moderatorin nutzten wenig. Neben den Bären waren natürlich die Elefanten die anderen Beschenkten, wobei wir jedoch aufgrund der Arbeit und Größe der Bonbons und Kekse im Vorteil waren. Die Bären arbeiteten auf dem Manegenteppich, wir auf Spänen und in diesen tauchten derartige Kleinigkeiten in Kopplung mit tonnenschweren Körpern schnell unter. Einmal nur brachen wir die Vorführung ab. Niemand von uns hatte es bemerkt. Doch als Punsha ihre Soloarbeit begann und wir die anderen Elefanten vor der Piste nebeneinander einrangierten, sah ich Thara mit dem Rüssel unruhig im Maul saugen. Ich ermahnte sie, aber Thara reagierte nicht und wurde hektisch. Schnell trat ich zu ihr und entdeckte das Blut am Maul. Ich dirigierte sie etwas zurück und forderte *Rüssel hoch! Maul auf!*, um nach dem Grund zu sehen. Als sie es endlich tat, überschüttete mich ein Schwall Blut und Glasbruch fiel heraus. Gronau eilte herbei und wir stoppten die Show. Thara musste eine zugereichte Getränkeflasche gegriffen und ins Maul gesteckt haben. Beim Zerbeißen zerschnitten Scherben die Zunge. Im Stallzelt plagten wir uns, Thara zum Maulöffnen zu überzeugen, sie war völlig aufgelöst. Ich griff dann mehrfach hinein und barg dicke Scherben. Einmal klemmte sie mir die Hand ein und riss mich zur Seite, dass ich zu Boden ging und zwischen ihren Beinen landete. Wir hatten Angst, sie würde in ihrer Aufregung Glas verschlucken und zwangen sie erneut zum Öffnen des Maules und ich, inzwischen blutüberströmt, polkte erneut und barg weitere Scherben. Es war eine beängstigende Aktion, denn Thara stand nicht still. Sie ging auf die Knie, sprang wieder hoch und zur Seite, wand den Kopf hin und her. Schließlich spülte ich mit dem Schlauch gründlich vom Rachen herunter das Maul aus. Thara trug tiefe Schnitte in der Zunge und blutete stark. Wir fürchteten tatsächlich, sie würde regelrecht ausbluten und waren unfassbar erleichtert, als die Ströme allmählich versiegten. Die Frauen in der Schneiderei waren an jenem Abend entsetzt über unsere Uniformen, keiner war cool genug, sich vor der Untersuchung erst umzuziehen. Thara verdrängte das Erlebnis scheinbar leichter als wir, denn sie widmete sich vorsichtig der Abendmahlzeit. Ich reichte sie den Elefanten, viel später als gewöhnlich, erst in der Nacht. Thara fraß tagelang langsamer, die Verletzungen sorgten aber für keine weiteren Probleme.

Das übernahm gekonnt wieder einmal Pia. Während einer Nachmittagsvorstellung, die Elefanten-Bande marschierte gerade eine Runde in der Manege, ließ sie Punshas Schwanz los und stieg über die Piste. Genau dem Haupteingang gegenüber wurde im Staatszirkus zwischen zwei Logen eine Lücke gehalten. Sie diente vorrangig während der Raubtier-Darbietung als Stellplatz für zwei Zeltarbeiter mit einem Feuerwehrschlauch zum Eingreifen im Notfall, wurde auch von Requisiteuren und in Clowns-Reprisen beim Spiel mit dem Publikum genutzt. Diese Lücke durchschritt Pia, verschob mit dem Körper ganz nebenbei die Seitenwände und marschierte durch den Vorhang der Schleuse zum Haupteingang aus dem Chapiteau. Zuschauer in den betreffenden Logen waren bereits bei ihrem Übersteigen der Piste geflüchtet. Pias spontane Entscheidung brachte Thara in Gewissenskonflikte. Sie hielt Pias Schwanz und wusste, es ist verboten, ihn loszulassen. Aber, über die Piste steigen kann auch nicht erlaubt sein. Also zog sich ihr Rüssel, ihr Hals und Pias Schwanz einige Sekunden in beachtliche Länge, bevor sie beschloss, loszulassen und den Rüssel auf den Kopf zu halten. Das Chaos tobte und es war ein Wunder, dass keinem Besucher etwas passierte. Es folgte das Übliche. Die aufgekratzte Elefanten-Gang unterbrach den Auftritt, wurde mühevoll, weil unwillig - man hätte doch gerne gesehen, was ihre Pia so treibt - in den Stall geleitet, während ich der Spezialistin nachlief. Zum Glück entschied sie sich, nicht den Eingangswagen zu durchschreiten, sondern die Zaunfelder daneben beiseite zu treten. Und überhaupt ging sie dann nicht mehr weit, sondern außen am Zaun entlang zum hinteren Bereich des Zirkus. Erstaunlich schnell durfte ich an sie heran und wir trotteten, Hand im Rüssel, durch die eilig von Pflegern geöffneten Zaunfelder zum Stall. Nicht auszumalen, wenn dreitausend Leute den Ausbruch hätten miterleben wollen! Wir waren Schlussnummer im Programm und nach dem Finale aller Artisten und Dresseure strömten die Massen aus dem Zelt. Im Stall kam es dann zu unschönen, unangebrachten Zusammentreffen von Pia mit Zweibeinern und von Zweibeinern mit Zweibeinern, weit entfernt jeglicher Vernunft. Klar, dass die Sorge entstand, Pia könnte das nun öfter durchführen. Also, erst einmal in der Probe Pia genau beobachten und einen Ausbruch im Ansatz unterbinden. Bei bestimmten Dressurabfolgen begleitete ich sie von nun an, lief gar zu anfangs auf der Piste neben ihr her. Doch sie wiederholte es nicht wieder.

Finale der Elefanten-Revue war die *Rausmarsch-Pyramide*, angeführt von Punsha, und die anderen Elefanten stiegen mit den Vorderbeinen auf den Rücken ihrer Vorderfrau. Pia folgte Punsha, was wegen der etwa gleichen Körpermasse richtig, wegen des leicht angespannten Verhältnisses zueinander aber heikel war. H. Gronau führte Punsha, was sie nur in den Proben tat, weil die Dicke den eigentlich halbrunden Weg durch Begradigung stetig verkürzte. In der Vorstellung stand sie auf Punshas Schultern. Ich schickte Pia in die Manege. Sie trat hinter Punsha, holte Schwung…und nutzte diesen um ihr einen gewaltigen Stoß zu versetzen. Punsha stolperte von der Wucht, während Pia nachsetzte. Vom zweiten Schlag fiel Punsha über die Piste. Sofort stürzte sich Pia auf die Liegende und stieß mit ihren kurzen Stoßzähnen wild auf sie ein. Wie bremst man einen rasenden Elefanten? Nun, wenn überhaupt, dann nicht mit freundlichem Ermahnen. Und nur weil Pia ihre Dominanz bewiesen hatte, Punsha sich nicht wehrte und lauthals brüllte, ließ sie von ihr ebenso schnell ab, wie sie vorher angriff. Was hätten wir gegen zwei kämpfende Riesen auszurichten vermocht? Vor ihr stehend drängten wir Pia zurück zu den anderen Elefanten, was auch nur gelang, weil sie sich fügte. Ich blieb dicht vor ihr stehen und gab ungewohnt scharfe Kommandos. So sprach ich sonst nie mit ihr. Punsha sorgte beim Aufstehen für neuerliche Verwüstungen. Wir verließen die Probe mit demolierten Logen, zertrümmerten Stühlen und den Gedanken, dass wir so etwas unter allen Umständen verhindern mussten. Nicht auszudenken, wenn H. Gronau bei der Attacke auf Punsha gestanden hätte oder es in einer Vorstellung passiert wäre! Wir entschieden die Rausmarsch-Pyramide zu canceln und nur in den täglichen Proben auszuführen. Ich ging nun grundsätzlich neben Pia, redete mit ihr, lobte sie, gab Naschereien und fieberte vor jedem Aufsteigen, dass sie den Schwung nicht zum Stoß nutzt. Erst Wochen später wagten wir den Part in den Vorstellungen, begannen ihn nun aber in der Manegen-Mitte, um so gewissen Raum bei einem ähnlichen Angriff zu haben. Pia wiederholte ihre Tat nie wieder und selbst bei den Freizeiten auf einer Wiese gab es keine Hinweise auf einen tiefer schwelenden Konflikt.

Ich war Pia gegenüber keineswegs misstrauischer geworden und es berührte mich immer neu, wenn dieses starke Wesen auf meine kleinsten Gesten reagierte. Wenn sie etwas angestellt hatte oder nicht richtig ausführte, reichte es, dass ich sie am Ohrzipfel packte und ihren Namen zischte. Abhängig vom Druck und der Lautstärke wusste sie genau, wie meine Laune war und reagierte darauf. Sie schob mich weiterhin zwischen ihre mächtigen Säulenbeine, hielt mich sanft umschlungen und liebte es, dabei gekrault zu werden. Gerne *forderte* sie diese Vertrautheiten auch ein, nein, sie bat darum auf Elefantenart. Griff mit dem Rüssel meine Hand und zog mich vorsichtig herbei, aber sie akzeptierte auch ein klares *Nein!*, wenn ihr die Enttäuschung dann auch anzusehen war: sie legte den Rüssel quer ins Maul. Als sie mich einmal von ihrer Seite heftiger nach vorne zog, nutzte ich den Schwung, rannte auf die andere Seite und während sie mich erstaunt losließ und mit einem Auge anpeilte, schlüpfte ich unter ihrem Bauch hindurch und befand mich wieder dort, wo sie mich zuerst anfasste. Pia war verwirrt und grübelte. Erneut zog sie mich nach vorne und ich wiederholte das Spiel. Nach weiteren Wiederholungen durchschaute sie den Trick und fand ein Gegenmittel. Als ich mit Schwung unter dem Bauch hindurch wollte, bremste sie mich mit blitzschnell vorgestrecktem Hinterbein aus, ich rannte dagegen und Pia nahm mich sofort mit dem Rüssel und zog mich zu ihrem Kopf. Oft trieben wir das Spiel, aber immer wieder sagte ich einmal deutlich *Nein!*, um meine Position klar zu stellen. Sie akzeptierte es bedingungslos.

Je wärmer die Tage wurden, desto häufiger duschten wir die Elefanten. Die Wasserversorgung des Zirkus lief über Hydranten, aber über einen Tankhänger erfolgte die Verteilung. So konnte der oft mangelhafte Druck oder gar Versorgungslücken ausgeglichen werden. Vormittags koppelte der Platzmeister den Tank aus und alleine durch die Sonne erwärmte sich das Nass auf angenehme Badetemperatur am späten Mittag. Dann hieß es *Feuerwehrspritze auf Sprühen* und inmitten der Wasserschlacht bearbeiteten wir die übermütigen Dinger mit Schrubber und Wurzelbürste. Vorher und zwischendurch füllten wir die vor den Elefanten stehenden Tonnen auf, aus welchen die Mädels sich die langen Nasen füllten und damit die gewünschte Körperpartie selbst duschten. In zwei Städten mit längerem Gastspiel schufen wir uns zusätzliche Arbeit, weil der Untergrund das viele Wasser nicht gewohnt war, der extra angelegte Entwässerungsgraben die in ihn gesetzten Hoffnungen nicht erfüllte und feiner Schlamm durch das Podium zu kriechen begann. Ständiges Fegen und Maulen nützte nichts, Anordnung vom Stallmeister: der Elefantenstall wird versetzt. Und während die Elefanten *Freigang* genossen und die mickrige Wiese beackerten, schlugen wir die jetzt durch den nassen Boden besonders festsitzenden Anker los, bauten das Zelt ab, quälten uns mit angesaugten Podiumplatten, Sonne und Hitze herum und errichteten an trockener Stelle für ein paar Tage alles neu. Um wieder Duschorgien zu feiern und vor der Abreise erneut mit Schlamm und doppelten Gewichten zu kämpfen…

Die Tour durch den Kaukasus war ein Erlebnis und ganz nebenbei erfuhren wir viel von schwelenden Konflikten der Zentralregierung in Moskau mit einzelnen Autonomen Sowjetrepubliken und deren Drang sich aus der Union zu verabschieden. Die wilde Natur und die für uns exotischen Städte und Sitten waren faszinierend, die Versorgung des Zirkus aber konnte seitens des russischen Vertragspartners kaum gesichert werden, zu groß allein die Lücken bei Lebensmitteln für die eigene Bevölkerung. Als die Vorräte der Küche schrumpften, schickte AEROS einen LKW auf die lange Reise nach Berlin, um Räucherwaren, Konserven und weitere haltbare Lebensmittel zu holen. Zudem erwarb der Zirkus drei Ferkel, welche während der Tournee gemästet werden sollten und als Aufwertung der Mahlzeiten gedacht waren. Aber bei der knappen Versorgung wurde auch das zum Problem, obgleich täglich Zirkusleute zu den Schweinen auf den Transporter stiegen und Essensreste vorbei brachten. Nein, dick war der Lebendproviant nicht, eher windschnittig und nur größer, als die Küchen-Crew, immer bemüht um gutes Essen, einfach nicht mehr weiter wusste und ein Einheimischer ihnen mit einem Dolch den Garaus machte und sie gefriergerecht zerwirkte. Nun gab es plötzlich Gebratenes und im Eintopf schwamm Fleisch. Aber viele hatten sich an das grunzende Trio gewöhnt und zeigten erst nach Tagen der Enthaltsamkeit langsam und eher aus der Not heraus Appetit auf deftigere Kost.

Ähnlich problematisch verlief die Versorgung der Raubtiere, sie hatten die unsichersten Karten gezogen. Fleisch - eine teure Rarität. Auch der eingefrorene Vorrat und die nachgeholten Pferdehälften gingen zur Neige, der Dresseur lebte in ständiger Sorge um seine Tiere. Da war es nur selbstverständlich, dass zwei Pferde, welche durch Altersleiden eingeschläfert werden mussten, anschließend für die Löwen und Tiger zubereitet wurden. Leicht fiel die Entscheidung niemandem und für Gronaus war es blanker Horror, ich hätte nicht in ihrer Haut stecken mögen. Obgleich die Geschäfte sehr dürftig mit Obst und Gemüse gesegnet waren und nur der allgegenwärtige Kohl in Mengen in den Regalen rudelte, erhielten wir für die Elefanten regelmäßig Äpfel und Mohrrüben, gelegentlich Melonen. Immerhin. Die Kostbarkeiten bunkerten wir umgehend im Tresor Futterwagen ein, Schlüssel allein beim Stallmeister. Eine Mühsal war die Anlieferung von Brot für die Elefanten. Direkt von Brotfabriken in Kisten gestapelt und einem LKW angeliefert, warfen wir Elefanten-Kutscher uns die Fladenbrote wie Frisbees in einer Reihe zu, Conny sortierte sie in die Regale des Futterwagens. Wir zählten jeder für sich mit und obendrein überwachte der Stallmeister das Geschehen. Denn einerseits tauchten gerne Zirkusleute auf, um eventuell ein frisches Brot zu *organisieren* und andererseits versuchten die Anlieferer selbst, uns um ganze Stiegen zu begaunern und Schwarzgeschäfte zu machen. Man ahnte nicht, dass wir so pingelig und knickerig sein würden. Aber in beiden Fällen kannten Stallmeister und wir kein Erbarmen. Das Brot war nur für unsere Mädchen da. Verstehen konnten wir beide Seiten, denn man ging nicht einfach in einen Laden oder gar eine Bäckerei und kaufte ein Brot, da musste man schon die Auslieferungszeiten kennen, in einer Schlange anstehen oder den Weg mit einem richtig fetten Glücksschwein gekreuzt haben. Ohne Schwierigkeiten erhielten wir Heu und Stroh, wenn auch die Qualität gelegentlich zu wünschen übrig ließ.

In Mingetschaur kam das Heu von einem entfernten Gestüt, wobei das Adjektiv in den Dimensionen des Kaukasus und Empfindungen seiner Menschen eine flexiblere Bedeutung als in der übersichtlichen DDR hatte. Bereits in den frühen Morgenstunden endete für das Stamm-Team um den Stallmeister der Schlaf, die Nacht-Stallwache schlug Alarm, weil sich zwei Lipizzaner in Krämpfen wanden. Pfleger führten die Tiere stundenlang vor dem Stall im Kreis, weil J. Schilinski Koliken befürchtete. Doch während sich die einen zu erholen schienen, wälzten sich andere. Als wir den Dienst begannen, herrschte im Pferdestall Aufregung und Pferde kreisten, an langen Longen gehalten, auf der Wiese. Wir beeilten uns mit der Arbeit bei den Elefanten, um zu helfen und damit die Jungs, welche schon seit Stunden in Aktion waren, eine Pause einlegen konnten. Am späten Vormittag holte dann uns das Chaos ein. Thara und Jana wanden sich in Krämpfen, Daisy hampelte wild herum, alle drei zerrten voller Panik in den Ketten, brüllten und hatten Durchfall. Wir waren ratlos, die Tiere hatten nichts anderes zu fressen erhalten als die Tage vorher, das Heu war von bester Qualität. Der alarmierte Tierarzt *(wir wunderten uns nicht)*, präsentierte sich absolut kopf- und hilflos, erklärte dann aber, leise flüsternd und von der Dolmetscherin ebenso geheimnisvoll raunend weitergereicht, die *innere Unruhe* der Tiere komme womöglich von den unterirdischen Anlagen, überall hier in der Stadt und sicher auch unter dem Zirkusplatz. Genaues wisse niemand, nein, es ist streng geheim, militärische Bunker halt, der Iran und die Türkei sind nahe und sicher arbeiten im Untergrund Aggregate und Geräte, die Vibrationen erzeugen, welche die Tiere genau spüren und verwirren. Da stutzten wir doch, erst recht, als den AEROS begleitende Mitarbeiter der sowjetischen Direktion zu der Story respektvoll nickten. Der Tierarzt zuckte die Schultern, *ja, da könne er auch nicht helfen* und verschwand unauffällig inmitten der heißen Diskussion, plötzlich war er fort. So einfach aber konnte niemand den hitzigen Stallmeister abfertigen, er glaubte weder den Räuberpistolen recht unfähiger Veterinäre, noch an mysteriöse Geräusche aus dem militärischen Untergrund

und gab sich erst zufrieden, als man versicherte, einen Veterinär mit mehr Wissen um Pferde zu finden. Unsere Elefanten beruhigten sich, wir reichten gegen Mittag die übliche Kraftfuttermischung, angereichert mit Äpfeln und Mohrrüben und dazu frische Äste, welche ich im rückwärtigen Wäldchen kappte. Bei den Pferden ging das Drama weiter. Der Zirkus hatte Ausfalltage und gab keine Veranstaltungen, wodurch zusätzliche Probleme entfielen. Gegen Mittag brachte ein Auto drei Veterinäre mit mehr Kenntnis. Die seltsame Troika, geballte zweieinhalb Jahrhunderte Wissen, mit langen Bärten, mächtigen *Geh*stöcken, die auch zur Verteidigung dienen mochten, und in Kutten gehüllt, erinnerte an die Weisen aus dem Morgenland. Gronau rannte wie ein Zoo-Tiger hin und her, im Gemüt schwankend zwischen Angst um die Tiere und Wutanfall. Schilinski sagte keinen Ton, was durchaus bedrohlich war und eine baldige Eruption ankünden konnte. Würdevoll ließen sich die Weisen von der Dolmetscherin die Probleme erklären, dann die betroffenen Pferde zeigen. Sie tasteten die Tiere in Zeitlupe ab, schauten in die Mäuler. Dann steckten sie die Köpfe zum Kriegsrat zusammen und murmelten minutenlang verschwörerisch miteinander. Ich hätte mich nicht gewundert, wenn sie Derwisch-Tänze begonnen, Zauberstäbe hervorgeholt oder zu einem Rundflug auf Reisigbesen über dem Platz aufgebrochen wären. Der sowjetische Direktor erklärte, nein, nein, Veterinäre sind das nicht wirklich. Aber, sie kämen hoch aus den Bergen, seien erfahren in Tiererkrankungen und berieten alle Pferdezüchter im weiten Umkreis. Endlich traten die kaukasischen Weisen aus dem mystischen Kreis und an Lipizzaner Doro heran. Wir waren gespannt. *Also, die Pferde sind überzüchtet, sie können nicht richtig atmen, doch mit einem Schnitt in der Nasenscheidewand sei dies gelöst.* Und kaum dass die Dolmetscherin zu Ende sprach, griff ein Alter beherzt nach den Nüstern von Doro und ein anderer zückte einen Dolch aus dem Gürtel. Kurz verharrten wir entsetzt, zweifelnd, ob tatsächlich das gesprochen wurde, was wir zu hören gemeint hatten. Dann sprang S. Gronau dazwischen, stieß die Alten beiseite und zeigte ihnen Gesten, welche selbst sie verstanden. Der Stallmeister führte Doro laut lachend in den Stall zurück. Über die Reaktionen ringsherum erboste das Kompetenz-Trio, drohte tatsächlich mit den Gehstöcken und schritt beleidigt vom Platz. Wahrhaftig geschehen im Jahre 1982 in einem Land, wo sich einst die Zeit verlor.

Weil niemand an Geräusche aus dem Untergeschoss und an zu enge Nüstern glaubte, fiel ein Verdacht auf das hier angelieferte Heu und wir fütterten vorerst nur mitgebrachtes Stroh. Kein weiteres Tier erkrankte. Die nächsten Tage erwarb der Zirkus von umliegenden Kolchosen kleine Kontingente Heu und aus Moskau reiste ein junger Tierarzt an, welchen wir vom vergangenen Jahr in Kriwoi Rog kannten. Er hatte dort Dr. Kuntze assistiert, seine Arbeit weiter geführt und sich als sehr engagiert bewiesen. Auch nun fand er schnell heraus, dass die Tiere an einer Vergiftung litten. Und er entdeckte die Ursache: im so herrlich duftendem Heu befanden sich Giftpflanzen, welche auf den Wiesen des Gestütes wachsen. Jährlich sterben auch dort Tiere, als eingeplante Verluste. Zwei Pferde traten in Mingetschaur nicht auf und wurden kuriert, kein Tier starb. Das Heu wurde entsorgt.

Die Stadt Mingetschaur spielte eine besondere Rolle auf der Tournee. Der Gastspielort davor war Sumgait, 270 km entfernt, ein Vorort von Baku. Dort erreichte den Zirkus eine Sturmwarnung, woraufhin LKW an die Verankerungsseile der vier Chapiteau-Masten gehängt wurden. Was sich an jenem Vormittag zusammenbraute, war jedoch viel mehr als *nur* ein Sturm. Ein Orkan zog über das Kaspische Meer heran und fiel über Stadt und Zirkus her. Bereits bei Arbeitsbeginn tobten so heftige Böen, dass die Zelte flatterten. Nicht ahnend, was auf uns zurast, sicherten wir die Rundleinwände mit Stricken. Unser großflächiges Elefantenzelt bot ideale Angriffsmöglichkeiten und knatterte im Wind. Wir schlugen zusätzliche Anker an den Hauptabsegelungen über Kreuz zu den vorhandenen ein, um mehr Stabilität zu geben. Doch der Sturm steigerte sich, er riss das Dach in die Höhe und die Verankerungen der Mittelstangen aus dem Boden. Diese schweren Eisenstangen wurden von Sicherungsseilen an den Ösen im Dachteil fixiert und tanzten nun im Rhythmus der Böen wild im Stall herum. Wir hatten voll mit dem Nachschlagen der Anker außen und innen zu tun. Im Pferdestall war das nicht anders und auch vom Chapiteau klang der Schlag von rotierenden Hämmern herüber. Die Temperatur fiel stark ab und Regen peitschte die Zelt- und Wagenstadt. Kurz in meinem Wohnwagen, um eilig Regenzeug anzuziehen, erschrak ich über dessen heftiges Schwanken und Ächzen. Uns wurde bewusst, dass die Zelte nicht mehr lange zu halten sein werden. Im Elefantenstall rissen Sicherungsseile der Mittelstangen. Wir konnten diese weder notbefestigen, noch die Stangen wieder einsetzen, womit das Dach an Stabilität verlor und von den Windgewalten hin und her gerissen wurde. Dadurch schlugen auch die Rondellstangen unkontrollierbar herum, zwei Mittelstangen fielen auf die Elefanten; uns hätten sie getötet. Wir entschieden, die Tiere zu evakuieren und das Zelt schnellstens abzubauen. In diesem Moment übertönte das Heulen der Zirkus-Sirene das Prasseln des Regens, das beklemmenden Krachen und Knarren ringsherum, das verängstigte Wiehern der Pferde und das Trompeten der Elefanten. Das durchdringende Auf und Ab bedeutete nicht allein höchste Gefahr, sondern forderte den Einsatz aller Zirkusmitarbeiter. Einige Artisten waren schon länger im Einsatz und kämpften im Pferdestall und im Chapiteau mit gegen die Naturgewalten. Und tatsächlich gab es junge Artisten einer großen Gruppe, welche das Schauspiel mit Kaffeetassen in den Händen, aus ihrem Wohnwagen ungeniert durch die Fenster mit zurückgezogenen Gardinen beobachteten. Sie verweigerten die Hilfe, weil ihre Arbeit als *Künstler* die Darbietung in der Manege ist und sie nicht Verletzungen riskieren würden. Erst der lautstarke Auftritt des wütenden Direktors Texdorf trieb sie aus dem wohligen Wohnwagen. Ich fragte mich, was solche Leute in einem Zirkus suchten…

Wir ketteten eilig die Dicken ab und führten sie ins Freie. Sofort fasste der Wind unter das geöffnete Zelt und riss es in die Höhe, Stangen fielen um, Anker rutschten, von uns zuvor mühsam metertief eingeschlagen, wie Nägel aus dem Boden. Gronaus mussten mit der nervösen Girl-Gang alleine fertig werden, wir rannten in den Stall zurück und zogen hastig restliche Mittel- und Rondellstangen aus dem Zelt. Dach und Rundleinwände fielen zu Boden und wir brauchten alle Kraft gegen Regen und Orkan, um die knatternden und schlagenden Zeltbahnen als ein wüstes Ganzes zusammen zu legen und mit Ankern und Stangen zu beschweren. Der Elefantenstall blieb unbeschädigt.

Die Crew am Pferdestall hatte beim Abbau weniger Glück, das Zelt riss an mehreren Nähten und im Giebel ein. In Mingetschaur flickte und schweißte es der Stallmeister mühsam. Die Bewohner waren zuvor auf ihre stets abfahrbereiten Transporthänger geführt worden und standen dort wenigstens im Trockenen. Wir eilten mit den Elefanten zum Bahnhof, es blieb keine Wahl, sie mussten während des Unwetters erst einmal für die Nacht in die sicheren Waggons. Als wir den Zirkusplatz verließen, kämpfte der Zeltmeister mit seiner Mannschaft und den Helfern um das Chapiteau. Unser Marsch war furchtbar, der Orkan nahm den Atem. Völlig durchnässt und durchfroren, erreichten wir die Verladerampe, doch die Waggons standen nicht dort. Die Elefanten drängten sich eng zusammen, wir suchten Deckung hinter ihnen. Der Begleit-LKW parkte sich als Bollwerk gegen den anlaufenden Orkan, doch er war zu klein, um wirklich Schutz zu bieten. So warteten wir zehn frierend auf die Waggons. Schließlich entdeckte ein fremder LKW-Fahrer unsere missliche Situation, fuhr mit seinem großen Sattelzug dicht heran und bildete eine Schutzmauer. Dann stieg er aus und lief davon. Wenige Minuten darauf ratterten zwei weitere Sattelzüge herbei, schoben sich eng an den ersten und schufen einen U-förmigen Hof. Jetzt peitschten Graupel und Regen nicht mehr zügellos über das Gelände und für uns entspannte sich die Lage etwas. Endlich rollten die Waggons an die Rampe. Die Elefanten stiegen eilig hinein und wir schlossen die Türen bis auf den üblichen kleinen Spalt, eben breit genug, um als Mensch hindurch zu schlüpfen. Wir konnten den freundlichen LKW-Fahrern nur ein *Danke!!!* zuwinken, denn sie rauschten gleich davon. Die mitgebrachten Stroh- und Heuballen schüttelten wir hoch zwischen den Tieren auf. Conny sollte die Umsetzung begleiten, weil ich in dem Chaos beim Ab- und Aufbau zugegen sein wollte. O. blieb vorerst bei den Waggons, da Conny notwendige Sachen einpacken und trockene Kleidung anziehen musste. Wir krochen zu viert in den LKW und fuhren zum AEROS zurück. Noch Kilometer entfernt, wirbelten in einer Straße Fetzen von blauen Planen durch die Luft. H. Gronau raunte voller Entsetzen *Die sehen wie Teile von unserem Chapiteau aus.* Dann flogen immer mehr solcher Stücke herum. *Das war das Chapiteau!* Und auf dem Platz angekommen, standen dort die kahlen Masten und das Gradin und überall hingen oder flatterten quadratmetergroße Reste des Riesenzeltes. Den überwiegenden Teil nahm der Orkan mit und verteilte ihn im Kaukasus. Die Zelt-Crew konnte seiner Macht nichts entgegen setzen. AEROS, ein Zirkus ohne Chapiteau.

Von Sumgait führte uns eine 280 km lange, teils äußerst schwierige Strecke nach Mingetschaur. Steile Anstiege, steile Abfahrten, Serpentinen auf Schotterpisten. Ich war bei dieser Umsetzung der Begleiter des Lipizzaner-Transporters. Immer wieder kam der schwache Motor des LKW an seine Grenzen. Bei steilen Auffahrten ruckelte, bockte und qualmte die Maschine mühsam im Schneckentempo vorwärts und bei den beklemmenden, teils unbefestigten, aber grundsätzlich ungesicherten Abfahrten quietschten, zischten und rauchten die Bremsen. In beiden Fällen stieg ich aus und lief zum Heck des Tierhängers, um notfalls Hemmschuhe vor die Reifen zu werfen und die Feststellbremse anzuziehen. Mehrere Abfahrten kurbelte ich unentwegt, je nach Situation lockerte ich die Bremse oder zog sie fester an. Nicht auszudenken, wenn wir die Kontrolle verloren hätten!

In Mingetschaur lag der Platz in Sichtweite eines typisch sowjetischen Vergnügungsparkes und zum Greifen nahe zog eine langgezogene Felskette einen dramatischen Cut zwischen Himmel und Erde. AEROS beschloss aufgrund des schönen Wetters, das Gastspiel Open Air zu absolvieren, denn ein Ersatz-Chapiteau musste erst aus Hoppegarten geholt werden. Zwei Fahrer waren dafür bereits auf der 3.500 km Abenteuer-Strecke unterwegs. Die Zeltarbeiter stellten die Gittermasten mit der geretteten Leuchtschrift *AEROS* auf, für uns auch das Symbol für Nichtaufgeben. Masten und Spannseile waren für das Tragen der großen Scheinwerferbatterien und wichtiger Sicherungen für diverse Darbietungen notwendig. Wenig später ragte die mächtige Sitzeinrichtung wie ein römisches Amphitheater in den zum Glück regenwolkenfreien, klaren, hellblauen Kaukasus-Himmel. Seltsam sah unser AEROS schon aus. Doch das Publikum strömte wie gehabt in die Freiluftarena, fasziniert von dem ausländischen Zirkus. Eine Seite des Platzes begrenzten vielstöckige Plattenbauten. Dort schien das Vertrauen in sichere Statik grenzenlos zu sein, denn zu den Veranstaltungen quollen die Balkone von Menschen über. Wie in einer Oper verfolgten sie von ihren exklusiven Plätzen das Spektakel auf der anderen Straßenseite. Da die Shows ständig ausverkauft waren, mögen sich dort clevere Mieter einen Obolus nebenverdient haben.

In der folgenden Gastspielstadt Kasach erwarteten wir den LKW mit einem Ersatz-Chapiteau zurück. Man denke an die Misere um Telefonate. AEROS wusste nur, wann der LKW Hoppegarten verlassen hatte. Alle hofften auf baldige Ankunft. An einem Abend näherte sich ein Dauerhupton und erneut jaulte die Zirkus-Sirene, diesmal zur freudigen Begrüßung der Heimkehrer und als Signal, dass es weiter geht! Scheinwerfer flammten auf, die Zeltarbeiter waren nicht mehr zu halten. Die Masten standen längst bereit zum Tragen der Zeltbahnen. Bald lag der vertraute Klang von Vorschlaghämmern auf Anker über dem Platz. Wenig darauf kündigten Anfeuerungsrufe das Ausrollen des Chapiteaus an und das Knattern und Klicken der Winden sagte: das Zelt wird aufgezogen. Die ganze Nacht hindurch klapperte Eisen, polterten Bretter, waren Kommandos zu hören. Als ich morgens zu den Elefanten ging, stand die vertraute Silhouette eines Chapiteau, bereit für die zwei Veranstaltungen des Tages. Ein Makel blieb. Das Ersatz-Zelt war nicht neu, sondern das alte von Berolina und es hatte andere Abmessungen. Der Gang vor dem Gradin wurde sehr schmal, die Logen klebten fast an der Piste und schoben sich so dicht an den Manegeneingang heran, dass die Zuschauer die dort stehenden Elefanten berühren konnten. Nun galt es, auf Thara zu achten, denn sie stand außen und griff gerne in die eng sitzende Menschenmasse.

Der Erwerb eines neuen Chapiteaus war dem Staatszirkus nicht möglich, auch für ihn galt das Gesetz der staatlichen Planwirtschaft. Wenn die Mitarbeiter auch vieles geschickt aushebelten, hier war die Grenze. In der DDR produzierte nur ein Unternehmen

Zelte. Die Nutzungsdauer für ein Chapiteau war auf drei Jahre festgelegt, sodass der Staatszirkus eigentlich jährlich eins erhielt. Aber es konnte auch zu Verzögerungen kommen, Exportaufträge in den Westen wurden vorgezogen.

Auf den Tourneeplan durch die UdSSR hatten weder die Generaldirektion in Berlin noch die AEROS-Direktion Einfluss. Ihn erstellte das mitreisende kleine Sonderteam von Sojusgoszirk *(die Hauptverwaltung der sowjetischen Zirkusse)*. Jenes war für die Versorgung von Menschen und Tieren verantwortlich und plante Routen und Straßen, wobei die politischen Gegebenheiten, für Ausländer gesperrte Gebiete und nicht zuletzt der Zustand der Straßen selbst beachtet werden musste. Wir querten viele Pässe, fuhren auf Schotterpisten durch kahles, wild zerklüftetes Land, krochen auf unbefestigten Serpentinen ohne Begrenzungen Berge hinauf und hinunter. Die Umsetzungen überbrückten häufig weite Strecken.

So erreichten wir Mitte November auch Gori. Damals grübelte ich über die vielen nachkolorierten Bilder in Fenstern von PKW, LKW und Bussen, liebevoll mit kitschigen Kunstblumen umrandet, mit dem Gesicht einer mir unbekannten Person. Auch von den allgegenwärtigen Propagandawänden beobachtete der alte Mann mit kurzem grauem Haar entschlossen aus eisigen Augen die Untertanen. Schon in anderen Orten, auch in Tiflis, waren mir seine Darstellungen und Skulpturen aufgefallen. Aber in Gori thronte nun vor dem Rathaus seine riesige Statue. Ein Mädchen und ein Junge, sie im Faltenröckchen und weißen Kniestrümpfen, er in langer Hose mit messerscharfen Bügelfalten und beide in weißen Pionierhemden, mit blauem Käppi, rotem Halstuch und geschultertem Holzgewehr gaben die Ehrenwache. *Seltsames Brauchtum* für mich. Also, der sonst unumgängliche Lenin war es nicht. Nein, Georgien und besonders diese Stadt hatten ihren eigenen Hero: Josef Stalin, der Menschenschlächter, geboren in Gori. Nun, mir erzählte man in der Schule nur vom Superhelden Lenin, Stalin verschwieg man damals bereits. Im Kaukasus jedoch lebte sein Andenken.

Stalins Stadt empfing uns mit Frost und Verzögerung bei der Stromversorgung. Erst als die Elektriker in der Dämmerung endlich das armdicke Hauptkabel im nahe gelegenen Verteilerhäuschen anklemmen konnten, leuchteten die Lichterketten und *AEROS* am Chapiteau, die Lampen in den Stallzelten und die Fenster der Wohnwagen auf. Es war ein spielfreier Anreisetag. Im Elefantenstall liefen die Ölheizungen, wir bereiteten für die Dicken die Fütterung vor und schüttelten das Stroh für ihre Nachtlager auf. Dabei fiel uns bald Rauchgeruch auf. Misstrauisch sahen wir uns um und entdeckten schnell die qualmende Trafo-Station unweit unseres Stalles. Ich alarmierte die Elektriker, welche eiligst das wertvolle Hauptkabel aus dem bereits brennenden Häuschen bargen. Dunkelheit legte sich über den Platz, dann erloschen auch die Lichter in den nahen Plattenbau-Riesen der Stadt. Auf Grund der Minusgrade war die Wasserversorgung des Zirkus über Nacht abgestellt und der Tankwagen leer. Wir fürchteten wegen der Flammenhöhen und des Funkenfluges um unsere nahen Stallanlagen und vor allem um das Elefantenzelt, welches, unmittelbar am Objektzaun, am gefährdetsten lag. Die eilig angeschlossenen Schläuche füllten sich, weil sie geleert worden waren, schnell mit Wasser, doch der Hydrant lieferte nicht genug Druck. Schon beim Tränken der grauen Mädchen und dem Auffüllen des Heißwasserbereiters hatten wir ewig gebraucht. Die Elefanten schlürften das warme Nass schneller aus den Tonnen, als der Schlauch herzugeben bereit war. Mit dem jämmerlichen Strahl aus der Spritze würden wir dem Feuer wenig entgegensetzen. Zur Sicherheit besprühten wir die rückwärtige Dachhälfte nebst Rundleinwänden und lösten die Schäkelbolzen der Ketten bei den Elefanten. Trotz des Brandgeruches und bedrohlichen Knisterns und Knallens blieben sie gelassen. Sie lauschten hin und wieder, hielten die Rüssel prüfend empor und drehten die Riechverlängerungen wie Periskope in gewünschte Richtungen, zeigten aber keine ernsthafte Unruhe. Sie schienen sich in unserer Anwesenheit sicher zu fühlen. Zum Schlafen, wie sonst bei Anreisetagen immer recht früh, legten sie sich aber erst einmal nicht nieder. Mit dem feinen Instinkt der Tiere spürten sie die Bedrohung und unsere innerliche Aufregung. Als die Feuerwehr eintraf, stand das Verteilerhaus in meterhohen Flammen, Funken sprühten, wirbelten hoch in den Abendhimmel und verloren sich im Firmament. Die Mannschaft koppelte an einem Hydranten auf der Straße die Schläuche an und drehte auf. Wasser floss keines. Auch ein weiter entfernter Anschluss war stillgelegt oder eingefroren. Wir fragten uns, ob denn wohl auch sämtliche Stromzufuhr abgeschaltet worden war, wenn die mit Wasser löschen wollten. Das Häuschen loderte derweil wie ein Scheiterhaufen. Feuerwehrleute erkundigten sich dann nach unserem Wasser am Platz, doch angesichts des mickrigen Strahles kehrten sie mit vielsagenden Gesten um. Ohne Wasser kein Löschen. Sie setzten sich im Pulk auf das Dach ihres Fahrzeugs und sahen dem Brand zu. Als nur noch kleine Reste brannten, verschwanden sie. Der Schutthaufen glomm und stank auch am nächsten Tag vor sich hin und der Zirkus hatte keinen Strom. Der Stadt gelang es nicht, eine ausreichende Versorgung aufzubauen und damit spielte AEROS die fünf Tage mit Notstrom. Keine Lichterketten, ein paar Scheinwerfer in der Veranstaltung, Licht allein in den Tierzelten. Bei den Elefanten lief nur eine Heizung. Wir bereiteten besonders dicke Strohberge zum Schlafen und stapelten an Rückwand und Seiten mehrere Lagen Stroh- und Heuballen auf. Diesen gut gemeinten Versuch erkannten die Mädels nicht an, ruderten mit den Hinterbeinen danach, rissen die Mauer immer wieder ein und unzählige Ballen auf.

AEROS beheizte das Chapiteau mittels umfunktionierter Getreidetrockner hochwirksam mit Warmluft. Auch das war unmöglich, doch Sojusgoszirk entschied, das Gastspiel wie gehabt zu absolvieren. Die genügsamen Besucher strömten tatsächlich unbeirrt in die Veranstaltungen, dick angekleidet, mit Pelzmützen und Handschuhen. Sie schlangen Decken um sich und nahmen das gekürzte Programm begeistert an. Junge Artisten verweigerten die Arbeit, nur *ältere* traten entschlossen auf, sogar Petra Sperlich am Solotrapez und unbeirrt im winzigen Outfit. Natürlich fehlte auch keine Tierdressur. Unsere Elefanten lösten wir weit früher von den Ketten, ließen sie ein wenig rangeln, um sich aufzuwärmen und in der Manege konnten sie sich Zeit lassen, wir arbeiteten ohne Tempo. Den Tieren war kalt, da nutzte auch das, wie bei einer Bahnfahrt, in Milchkannen auf Gaskochern erhitzte Trinkwasser nichts.

Anzufügen bleibt: Auch am Abend vor der Abreise lagen die Wohnblöcke weiterhin im Dunkeln…

Zirkus AEROS fiel von einem Extrem ins nächste. Von Gori ging es über mehr als zweitausend Meter hohe Gebirgspässe hinunter an das Schwarze Meer und damit wieder in subtropische Gebiete.

Am letzten Novembertag endete in Georgien, in Sugdidi am Fluss Enguri, die anstrengende, doch erlebnisreiche Tournee. Fast eine Million Besucher konnte AEROS in seinen Veranstaltungen begrüßen.

Der Zirkus wurde wieder auf Sonderzügen verladen und ging, begleitet von technischem Personal, auf die lange Heimreise. Etwa zwei Wochen später erreichten wir Terespol, wo die aufwändige Umladung auf europäische Waggons stattfand. Ganz wie erwartet sorgten die dicken Mädchen für mächtigen Wirbel, grausten sich vor erneut unendlich langer Bahnfahrt und verweigerten das Einsteigen in neue Waggons. Wir blockierten den Verladesteig, hielten den Zugverkehr auf, vernichteten Fahrpläne. Die entstehende Unruhe ringsherum machte es auch nicht besser. Wir waren die Deppen, welche ihre Tiere vermeintlich nicht unter Kontrolle hatten. Doch ein Elefant ist weder ein führbares Pferd, noch ein mit dem Gabelstapler zu bewegendes Stückgut. Die Tiere brauchen Zeit, mit Hektik erreicht man wenig. Nur mit Geduld und leichtem Druck zur rechten Zeit kommt man zum Ziel. Die Mädchen-Gang und wir machten das schon… Zeit verlor ihre Bedeutung, bewies ihre Relativität und irgendwann stand auch Pia im Blech-Holz-Kasten auf europäischen Radsätzen.

Drei Tage darauf die Oder-Querung bei Frankfurt, ein paar Stunden Fahrt später Hoppegarten. Kurz vor Weihnachten standen die Tiere in ihren festen Stallungen und der AEROS-Fuhrpark auf den angestammten Plätzen im Winterquartier.

Ensemble des Staatszirkus der DDR
ZDF-Aufzeichnung „Zirkus, Zirkus"
Offenbach/a.M. im Februar 1982

- o Siegfried und Helga Gronau *Elefanten* und
- o   *Braune Lipizzaner-Freiheit*
- o Uwe Schichtenberg *Exoten-Zug* und
- o   *Ungarische Wollschweine* oder/und
- o   *Mazedonische Zwergesel (?)*
- o Petra Sperlich *Solo-Trapez*
- o Berolinas (?) *Motorrad-Karussell (?)*

AEROS - Programmbesetzung Kaukasus 1982

„Artisten, Aeros, Attraktionen"

- o Marcella & Hanno Coldam *Löwen-Tiger-Dressur*
- o Siegfried & Helga Gronau *Elefanten* und
- o   *Braune Lipizzaner-Freiheit*
- o Meteors *Russische Schaukel* und Zweit-Darbietung:
- o Labskaus *Lustige Kaskadeure*
- o Berolinas *Motorrad-Karussell*
- o Petra *Solo-Trapez*
- o Daidalos *Ikarier* und Zweit-Darbietung:
- o Delons *Äquilibristik*
- o Goldinis *Antipoden-Spiele*
- o Ricardos *Kugel-Äquilibristik*
- o Gitta, Paule & Pelle *Clownerie*
- • 2 Marko *Longen-Bären* freiberufliche Dresseure

Tournee vom 09.04. bis 30.11.1982
23 Städte

133

Auswärtsspiel und Abschied

Österreichischer Nationalcircus Elfi Althoff - Jacobi, Österreich 1983
Abschied 1984

Im März reiste der Zirkus AEROS zu drei Vorabgastspielen in der DDR, um dann von Frankfurt/Oder aus erneut mit einer Bahnfahrt zu einer langen Tournee durch den Kaukasus aufzubrechen.

Die Elefanten waren nicht dabei, wir reisten gemeinsam mit O. & M. Sperlich und ihren Tigern nach Österreich zu einem Engagement im Österreichischen Nationalcircus Elfi Althoff-Jacobi. Damit war unsere Bahnanreise um ein Vielfaches kürzer und wie gewohnt durchrauschten wir den Eisernen Vorhang ohne langen Aufenthalt und trafen am zweiten Tag in Hainburg ein.

Dort begrüßte uns sogleich das ungeliebte Duo Probleme und Ärger. Auf dem Marsch vom Bahnhof zum Zirkusplatz, wie üblich von den Unternehmen gleich als Reklame mitten durch die Stadt organisiert und von den Dicken stets interessiert angenommen, zogen wir an einem breiten Obst- und Gemüsestand vor einem Supermarkt vorüber. Welch verführerisches Festbankett für einen Elefanten! Zudem kannten sie ähnliche Spektakel auch aus Städten in der Heimat, wenn wir mit ihnen zum „Elefanten-Frühstück" in ein Stadtzentrum marschierten und AEROS dort für sein Gastspiel warb. Warum wir das taten, erklärte sich mir nie wirklich, wurde doch bereits die Vorkasse des Zirkus gestürmt und die Veranstaltungen, selbst zur Sommerzeit an der Ostseeküste in Rostock und Stralsund, kannten keine leeren Zelte. Nun, dort im niederösterreichischen, beschaulichen Hainburg lockten Geruch und Vielfalt der dargebotenen Köstlichkeiten verführerisch wie die Lorelei von ihrem Felsen. Thara ging auf der zugewandten Seite, ihr Herz schlug vor Begeisterung besonders hoch und jemand konnte ihre Entschlusskraft nicht bremsen. Ich, wie üblich neben Pia und Jana, sah nur wie Thara so weit ausbrach, wie es ihre Kette zum LKW zuließ. Zeitgleich krachte und schepperte es und Äpfel, Birnen, Ananas, Orangen, Blumenkohl und noch viele Herrlichkeiten mehr hüpften von den Plätzen ihrer Tribüne und rollten auf die Straße. Jana entwischte mir und selbst die sonst gleichgültige Daisy kam angerannt, emsig gefolgt von Punsha, welche sich dies Mahl auch nicht entgehen lassen wollte. Thara hatte Teile der Auslage eben gerade so packen können, riss den Stand um und löste damit die saftige Lawine aus. Die Elefanten verschlangen und rafften, was sie konnten. Wir versuchten den Schaden zu begrenzen und die durchgeknallte Gang weiter zu treiben, doch die tonnenschweren Performerinnen drehten uns die Hinterteile zu und sammelten beim Gehen emsig weiter. Da erschienen auch bereits der Geschäftsführer und sein Team, doch anders als erwartet nutzte jener das Spektakel für Reklame. Wir durften stoppen und die Elefanten jede einzelne Frucht aufsammeln. Das war glimpflich ausgegangen. Weniger Sympathie ernteten die Hinterlassenschaften der Elefanten, beim Traben durch das

Nest ganz nebenbei aus deren Hintern gekugelt. Kaum auf dem Platz, hatte schon die Polizei ihren dramatischen Auftritt im schönsten österreichischen Slang. *Sofort* und der Klang der Stimmen verdeutlichte, wie Ernst sie es meinten, *Sofort* haben wir die *Schweinereien* - welch ungeeignetes Wort - zu beseitigen, oder aber die Stadtreinigung übernimmt das und wir die Rechnung. Die Vertreter der Direktion sahen uns an und nickten dazu. Der Staatszirkus hatte natürlich nicht die Devisen, schon gar nicht für Derartiges, locker in der Tasche, also fuhr einer unserer LKW mit Conny, Schaufel und Besen die Tour zurück zum Bahnhof, aufmerksam belauert von der Polizei. Von da ab lagerten Reinigungsgerätschaften auf dem Begleit-LKW und wir stoppten unplanmäßig mal hier und dort. Immer eine angespannte Situation, weil die Elefanten die Zeit sogleich für Kontrollen der Umgebung, von Autos, Bäumen, Schildern u. ä. nutzten.

Hinter dem Elefantenzelt lag ein kleiner Streifen Bäume - Wildwuchs, kein Park. Ich sorgte für Äste, war immer vorsichtig und hinterließ möglichst wenig auffällige Abholzungen, darin war ich geübt. Aber die Elefanten wurden mit dem Grün von aufmerksamen Artisten beobachtet, welche, nennen wir es: *der Direktion gerne nahe stehen wollten*, und schon gab es eine dringende Verwarnung, dies sofort zu unterlassen, um nicht Anzeigen und Schadenersatzforderungen zu riskieren. Damit stand ein klares Verbot im Elefantenzelt und auf der Tournee schrumpften die Äste zu Zweigen – diese verschlangen die Mädchen schnell, doch die wunderbaren Beschäftigungen mit Rinde abziehen, zerbrechen und zerkleinern war ihnen genommen. Wir hatten hinreichend Ärger mit der Futterversorgung und den Gagenzahlungen, so dass ich nicht Anlass für zusätzliche Probleme sein durfte.

Neben Elefanten und Lipizzaner-Freiheit führte H. Gronau Ponys mit reitenden Rhesusaffen vor. Die Versorgung der depressiven Primaten oblag uns im Elefantenstall. Ich fühlte mich an mein erstes Jahr im AEROS erinnert, an den Tierschauwagen mit Spatzi, Kasimir, Franzl und der Rhesusfamilie und wie ich dort mit der Reinigung zu kämpfen hatte. Hier war es ähnlich. Die unfreiwilligen Reiter hausten während der Tournee im halbdunklen Transporthänger ihrer Tierpartner. Im Bug standen die winzigen Einzelboxen, welche geöffnet werden mussten, um gesäubert zu werden. Ganz offensichtlich hatten Verantwortliche im Zirkus Berolina die Kontrolle verloren und den Showeffekt der *lustigen* Darbietung im Auge und nicht das Wohl der kleinen Akteure. Da uns die Tiere nicht kannten, hantierten wir sehr vorsichtig und als trotzdem immer wieder einmal ein Affe blitzartig entwich und es uns erst nach wilden Aktionen gelang, ihn mit einem Kescher einzufangen, verlegten wir das Säubern in die Zeit ihres Auftrittes. So beschämend wie deren Einzelhaft in winzigen Zellen war jetzt auch ihre Versorgung. Zuerst erhielt ich Bescheid, wenn der Zirkus für die Affen eingekauft hatte, und musste dann vom Haupteingang das uns zugedachte Futter abholen. Später, wohl weil ich jedes Mal diskutierte, stand die Kiste immer wie von Zauberhand am Transporter. Der Österreichische Nationalcircus hielt als „Maskottchen" einen jungen Orang-Utan in einem verglasten Wagen im Eingangsbereich. Jener Menschenaffe wurde mit Futter überschüttet, für die Rhesus-Meute blieben Mohrrüben, manchmal Äpfel, aber immer

Toastbrot und einen Riesentopf Erdbeermarmelade. Hauptmahlzeit also täglich mit Marmelade beschmiertes Gummibrot. Durch den jahrelangen Bewegungsmangel sahen die meisten Affen bereits auch so aus, wie man es erwarten würde: dick und drall. Für mich ein Bild des Jammers. Mit diesem ungesunden Futter jedoch drohte ihnen endgültig die Metamorphose in lebende Fettklumpen. Gronaus Bemühungen, besseres Futter zu bekommen, schlugen fehl und konnten auch von der angereisten Mitarbeiterin der Generaldirektion nicht durchgesetzt werden. Sie hatte Nöte, den aufkeimenden Streit zwischen Ensemble und Elfi Althoff-Jacobi zu schlichten. So kauften Gronaus zusätzlich für die Affen ein, auch Knäcke statt Weißbrot und Frau Gronau kochte Tee und Gemüse. Sie führte die Ponys mit Affen nur in jenem Jahr vor, es war nicht ihre Dressur.

Leider blieb sich die Direktion hinsichtlich der dürftigen Futterversorgung für engagierte Tiernummern auch bei den Elefanten treu. Heu war rationiert. Obst, Gemüse, Brot ein Festtag. Und weil die grauen Riesinnen auch nur selten auf eine Wiese konnten, weil entweder der Platz zu klein war oder weil wir keinen *Schaden anrichten* durften und sie ihre Heuportionen fix verputzten, rissen sie uns gerne aus Frust und Langeweile ständig das Podium auseinander und zeigten beim Angeln nach Mittel- und Rondellstangen besonderen Eifer, mit beachtlich hoher Erfolgsquote. Dann kämpften wir beim Zusammensetzen der schweren Puzzle-Teile mit Ankern, Gewichten, Elefantenbeinen und eigener Verbitterung.

Die Veranstaltungen waren schlecht bis sehr schlecht besucht. Welch krasser Unterschied zu unserer Saison im Stammbetrieb das Jahr zuvor, wo Milizionäre den Ansturm regelten und das Chapiteau von der Begeisterung bebte!

Dann hastete der Zirkus über eine ungewohnt weite Strecke plötzlich nach Wien, auf den Platz am Prater. Circus Sarrasani kündigte auf seiner Europa-Tournee unmittelbar *vor* unserem eigentlich dort geplanten Termin am gleichen Platz ein Gastspiel an. Zwei Großzirkusse hintereinander? Da geht es um jeden einzelnen der wenigen interessierten Besucher! Nun sammelte diese erst einmal Elfi Althoff-Jacobi ein. Ihr Stand war schwieriger. Sie bespielte jährlich mehr oder weniger dieselben Städte, musste also das Programm regelmäßig austauschen. Nun wollte ihr Sarrasani dazwischen springen, damals ein Zirkus mit Namen. Und während wir spielten, begegneten sich die Reklame-Mannschaften beider Unternehmen in Wien, überklebten einander die Plakate und lieferten sich handfeste Auseinandersetzungen, bis die Polizei sie trennte. Einmal war die Aufregung besonders heftig, da saßen sie anschließend alle im *Häfen* (Gefängnis) und mussten ausgelöst werden. Schließlich traf der Sonderzug mit Circus Sarrasani ein und der Fuhrpark rückte in Kolonnen an, konnte jedoch nicht auf den von uns blockierten Platz. Sarrasani blieb keine Wahl, als auf dem Parkplatz auf der anderen Straßenseite seine Wagen zwischenzuparken, auf das Ende unseres Gastspieles zu warten und nach unserer Abreise eilig nachzurücken und aufzubauen. Mit Sarrasani reisten Uwe Schwichtenberg und Team, damit trafen dort am Prater zwei Ensembles des Staatszirkus aufeinander. Der Platz in Wien war durchaus voller Exotik: das Riesenrad und die bunten Fahrgeschäfte des Prater greifbar, uns gegenüber der lauernde Sarrasani und auf der anderen

Seite, direkt neben den Wohnwagen, der Straßenstrich…

Kaum, dass der Österreichische Nationalcircus abgespielt hatte und der Abbau begann, drängte Sarrasani auf den Platz und beide Wagenparks vermischten und behinderten sich. Elfi Althoff-Jacobi hatte ein paar Tage über das Wochenende hinaus (!) verlängert, um der Konkurrenz kaum Luft bis zur Premiere zu lassen.

Wir tourten weiter durch das Land, um wenige Wochen später erneut Wien für das eigentlich geplante Gastspiel anzufahren. Nun standen wir aber erst einmal auf dem Behelfsparkplatz, denn auch Sarrasani hatte sein Gastspiel in die Länge gezogen - bis wenige Tage vor unserem Premierentermin. Dem DDR-Ensemble wurde allerdings erlaubt, die Stallanlagen auf dem eigentlichen Platz aufstellen. Sicherlich, weil Sarrasani die guten Kontakte zum Staatszirkus nicht riskieren wollte. Als endlich alle Wagen mit der markanten grün-weißen Optik verschwunden waren, bauten die marokkanischen Zeltarbeiter eilig das Chapiteau des Nationalcircus auf. Wie nicht anders zu erwarten, lief das Programm noch schlechter, Wien hatte genug Zirkus erlebt und gesehen.

Ein Highlight bleibt zu vermerken: an einem späten Sonnabendvormittag schritt Freddy Quinn mit umfangreicher Entourage aus dem Chapiteau und kam sogleich in das Elefantenzelt, um uns zu begrüßen. Das Gespräch blieb etwas holprig, jedoch freundlich wie im Jahr zuvor in Offenbach. Es war offensichtlich, dass der ständig um ihn *bemühte* seltsame Hofstaat das Klima abkühlte. Den buckelnden Höflingen waren wir als Tierpfleger wohl nicht ebenbürtig und standesgemäß genug oder als Leute aus der DDR unheimlich. F. Quinn führte an dem einen Wochenende als Moderator durch die Veranstaltungen, doch die auf seinen Namen gesetzte Hoffnung auf mehr Zuschauer erfüllte sich kaum.

Auch der Versuch, das Programm durch das „Royal Lime-Light Ballet" mit vier philippinischen Schönheiten aufzuwerten, lief ins Leere. Die Mädchen *tanzten* zumeist als Einleitung einer Darbietung oder als Begleitung, und sie traten auch während der Elefanten-Revue auf. Beim Auftakt liefen sie hinter Frau Gronau und neben jeweils einem Elefanten in die Manege, sprangen schließlich auf die Piste, gaben dort den Blickfang und *tänzerische* Einlagen. So sehr die Vier sich anstrengten, sie hatten nie zuvor *getanzt* und die unkoordinierten Bewegungen spotteten einem Ballett. Zudem fürchteten sie sich vor den Elefanten, was diese lustig fanden, immer wieder nach den *Tänzerinnen* griffen und damit wildes Gezappel und ängstliches Juchen auslösten. Wir versuchten zwischen beiden Parteien zu vermitteln, aber das forderte etwas zu viel an Geduld. Sex sells, hoffte dann die Direktion, und in den Abendveranstaltungen arbeiteten das *Ballet* wie auch die Akteurinnen der temperamentvollen Senegal-Show, einer Mischung aus Folklore, Tänzen, Feuer und Trommeln, *oben ohne*. Ob damit mehr Karten verkauft wurden, vermag ich nicht zu beurteilen, jedoch dass ich die *Elefanten-Begleiterinnen* durchaus als sehenswert empfand, trotz deren Tanzexperimente. Sogar Conny sah das sehr ähnlich und er verpasste noch häufiger seinen Einsatz, weil er sein Augenmerk nunmehr eher auf die sexy *bekleideten* Mädchen denn auf die Elefanten richtete.

Es folgten Regentage, in denen der Zirkus im Schlamm der Plätze versank. Einzelne

Hänger tauchten bis zu den Achsen unter. Wir zogen unzählige Meter Wassergraben um die Stallanlagen. Die Elefanten fanden durchsickerndes Wasser durchaus beachtenswert, popelten und pusteten mit der Nase an den Stellen zwischen Podium und Vorpodium herum, bis winzige Quellen sprudelten und sie spielten mit dem Schlamm. So ein vollgematschter Rüssel kann vor der Veranstaltung für Unruhe unter den Pflegern sorgen, zudem lieben Elefanten Schlammpackungen…Wie in jener Zeit üblich, putzten wir die Tiere außer an Duschtagen mit einer Drahtbürste. Punsha und Pia übernahmen, wenn ihnen so war, gerne die Pflegearbeit an verschiedenen Körperpartien selbst. Artig packten sie die Bürste am Holzstiel und bearbeiteten Stellen hinter den Ohren, an der Brust und besonders den Hals. Punsha gab, wenn sie genug hatte, die Bürste zurück. Bei Pia musste ich aufpassen. War sie des Schubberns überdrüssig, hatte sie wenig Hemmung, den Stiel abzubeißen. Der hier und dort verteilte frische Schlamm machte unsere Gründlichkeit unnütz, die Girl-Gang trat im selbst gewählten Make-up einer Kriegsbemalung auf. Braune Streifen auf grauer Haut.

An so einem Tag mit Dauerregen brachten wir drei Pfleger bei strömendem Himmelsnass die Tiere hinüber zum Chapiteau. Gronaus, gestylt für ihre Show, warteten dort auf uns. Die Elefanten trugen Wasserflecken wie Decken auf Rücken und Kopf, wir Regenjacken, nasse Uniformhosen, Gummistiefel und die Schuhe für den Auftritt in den Händen. Im Requisitenzelt angekommen, stellten wir die Elefanten nebeneinander mit den Köpfen zu den Mittelstangen auf. Dort warteten wir, bis die Darbietung vor uns in die Manege ging. Erste in der Reihe war die freche Jana, *beaufsichtigt* vom träumenden Conny. S. Gronau stand dicht an ihrer Seite auf halber Körpermitte, im Kostüm und bereit zum Aufrücken in den Sattelgang hinter den Vorhang. Über dem Trio, im Dach des Requisitenzeltes, neben dessen Verschnürung zum Chapiteau, gedieh ein prächtiger Wasserspeicher und wölbte die Last seines Inhaltes bedrohlich nach unten. Entstanden durch Unebenheiten und nachlässiges Straffziehen der Absegelungen, wuchs er im Trubel der laufenden Vorstellung verhängnisvoll unterschätzt heran. Man hätte ihn leicht durch vorsichtiges Schrägziehen einer Rondellstange entleeren können, zwischendurch oder später, nach dem Finale. Wenn nicht Jana, hinter Gronaus Rücken und unbemerkt von Conny, etwas schräg nach hinten getreten wäre. Dumm rumstehen und warten ist langweilig, da kann jemand wie Jana die Zeit besser nutzen und, den Hintern sanft ausgeschert, mit dem rechten Hinterbein nach genau dort durch einen Spalt schlüpfende Artisten treten und angeln. Deren Reaktion ist ja stets ein Erlebnis! Wir freuten uns ebenso, denn unsere Ansagen, bitte zu warten, bis die Elefanten zur Gardine vorrücken, fanden zwar Eingang in die Ohren, blieben aber nicht in den Köpfen haften. Gut, dann durfte Jana sich und uns gerne mit dem Kick-sie-alle-Spiel belustigen. Nun aber bekam sie die Rondellstange mit dem Bein zu fassen und beschloss mit dem hohen Ding zu rangeln. Es widersetzte sich nur kurz der Elefantenkraft und rutschte nach außen. Damit verlor das Wasser-Reservoir im Dach die Ufer, flutete auseinander, strömte durch die Verschnürungen und eine Badewannenladung kaltes Nass ergoss sich als breite Kaskade über Jana, Conny und S. Gronau. Das Elefanten-Girly erschrak zwar kurz, hatte aber schnell ihre Freude an der Überraschung. Die Zweibeiner weniger, sie standen Sekunden starr vor Entsetzen. Und während die Flut von Janas Rücken abfloss, hatte sie Kostüm und Uniform gründlich durchweicht und lief in Rinnsalen aus den Haaren. Conny spülte es gar die Brille von der Nase, er grabbelte, nun blind wie ein Maulwurf, in knöcheltiefem Späne-Wasser-Gemisch. In diesem Augenblick wurden die Elefanten angekündigt und unsere Musik startete. Dem Dresseur klebte das feine orientalische Kostüm am Körper. Conny verlor Anschluss und Orientierung bei der Suche, als wir und die Elefanten an ihm vorüber liefen. Er folgte erst später in die Vorstellung, zum Glück mit heiler Brille. Wir drei Davongekommenen konnten das Lachen nur mühevoll unterdrücken…

Die freundliche Rüssel-Gang sorgte oft für kleine *Probleme* und *Ärgernisse*. Thara stand nahe der Zeltseite und liebte es, nach der Rundleinwand zu greifen. Bei ihr schlugen wir einen Extra-Anker ein, welcher, mit einer langen Eisenhülse versehen, die Plane weit nach außen beulte. Die Elefanten wurden vorne und hinten versetzt angekettet und die Seiten täglich gewechselt. Die um die Beine geschlungenen Kettenenden trugen Polsterungen und lagen nicht eng an. War das linke Vorderbein gesichert, dann rückte die Seitenplane für Thara in unerreichbare Dimensionen. Rechts angekettet war die Situation völlig anders, da legte sie sich in die Kette, streckte Bein und Rüssel und erreichte Stellen, welche wir vormals in Sicherheit wähnten. Thara verblüffte uns mit einer Kontorsionistik, welche auch die Tierschaubesucher einem Elefanten niemals zugetraut hätten! Der elfenhaften Beweglichkeit einer zierlichen Artistin ebenbürtig, dehnte sich die Vier-Tonnen-Riesin und fasste auch nur die Rüsselspitze mal eben so das angepeilte Ziel, dann gewann sie. Der Platz im Stall war begrenzt und wir konnten sie auf keinen Fall kürzer anketten, damit wanderte die Rundleinwand eben beharrlich nach außen, gesichert von jenem Anker mit Hülse. Bisweilen gelang es ihr, das Rundeisen mehr als nur mit der Nasenspitze zu berühren, dann schubste und rüttelte sie das Ding bis es gelockert war, gezogen werden konnte und als Folge die Plane näher rutschte. Das passierte, wenn wir eine der zwei Ketten nur ein paar Glieder zu lang ließen. Ich bin überzeugt, Thara spürte das sogleich, doch sie zeigte es nicht, sie hatte Zeit, sie wartete auf *ihren* Moment. Aber Langeweile vertrieb die Geduld, kaum dass wir nach einem anstrengenden Anreise- und Aufbautag den Elefantenstall verließen. Zum Glück verriet dann das laut scheppernde Eisenrohr die geplanten Umbauten rechtzeitig. Die Hülse nahm ihr stets sogleich Pia ab, welche daraus einen Knick formte, während Thara an der Zeltplane zerrte.

Weil wir wieder am Ende des Programmes arbeiteten, holten wir Obst, Gemüse und Brot bereits vorher aus dem Futterwagen und parkten die Schubkarre im Pferdestall. Conny wollte den Weg sparen und hatte eine andere Idee, von welcher wir nichts ahnten. Die Elefanten waren fertig für den Weg zum Chapiteau, wir warteten nur auf die entsprechende Musik zum Losgehen. Wie im Staatszirkus normal, so führten wir auch in Engagements die Tiere immer bei der vorletzten Darbietung vor unserem Auftritt hinüber. Sollte eine Nummer ausfallen oder vorzeitig abbrechen, dann bot dieses Zeitfenster die Sicherheit für ein nahtlos weiterlaufendes Programm und die Tiere mussten nicht nervös und hastig zum vorgezogenen Auftritt eilen. Da standen wir also nun im Stall, lauschten der Musik, als Thara sich entschloss, einem interessanten Duft, welcher ihr in die Nase stieg, zu folgen. Einen Moment unbeaufsichtigt, schritt sie eilig zur Rundleinwand und hob diese gekonnt empor. Zum Glück, Pia verschwendete für so etwas keine Zeit und setzte stets auf Masse! Thara aber schob den Kopf hindurch und riss die unmittelbar daneben geparkte Schubkarre um. Die darauf gestapelten Apfelkisten entleerten sich und die Köstlichkeiten verteilten sich im Zelt. Thara und Pia rafften Brote und stopften, was nur hineinging, hastig in die Mäuler, die anderen sammelten die Äpfel. Wir sicherten restliche Brote, beim Obst blieb keine Chance. Wir ließen die Dicken gewähren, durcheinander herumwuseln, verhalfen ihnen zu möglichst gerechten Portionen und flehten, sie mögen beim Fressen schneller sein. An jenem Abend eilten wir erst kurz vor unserem Auftritt hinüber zum Chapiteau, die Elefantenmädchen mit vollen Backen und letzte Äpfel sorgsam im Rüssel tragend. Wir wurden schon vom Sprechstallmeister nervös erwartet. In der Manege kauten sie zu Anfang noch immer…

  Die Schönheit der Landschaften auf der Tournee war unbestritten, dennoch trübte beständiger Ärger wegen der Versorgung der Elefanten meine Sichtweise. Streit eskalierte bereits wegen der Menge an Sägespänen. Als primitivste, aber wirkungsvolle Notwendigkeit sorgten die Späne für sauberen, trockenen Boden und wurden von uns nach dem Duschen sonst karrenweise verteilt. Es ist wichtiger Bestandteil der Körperpflege eines Elefanten, sich mit Sand zu bewerfen und zu scheuern. Wir boten als Ersatz Sägespäne, welche zudem das Podium trocken hielten und jederzeit großzügig eingesetzt wurden. Im Österreichischen Nationalcircus war das unmöglich. Teilweise streuselten wir die Späne wie unbezahlbare Kostbarkeiten auf das Podium, in der Wirkung dann fast null.

  Da den Tieren in der damaligen Haltung eine natürliche Körperpflege nur sehr bedingt möglich war, kam deren Übernahme durch die Pfleger eine besondere Bedeutung zu. Dazu gehörte auch das gründliche Waschen der Hinterbein-Innenseiten (*Absetzen von Harn*) und der Füße der Tiere. Weiterhin überprüfte ich täglich die Mäuler, die Körper überhaupt und besonders die Sohlen. Wenn auch, anders als in der DDR oder gar in der UdSSR, im - wie es damals hieß: *westlichen Ausland* die Güterbahnhöfe grundsätzlich sauber waren und wir nicht vor Ausladung der Elefanten die Verladerampen fegen und Nägel, Krampen, Glas u.ä. einsammeln mussten, so blieben doch die Wege und Straßen zum Zirkus und zurück und damit Kontrollen auf eingetretene Gegenstände unerlässlich. Die Zehennägel pflegten wir täglich mit Vaseline oder Lorbeersalbe. Ach, wie die dicken Dinger den Geschmack liebten! Sie saugten nach dem Einfetten an den Nägeln und lutschten voller Hingabe an den Rüsseln.

  Stets vor der Nachmittagsveranstaltung erfolgte diese Art der Nagelpflege, einfach weil die glänzenden dunklen Nägel, praktisch als Nebeneffekt, einen schönen Kontrast zum hellgrauen Körper bildeten. Und dieses Mal war es Pia, welche, während Punshas Nägel eingefettet wurden, in einem günstigen Augenblick nach dem abgestellten Papptopf griff und ihn im Maul verschwinden ließ. Niemals, niemals durfte der halb-schmierige Pott beim Einfetten aus der Hand gegeben werden, doch es war vergessen worden und damit besaß Pia einen 2,5 kg Klumpen Vaseline, inklusive dessen wächserne Papp-Umhüllung. Bei dem entstehenden Tumult um Pia ergatterte Punsha die salbengeschwängerte Kleiderbürste und verbrachte sie auch zügig an den sichersten Ort - in ihr Maul. Pia zerkaute den Topf, Vaseline flutschte heraus aufs Podium. Sofort saugten Punsha, Jana und Thara die köstliche Masse auf. Jedes Eingreifen kam zu spät und natürlich gab es Streit unter den Zweibeinern, während drei Elefanten an fettigen Rüsseln lutschten und schmatzten. Bei Thara war das weniger dramatisch, doch die beiden Großen sahen aus! Verzweifelt versuchten Frau Gronau und ich, die Situation zu retten und wienerten Punsha und Pia mit Lappen und Sägespänen Lippen und Rüssel. Aber das Fett hatte seine Aufgabe erfüllt. In der Veranstaltung trugen Punsha und Pia H. Gronau mit den Rüsseln durch die Manege. Dazu hielt Punsha die Füße und Pia Schulter und Nacken. Doch Punsha entglitten ständig die nackten Fußgelenke, Pia fasste auch regelmäßig nach und Helga Gronau konnte sich nur schwer an deren Rüssel festhalten. Beide Elefantinnen sabberten still vor sich hin. Zwischen einzelnen Tricks wischte ich mit Lappen an den Mäulern herum und war bald ebenso eingefettet. Beim Halten des Seiles, auf welchem ihre zweibeinige Partnerin arbeitete, wurde es noch heikler. Pia und Punsha stiegen dazu einander gegenüber mit den Vorderbeinen auf ihre Tonnen, hielten an einem Holz das Seil im Maul und strafften es. Man konnte es den Zweien ansehen, wie angestrengt sie die Holzstücke mit den Zähnen festhielten. Pia zerbiss ihres sogar und nur weil das Seil am Kopfschmuck zusätzlich gesichert wurde, stürzte Frau Gronau nicht zu Boden, musste aber abbrechen. Danach bangten wir bei ihrer Soloarbeit mit Punsha. Sie wurde im Kniehang, Kopf nach unten, von der Elefantin mit den Lippen durch die Manege getragen. Dann machte Punsha auf der Tonne einen Hochsitzer und Frau Gronau schwang sich hoch. Die beiden waren ein eingespieltes Team und zum Glück verliefen diese akrobatischen Leistungen ohne Probleme. Nur dass Punsha das Bein, wie Helga Gronau anschließend bekannte, übel fest klemmte und Blutergüsse entstanden.

Die Tournee endete planmäßig und meine Tage bei den Elefanten wurden zählbar. Gronaus gingen mit den Lipizzanern zum Wintergastspiel in den Circus Krone, solange würde ich für ihre Dicken sorgen und danach ein neues Kapitel, ein neues Abenteuer im Leben riskieren.

Wochen nach unserer Ankunft im Winterquartier, in der ersten Dezemberhälfte, liefen die Züge mit dem Zirkus AEROS, aus dem Kaukasus kommend, im Bahnhof Hoppegarten ein und ich konnte meinen Stallmeister und gute Kollegen begrüßen. So erfuhr ich, dass K. bereits längst im Flieger mit Direktion, Artisten und Dresseuren zurückgekehrt und im Urlaub war.

Im Frühjahr des folgenden Jahres beendete ich meine Tätigkeit im Staatszirkus und verabschiedete mich schwersten Herzens von Pia, Jana, Punsha, Daisy und Thara, um mit meinen Krokodilen und Riesenschlangen eine eigene Show aufzubauen. Kaum leichter empfand ich die Trennung von K., seit ihrem Arbeitsbeginn während der Kaukasus-Tournee waren wir uns sehr nahe.

Viele Jahre später, nach langen Tourneen mit meinen Tieren durch Europa, besuchten mich bei einem Gastspiel mit einem Zirkus in Berlin zu meiner großen Freude J. und R. Schilinski, S. und H. Gronau und als besondere Überraschung sogar K.
Leider aber brachen danach durch Kämpfe und Chaos in meinem Hiersein die Kontakte völlig ab. Elefantin Jana konnte ich nach fünfundzwanzig Jahren wiedersehen, in ihrem zuhause im Zoo Amiens, Frankreich. Es war ein bis heute nachwirkendes Erlebnis und ist in einer anderen Geschichte erzählt.*

Wohin, mit wem und wie ich in den Dekaden nach dem Staatszirkus auch driftete, ich habe sie *alle*, Elefanten und Leute, niemals aus dem Herzen verloren.

Jede Entscheidung und jede Gabelung auf dem Weg eröffnet neue mögliche Richtungen.
Oft sind die Entscheidungen im Leben ein Würfelspiel, nicht weit genug überschaubar und nur von Augenblick zu Augenblick zu verstehen. Man fällt sie, weil etwas geschehen muss und zeigen sie sich als die falsche Wahl, ist es meist zu spät für eine Umkehr.
Das sind jene Phänomene, welche gemeinsam mit Kräften, die sich lange vor unserer Geburt entwickelten, den Verlauf dieses Hiersein bestimmen und weit über den Tod hinaus wirken werden.
*Alles ist verbunden.**

*"Monster´s Ball", BoD Norderstedt 2016

Ensemble des Staatszirkus der DDR im
Österreichischen Nationalcircus Elfi Althoff-Jacobi, 1983

- Siegfried & Helga Gronau — *Elefanten* und
- *Braune Lipizzaner-Freiheit*
- Helga Gronau — *Rhesus-Affen und Ponys*
- Oskar & Marietta Sperlich — *Tiger-Dressur* und
- *Fakir- und Schlangenshow*

Österreichischen Nationalcircus Elfi Althoff-Jacobi - Programmbesetzung 1983

- Oskar & Marietta Sperlich — *Tiger-Dressur* und
- *Fakir- und Schlangenshow*
- Helga Gronau — *Ponys und Rhesusaffen*
- Tibor — *Eisbären*
- Siegfried & Helga Gronau — *Elefanten* und
- *Braune Lipizzaner-Freiheit*
- Concha & Concha — *Mensch oder Puppe*
- Gisele Palmas — *Perche-Akrobatik*
- Inga-Lise — *Trapez*
- Die Carras — *Tempojonglage*
- Boltos-Truppe — *Schleuderbrett* und
- *Stangenwurf*
- Rob Roy — *Handbalancen*
- Senegal-Rhapsodie — *Feuerspiele, Limbotänze, Tanz und Trommeln*
- Royal Limelight Ballett — *Tänze*
- Gusti, Adi & Comp. — *Clownerie*

Gastspiel 1983 von/bis und Städte ??

Stammbetrieb AEROS - Programmbesetzung UdSSR-Tournee 1983

„Artisten, Aeros, Attraktionen"

- o Marcella & Hanno Coldam — *Löwen-Tiger-Dressur*
- o Werner Hädrich — *Norwegische Fjordpferde* und
- o — *Hohe Schule*
- o Morenos — *Wurfstangenarbietung*
- o Vulcanos — *Springer & Pyramiden*
- o Berolinas — *Motorradkarussell*
- o Petra — *Solotrapez*
- o Ricardos — *Kugeläquilibristik*
- o Roswings — *Doppel-Vertikalseil*
- o Majongs — *Jongleure an Masten*
- o Pasadenas — *Luftgymnastik*
- o Gitta, Paule & Pelle — *Clownerie*
- • 2 Markos — *Longen-Bären* — freiberufliche Dresseure
- • Manfredo Schoberto — *Hundedressur* und
- • — *Kleintier-Revue* — freiberuflicher Dresseur

Gastspiel in der DDR
23.03. bis 03.04.1983
3 Städte

Gastspiel in der UdSSR
15.04. bis 18.11.1983
23 Städte

Zirkus AEROS, Mitarbeiter und technische Basis

Die Anzahl der Arbeitskräfte unterlag, bedingt durch Tourneen, Programme und Fluktuation, teils erheblichen Schwankungen. Zirkus AEROS bot ca. 70 Arbeitsplätze im technischen und administrativen Bereich.*

Fuhrpark und Zelte:

- 51 Wohnwagen (Familien- und Abteilwagen)
- 1 Bürowagen Direktion
- 1 Bürowagen Ökonomie
- 1 Bürowagen Werbung/Sanitätsabteil
- 1 Hauptkassewagen
- 1 Vorkassewagen
- 1 Tierschaukassewagen
- 1 Kindergartenwagen
- 1 Schulwagen

- 1 Küchenwagen
- 1 Küchenpackwagen
- 1 Clubwagen
- 1 ClubPackwagen
- 2 Toilettenwagen
- 1 Badewagen
- 1 Kohlewagen (für Badewagen)
- 2 Garderobewagen
- 1 Schneiderei/Funduswagen
- 1 Requisitenwagen
- 2 Raubtierwagen
- 1 Raubtierpackwagen (Zentralkäfig, Laufgang, Netz, Requisiten)
- 1 Fleischwagen (Tiefkühlung, Zubereitung)
- 4 Tiertransportwagen
- 1 Affenwagen (Tierschau)
- 2 Tierwagen (Tierschau)
- 1 Futterwagen
- 1 Strohwagen
- 1 Heuwagen
- 1 Wassertankwagen
- 1 Sattlereiwagen
- 1 Podium/Elefantenstallwagen
- 1 Stallpackwagen (Zelt, Mittel- u. Rondellstangen, Anker, div.)
- 1 Requisitenwagen (Stall)
- 1 Spänewagen
- 1 Eingangswagen (Fassade)
- 1 Zaunwagen
- 1 Mastenwagen
- 1 ChapiteauPackwagen
- 1 Rondellstangenwagen
- 4 Gradinwagen (Sitzeinrichtung)
- 5 Ladewagen
- 1 Stuhlwagen (Logen, div.)
- 4 Packwagen
- 1 Elektro-Schaltwagen
- 1 Elektropackwagen

- 1 Notstromwagen
- 1 Kabelwagen
- 1 Ölheizungswagen (Chapiteau)
- 1 Tankwagen
- 1 Gerätewagen
- 1 Gasflaschenwagen
- 1 Tischlereiwagen
- 1 Schlossereiwagen
- 1 Kfz.-Werkstattwagen
- 1 Packwagen (Reifen)

- 8 LKW (W50, Skoda, Kamas, Jelcz)
- 3 Traktoren (ZT, MTS)
- 2 Barkas B1000 (Bus, Kasten)
- 1 Bus Ikarus (Transport Mitarbeiter von Stadt zu Stadt)

- 2 Chapiteaus (rund 45 m und oval 45 x 50 m)
- 3 Vorzelte (8, 10 und 12 x 7,4 m)
- 1 Requisitenzelt/Sattelgang (14 x 7,4 m)
- 1 Pferde-Exotenzelt (10 x 40 m, Länge variabel in 10 m-Segmenten)
- 1 Elefantenzelt (21 x 12 m)

Die aufgezählte technische Basis verdeutlicht die Größe des Zirkus AEROS. Abhängig von einer Tournee gab es Veränderungen, weshalb der Autor keinen Anspruch auf Vollständigkeit und absolute Korrektheit der Daten erhebt. Grundlage waren u. a. Auflistungen in den unter „Quellen" benannten Büchern.

* Musiker und Artisten waren in der Generaldirektion im Bereich Künstlerische Produktion angestellt und kamen, entsprechend der Zusammenstellung der Programme, für die Tourneen in die Reisebetriebe.

Die Elefanten der Geschichten

Lebensdaten
In der Show
Die Elefanten-Gang 1981

Punsha (l.) mit Daisy, 1979

Punsha

geboren ca. 1953 Indien

ab 1955 Zirkus Busch   Epi & Banda Vidane
ab 1963 Zirkus Busch   Siegfried & Helga Gronau
ab 1979 Zirkus Aeros   Siegfried & Helga Gronau
ab 1985 Zirkus Busch   Siegfried & Helga Gronau
ab 1986 Zirkus Busch   Markus Quaiser

gegangen November 1986

„Plötzlicher Tod" (?) beim Fußmarsch zwischen Bahnhof und Winterquartier Hoppegarten, nach Rückkehr von der UdSSR-Tournee

Pia (r.) mit Oly, 1981

Pia

geboren ca. 1961 Indien

ab 1963 Zirkus Olympia	Werner Hädrich
ab 1968 Zirkus Busch	Siegfried & Helga Gronau
ab 1979 Zirkus Aeros	Siegfried & Helga Gronau
ab 1985 Zirkus Busch	Siegfried & Helga Gronau
ab 1986 Zirkus Busch	Markus Quaiser
ab 1988 Zirkus Busch	Peter John
ab 1991 Berliner Circus Union GmbH	Peter John

gegangen 1996

Eingeschläfert wegen einer schweren Knochenhautentzündung im Winterquartier Hoppegarten

Oly (l.) mit Pia, 1981

Oly

geboren ca. 1961 Indien

ab 1963 Zirkus Olympia   Werner Hädrich
ab 1968 Zirkus Busch   Siegfried & Helga Gronau
ab 1979 Zirkus Aeros   Siegfried & Helga Gronau

gegangen Dezember 1981

Tod durch Salmonellen.
Erkrankung ausgebrochen im Stall des Zirkusbau Kriwoi Rog während des dortigen Ensemblegastspieles. Behandlung durch den extra angereisten Dr. Armin Kuntze.
Oly verstarb im Waggon nach der Rückfahrt, in der Nacht vor der Ausladung und bereits an der Verladerampe Hoppegarten.

Thara (l.) mit Pia, 1981

Thara

geboren ca. 1966 Indien

ab 1969 Zirkus Busch   Siegfried & Helga Gronau
ab 1979 Zirkus Aeros   Siegfried & Helga Gronau
ab 1985 Zirkus Busch   Siegfried & Helga Gronau
ab 1986 Zirkus Busch   Markus Quaiser
ab 1987 Zirkus Aeros   Uwe Schwichtenberg
ab 1991 Berliner Circus Union GmbH   Uwe Schwichtenberg
ab 1993 Berliner Circus Union GmbH   Silvio Schwichtenberg
ab 1999 Zoo Blackpool, **Thara heißt nun Marcella**
      Abgabe im Laufe der Liquidation der BCU GmbH

gegangen Juni 2014

Eingeschläfert im Zoo Blackpool.

Jana in Amiens, Mai 2014

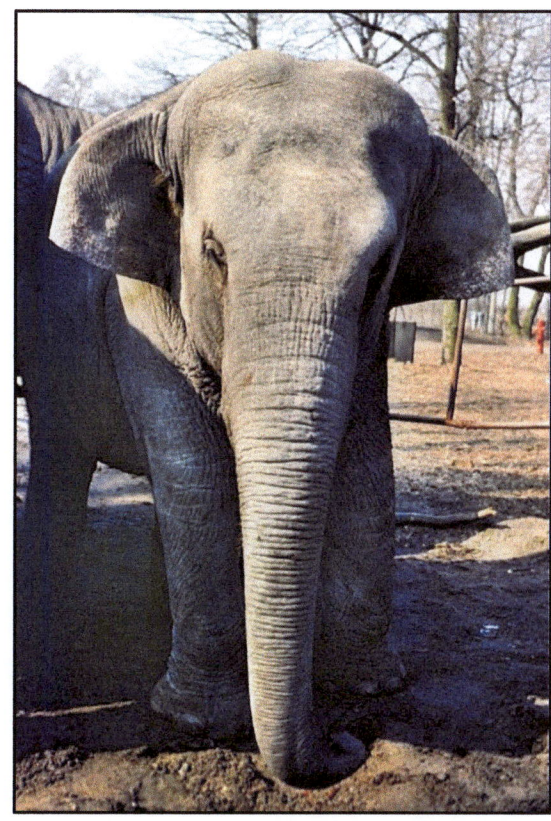

Jana

geboren ca. 1975 Indien

Anfang Januar 1978 Ankunft mit einem Schiff aus Indien
ab 1978 Zirkus Busch   Siegfried & Helga Gronau
ab 1979 Zirkus Aeros   Siegfried & Helga Gronau
ab 1986 Zirkus Berolina   Günter Dorning
ab 1991 Berliner Circus Union GmbH   Peter John
ab 1993 Berliner Circus Union GmbH   Uwe Schwichtenberg
ab 1995 Berliner Circus Union GmbH   Horst Krause
ab 1999 Zoo Antwerpen
        Abgabe im Laufe der Liquidation der BCU GmbH
ab 2006 Zoo Amiens

Shura, 1981

Shura

geboren ca. 1975 Indien

Anfang Januar 1978 Ankunft mit einem Schiff aus Indien
ab 1978 Zirkus Busch   Siegfried & Helga Gronau
ab 1979 Zirkus Aeros   Siegfried & Helga Gronau

gegangen Dezember 1981

Tod durch Salmonellen.
Erkrankung ausgebrochen im Stall des Zirkusbau Kriwoi Rog während des dortigen Ensemblegastspieles.
Shura verstarb nach wenigen Tagen in Kriwoi Rog.

Daisy, 1981

Daisy

geboren ca. 1975 Indien

Anfang Januar 1978 Ankunft mit einem Schiff aus Indien
ab 1978 Zirkus Busch   Siegfried & Helga Gronau
ab 1979 Zirkus Aeros   Siegfried & Helga Gronau
ab 1986 Zirkus Berolina   Günter Dorning
ab 1991 Berliner Circus Union Peter John
ab 1993 Berliner Circus Union Uwe Schwichtenberg
ab 1995 Berliner Circus Union Horst Krause
ab 1999 Zoo Antwerpen
        Abgabe im Laufe der Liquidation der BCU GmbH
ab 2006 Zoo Maubeuge
ab 2014 SafariZoo Mallorca

Die Elefanten-Gang im Frühsommer 1981

Fotos: Harald Kirschner

Thara, Pia, Oly, Punsha, Daisy, Shura & Jana (v.l.)

Unterwegs: *Punsha, Daisy, Shura, Jana, Oly, Pia & Thara*

Daisy, Shura & Jana

Daisy & Shura

Punsha, S. Gronau, Daisy & Shura

Thara, Pia & Oly

Thara & Pia

Conny H., Punsha, Daisy, d. Autor & Shura

Oly & Pia

Oly

Jana & Pia

Daisy, Shura & Jana

Ein Nachtrag

Part 1, Zirkus-Elefanten heute

In deutschen Zirkussen werden, Stand 2016, noch 47 Elefanten gehalten*. Alters- und haltungsbedingt ist die Zahl in den letzten Jahren drastisch gesunken.

Nur drei Unternehmen besitzen mehr als 4 Elefanten:
Sonni Frank (Engagements in europäischen Zirkussen & Elefantenhof Platschow) 10 Tiere, B. & K. Spindler (Circus Berolina und „Erlebnispark" Waltersdorf) 6 Tiere und Circus Krone 6 Tiere.*

Da kein Reiseunternehmen seinen Elefanten ein verhaltensgerechtes Leben bieten und diese Tiere somit auch nicht nachziehen kann und auch keine Tiere mehr importiert werden dürfen, wird die Zahl weiter sinken. Zudem sprechen weltweit und auch in Europa immer mehr Länder ein Vorführverbot für Wildtiere im Zirkus aus. Deutschland, sonst so gerne selbstgefälliger Vorreiter im Natur- und Umweltschutz, hält sich, wie im gesamten Bereich des aktiven Tierschutzes, auffallend zurück und bildet eine der wenigen Ausnahmen in der EU. Dennoch werden die grauen Riesen, aus Altersgründen, in absehbaren Jahren aus der Manege verschwunden sein.

Sowohl asiatische als auch afrikanische Elefanten sind als Performer eingesetzt.

Bedingt durch ein Importverbot für asiatische Elefanten 1977 und später durch Culling-Aktionen in Afrika billig angebotene Jungtiere, halten Zirkusse entweder recht alte Asiaten oder/und (zahlreicher) Afrikaner in mittleren Jahren (nach dem Importverbot sind diese Tiere in deutschen Unternehmen inzwischen 29 bis 38 Jahre alt). Afrikanische Elefanten haben ein anderes Wesen, sie sind temperamentvoller im Umgang, aber anfälliger und anspruchsvoller in Pflege und Haltung. Afrikanische Elefanten haben in den Reise-Unternehmen eine geringe Lebenserwartung, selten erreichen sie das 40. Lebensjahr*. In zoologischen Einrichtungen kommen afrikanische Elefanten auf ein Alter von 47-59 Jahren, asiatische Elefanten auf 48-69 Jahre.

Alle Zirkus-Elefanten zeigen starke Stereotypien*[1]. Dressur und Showarbeit können dies nicht verhindern und sind somit keinen Ausgleich für trostlose, rechteckige „*Gehege*" auf dem jeweiligen Bodengrund des Gastspielplatzes mit einem Heuballen als „*Beschäftigung*". Auch daraus resultiert ein schlechter Allgemein- und Gesundheitszustand, welcher sich in, auch für einen aufmerksamen Laien, bereits äußeren Merkmalen offenbart: borkige Haut (mangelnde Pflege, fehlende oder ungenügende Bade- und Scheuermöglichkeiten), schwache Bemuskelung (mangelnde Bewegung > Kettenhaltung > winzige Paddocks), deformierte Beine (zu früher Entzug von Muttermilch, falsche Ernährung, zu wenig UVA/UVB Licht in der dunklen Jahreszeit > Stichwort: *eigentliche Lebensräume*, Vitamin D-Mangel > Rachitis, falsche körperliche Belastungen durch Stereotypen und Dressur) und enorme Wachstumsdefizite durch zu frühe Trennung von Mutter und Muttermilch, fehlender Sozialstruktur und Stress (siehe Stereotypen).

Normalwüchsige, ausgewachsene afrikanische Elefantenkühe von mindestens 23 Jahren erreichen in Wildbahn und Zoo eine Schulterhöhe von 2,4 – 2,9 m. In keinem deutschen Zirkus hat ein Elefant (alle Tiere über 23 Jahre) auch nur 2,4 m Höhe, der Durchschnitt liegt bei ca. 2,2 m*.

Doch diese unübersehbaren Probleme sind bereits die Auswirkungen, die eigentlichen Ursachen liegen tiefer: im fehlenden oder minimalistischen Grundwissen über Biologie und Bedürfnisse und dem Fehlen eines bedingungslosen Verantwortungsbewusstseins bei Pflege und Haltung der selbst gewählten Tiere.

* Datenbank der European Elephant Group
*[1] Stereotypien: Folgen einer Haltung in zu kleinen oder nicht eingerichteten Gehegen, der Einzelhaltung von sozialen Tieren und unzureichenden Beschäftigungsmöglichkeiten. Das typische „Weben" gibt es im Freiland nicht, dieses stetig wiederholte Verhalten beruht auf Stress, zu dem auch Langeweile gehört.

Part 2, Elefant-Sein

In den letzten zwei Dekaden wurde viel neues, wichtiges Wissen über die Biologie von Elefanten gewonnen. Es sollte Anlass sein, das Haltungs-Management in Menschenhand gründlich zu überdenken. Im Zirkus können bereits primitivste Grundbedürfnisse der Tiere nicht erfüllt werden, weshalb diese *Unternehmen* als Halter komplett ausscheiden und selbst einige zoologische Einrichtungen befördern sich durch rückständige Konzepte und durch Eigenbrötlerei ins Abseits.

Afrikanische und Asiatische Elefanten leben in freier Wildbahn in geschlechtsspezifischen Sozialverbänden. Die Kälber werden in sozial eng verbundene, auf Mutterlinien beruhende Familiengruppen hineingeboren. Sie trinken bis zu vier Jahre Muttermilch, die Mutter-Kind-Bindung bleibt aber lange darüber hinaus sehr eng. Weibchen bleiben ihr Leben lang bei der Mutter und bilden so die Familieneinheiten aus Großmüttern, Kindern und Enkeln. Die Rangordnung darin muss nicht erkämpft werden, sie wird vorrangig durch die Kombination von Alter und Größe bestimmt. Bullen schließen sich im Alter von 6 – 12 Jahren Junggesellengruppen an, denen zeitweise auch starke erwachsene Bullen angehören. In der Musthphase suchen sie paarungsbereite Kühe in den Familiengruppen auf. So wachsen die Tiere in Verbänden heran, werden erzogen und erlernen alles zum Überleben Notwendige von den Älteren, auch das Verhalten in der Musth, bei der Paarung, bei der Geburt und das Aufziehen von Jungtieren.

All dies ist im Zirkus und immer noch in einigen Zoos unmöglich. Nicht verwandte, sich fremde Elefantenkinder, oftmals erst ein bis zwei Jahre alt, wurden nach dem Trauma Verlust der Familie willkürlich, rein nach menschlichem Empfinden, mit Leidensgefährten zusammengestellt und müssen miteinander und im Leben klarkommen.

Als hochsoziale und emotionale Wesen benötigen sie aber die Unterstützung und den Zusammenhalt der Familie. Wie sollen sie sich da jemals zu normalen Elefanten entwickeln können? Der überwiegende Teil von ihnen hatte niemals die Chance auf Bildung einer natürlich gewachsenen Familie. Psychische Störungen in verschiedensten Abstufungen sind die schwerwiegenden Folgen und entladen sich oft erst Jahre später in Aggressionen.

In den Zoos eskaliert es häufig, wenn Kühe, entweder durch künstliche Besamung oder durch natürliche Paarung, ihre Kälber gebären und mit den Töchtern (und eventuell mit deren Töchtern) einen Familienverband zu gründen beginnen. Dann entstehen häufig Konflikte mit den ehemaligen und unverwandten Schicksalsgefährten, egal ob diese kälberlos geblieben oder womöglich selbst eine Familie aufgebaut haben. In freier Wildbahn gibt es diese körperlichen Auseinandersetzungen nicht, da die zusammenlebenden Kühe miteinander verwandt sind. Dem Zoo bleibt nur, die Gruppen dauerhaft zu trennen oder abzugeben. Vorausschauende Zoos werden bestrebt sein, eine natürliche Familie mit Matriarchin, Töchtern, Enkeln und wechselnden Bullen (Vermeidung von Inzucht) aufzubauen. Häufig ist das allerdings bisher nicht, weil Prioritäten anders gesetzt werden.

Alleine durch Austausch von Tieren der Zoos untereinander könnte sich für manche Kühe, welche ansonsten völlig vom Zuchtgeschehen oder sozialen Anschluss abgeriegelt sind, noch die Chance auf Nachwuchs oder eine neue Sozialpartnerin ergeben. Doch da stehen Hürden: eigene Interessen und Finanzen. Elefanten sind Prestige-Tiere und Elefantenkinder Gewinn bringende Publikumsmagneten, weshalb fortpflanzungsfähige Kühe oder gar Familien selten abgegeben werden.

Eine natürliche Sozialgruppe mit Zucht auf einer elefantengerecht gestalteten Anlage, großflächig, mit Strukturen und Beschäftigungsmöglichkeiten, erfordert, wie alle anderen Tierarten, keinen direkten tierpflegerischen Kontakt. Jener Direkte Umgang entstand mit der Haltung von Elefanten in Zoos nach asiatischem Vorbild, zu einer Zeit, als fast ausschließlich Kuh-Gruppen ohne irgendwelche Zuchtmöglichkeiten auf viel zu kleinen, selten gestalteten Anlagen ausgestellt wurden. Hier galt der Direkte Umgang als Beschäftigung, zur Körperpflege und Abwechslung als unverzichtbar. Die engagierten Elefantenpfleger liebten den hautnahen Kontakt mit ihren Schützlingen, doch er bot und bietet ein hohes Gefahrenpotential.

Die Situation der Elefanten in ihrer eigentlichen Heimat ist dramatisch und geschieht nicht Entscheidendes, dann werden die Tiere in 20 - 30 Jahren ausgerottet sein. Täglich werden ca. 90 - 100 Elefanten pro Tag getötet, alle 15 Minuten ein Tier. Die Gründe sind: Wilderei (China lechzt nach Elfenbein, in Afrika finanzieren Terroristengruppen damit ihre Kriege) und Habitats-Verluste durch menschliche Überpopulation.

Seit 2012 sinkt die gesamte Elefantenpopulation ständig ab, die gewilderte Rate übersteigt die Geburtenrate.

Afrikanische Elefanten: etwa 352.000 wildlebende Tiere
Tansania, das Land mit den meisten Elefanten, hat in den letzten fünf Jahren zwei Drittel seiner Population verloren.

Asiatische Elefanten: etwa 30.000 wildlebende Tiere
Davon leben z.B. in Indien 26.000 Elefanten, in Nepal 100, in Vietnam 60, auf Borneo 60 Tiere.

In Afrika und in Asien existiert eine Elefanten-Industrie und jeder Tourist sollte sich vor dem Besuch eines Elefanten-Camps, einer Elefanten-Waisenstation, einer Elephant Back Safari (Ausritt auf Elefantenrücken) und eines Festumzuges mit Elefanten über die wahren Bedingungen der Haltung, den Umgang mit den Tieren und den dubiosen Geschäften hinter den Kulissen informieren und dann hinterfragen, ob er das blutbefleckte Geschäft aus reiner Lust am Exotischen bedenkenlos fördern will.

Part 3, **Elefantenhaltung im ehemaligen Staatszirkus der DDR**

Bericht des Autors
erschienen in der Ausgabe 23 im Juli 2013 des
Elefanten-Magazin
Elefanten in Zoo und Circus
dem Magazin des
Elefanten-Schutz Europa e.V./European Elephant Group

Seit geraumer Zeit lese ich Ihr Elefanten-Magazin mit großem Interesse. Ich bin nicht bedingungslos mit allen Beurteilungen/Einstellungen gleicher Meinung, schätze aber die informativen Berichte, Artikel, umfangreichen Statistiken und Ihr Engagement für Elefanten sehr. Da ich selbst viele Jahre im Showgeschäft unterwegs war, nimmt für mich (*die Rubrik…*) Circus Aktuell einen besonderen Stellenwert ein. Leider bestätigt fast jeder Artikel eigene Erfahrungen. Bis 2002 war ich international tätig, habe dann aber endgültig bei den ewigen Problemen mit und um Zirkus-Unternehmen meine Konsequenzen gezogen.

Hier einige Anmerkungen in einem zuerst vielleicht etwas seltsam anmutenden Vergleich zwischen Zirkus gestern und heute. Warum nach hinten schauen? Alles entwickelt sich doch weiter und ist selbstverständlich besser als damals, noch dazu mit Blick auf die vermeintlich grauen DDR-Zeiten. Deshalb die Erinnerung daran, wo die Tierhaltung im Zirkus schon einmal stand.

Ich war seit 1990 oft fassungs- und sprachlos über die Unkenntnis primitivsten Grundwissens (auch: Gleichgültigkeit!) der Tierhalter – ganz zu schweigen von Biologie der ja immerhin eigenen (!) Tiere und über selbstbewusst vorgetragene Behauptungen und Lügen. Man kann da richtig Probleme bekommen, wenn man auch nur versucht zu zweifeln! Das „Know-how" wird traditionell innerhalb der Familien erlernt und das kann durchaus als positiv, sogar als wertvoller Schatz angesehen werden – wenn man etwas daraus lernt und darauf aufbaut. Aber Altes hinterfragen, überdenken, gibt es nur in Ausnahmefällen. Überwiegend ist man nicht daran interessiert, schon gar nicht an Weiterbildung. Dabei gibt es nur zu gewinnen: an Wissen über seine Tiere, über Notwendigkeiten bei der Ernährung und Haltung, über richtige Haut- und Fußpflege. Ich kann nicht verstehen, wieso einem „Dresseur" dies gleichgültig sein kann. Natürlich habe ich dazu meine höchst eigenen Gedanken und Erklärungen, sie werden sich beim genauen Lesen erschließen.

Nebeneffekt so einer Weiterbildung ist positive Anerkennung und Achtung, sicher auch bei Organisationen und Behörden. Es gab so viele neue Erkenntnisse zu Elefanten in den letzten Jahren…und daraus resultierend muss Alt-Gewohntes mit aktuellem Blickwinkel betrachtet, überdacht und verändert werden. Und da stellt sich mir die Frage: Wie kommen eigentlich verschieden Halter durch die Sachkundeprüfungen??? Ich hatte viele negative Erlebnisse und kann bei so einigen Unternehmen nicht nachvollziehen, wie es möglich ist dort Elefanten halten zu dürfen! Oder Exoten, Großkatzen, Pferde und weitere sogenannten „Haus"tiere – da sieht es nicht viel anders aus. Und wieso gehören seit Jahren nun auch noch Giraffen, Nashörner und Flusspferde (!) in den Zirkus? Diese anspruchsvollen Tiere leisten sich die meisten Zoos nicht einmal! Welche Kompetenzen erteilen dafür die Genehmigungen?

Ich bin gelernter Zootierpfleger und war in den 1970er/80er Jahren im Staatszirkus der DDR bei der großen (asiatischen) Elefantenherde des Zirkus Aeros verantwortlich für die Rundum-Betreuung (incl. Nagel- und Sohlenpflege), Transport, Training und Assistenz in der Show. Zu jeder Jahreszeit erhielten die Tiere täglich Obst, Gemüse, sowie zusätzlich Zitronen und Orangen – die Einkäufer hatten da ihre Beziehungen aufgebaut, der Staatszirkus besaß keineswegs Sonderkontingente. Stichwort: engagierte Mitarbeiter, die ihre Arbeit liebten. Der feste Stamm eines jeden Betriebsteiles, technisches und künstlerisches Personal, waren Aussteiger aus dem DDR-Alltag mit seiner Ideologie und arbeiteten weniger für das gute Geld, sondern mehr für eigene Ideale. Wir waren stolz auf unsere Tätigkeit im Staatszirkus. Die Direktionen waren beständig und auch unkonventionell bemüht, Verbesserungen für zwei- und vierbeinige Mitarbeiter zu schaffen, trotz Mangelwirtschaft rundherum. So gab es auch auf Tournee „Kleinigkeiten" wie Warmwasser zum Tränken der Tiere. Und beim Duschen der Elefanten setzten wir zumeist die zentrale Wasserversorgung des Zirkus aus und weite Platzareale unter Wasser. Kaum das einmal jemand darüber murrte - es war für die Tiere! Äste zur Beschäftigung gab es reichlich – eine Axt begleitete mich auch während der Bahntransporte. Das Stallzelt hatte hellblaue und transluzente Dachbahnen und wurde bei Bedarf (eben auch in kühlen, feuchten Sommernächten) über Ölheizungen mit Warmluft beheizt. In den festen Stallgebäuden für alle Zirkustiere im riesigen, 1963 errichteten Winterquartier in Hoppegarten bei Berlin (es war das größte und modernste Europas) hatten die Elefanten von Aeros und Busch eine Tageslicht-Halle (auf zwei Seiten komplett mit hohen Fenstern unterhalb des Daches) und ein angrenzendes - leider zu kleines- Gehege mit starken Bäumen. Warmwasser zum Duschen (ohne Kärcher, aber mit Wurzelbürste in echter Handarbeit - und idealer Weise in Badehose – und für beide Seiten mit viel Spaß) und Sägespäne satt zur nachträglichen Körperpflege waren selbstverständlich. Aeros spielte als echtes Groß-Unternehmen (2.500 Zuschauer) nur auf entsprechenden Plätzen und die Elefanten hatten so oft als möglich Gelegenheit, sich auf vorhandenen Rasenflächen frei zu beschäftigen. Und das taten sie auch, es wurde gebuddelt, sich gewälzt, Körperpflege betrieben, gespielt und gerangelt. Kleinere Zwistigkeiten ließen wir die Elefanten alleine untereinander regeln. Stromzäune waren zu der Zeit nicht üblich, aber die sieben Elefantenmädels waren so ausgeglichen, dass zwei Personen zur „Abgrenzung" völlig ausreichten. Nur wenn der Übermut mal zu groß wurde, kam man schon einmal ins Schwitzen, um drohendes Unheil in Gestalt ausufernder Umgestaltung zu unterbinden. Nun muss allerdings dazu berücksichtigt werden, dass es damals kaum Probleme wegen der „bearbeiteten" Flächen und Bäume gab. Ein Stamm von drei Pflegern, davon zwei gelernte Zootierpfleger (!), waren während der Saison von bis zu zehn Monaten 24 Stunden am Tag für die Elefanten da. Und wir waren es gerne! Mein Wohnwagen stand immer unmittelbar neben ihrem Zelt. Der erste Gang morgens und der letzte vorm Schlafengehen führte grundsätzlich zu den Elefanten. Und es war schön, sie alle tief und ruhig schlafend in ihren dicken Strohlagen liegen zu sehen und dem Schnarchen zu lauschen. Zusätzlich gab es ganzjährig eine Nachtstallwache für alle Tiere des Zirkus.

Eine meiner Aufgaben war die nächtliche Begleitung der Gruppe in den Bahnwaggons von Stadt zu Stadt. Ein halber Waggon war für Futter reserviert, wie üblich gab es auch in den Waggons eine dicke Schicht Späne und Stroh zur Nachtruhe. Die Tiere schliefen regelmäßig fest, die Kleinen und Thara auch im Liegen. Nach unserem Verlassen des Stallzeltes wurde dieses abgebaut und war stets errichtet, wenn wir am neuen Gastspielort eintrafen. Die oftmals langen Strecken zwischen Zirkus und Bahnverlade-Rampe wurden (mit Pausen) zu Fuß bewältigt. Das Tempo gab die älteste Elefantin Punsha vor. Sicher waren diese Märsche wegen der zumeist befestigten Straßen nicht ideale Wanderrouten, doch brachten sie zusätzliche Bewegung und sie wurden von den Elefanten gerne und aufmerksam gemeistert. Am jeweiligen Ziel wartete immer Obst/Gemüse/Wasser. Alle Tiere gingen von der Rampe ruhig in ihre Waggon-Hälfte, von uns nur beim „Rückwärts einparken" per Hand, Körper und Kommando unterstützt. Niemals gab es Gefährdungen durch die Elefanten, nie ernsthafte Probleme. Hauptaufgabe von uns fünf Begleitern (plus LKW) war nicht das Treiben der Tiere, sondern allzu Neugierige fern zu halten. Polizei nahm uns „in die Mitte", auch im Ausland (in den Niederlanden stets berittene Polizei), und sicherte uns so vor ungeduldigem

Verkehr. Nach jedem Marsch – im Zirkus oder im Waggon – kontrollierte ich die Sohlen. Im In- und Ausland wurden alle Staatszirkus-Elefanten tierärztlich hervorragend betreut von dem großartigen Dr. Armin Kuntze.

Als 1978 drei kleine Elefantenmädchen (Shura, Daisy und Jana) in den Staatszirkus zu den vier Älteren (Punsha, Oly, Pia und der eben erwachsenen Thara) kamen, wurden diese umgehend adoptiert und bemuttert. Es war klar, die entsprechend befreundeten Tiere dann nebeneinander zu stellen.

Unbestritten standen die Elefanten jedoch den größten Teil des Tages angekettet. Traurig, dass ich dies damals als relativ normal ansah (ich kannte es ja auch von den Zoos, es war dort Alltag…). Wichtig war mir, so oft als möglich (wetterabhängig) die lange vordere Rundleinwand ganz oder ab halbe Höhe zu öffnen, damit die Elefanten am quirligen Zirkus-Alltag vor ihrem Zelt teilhaben konnten und nicht nur die Plane anstarren mussten. Elefanten sind neugierig! Ich habe mich, mit Unterstützung des sehr engagierten und erfahrenen Aeros-Stallmeisters, bemüht den Tieren bestmögliche Pflege und „Freiheiten" zu geben (von verschiedenen Kollegen schon mit Kopfschütteln quittiert und auch mit Ärger). „Gedankt" wurde mir dies, so sehe ich es, von den Elefanten mit absoluter Freundlichkeit, gegenseitigem Vertrauen auch in Ausnahmesituationen und einer Ausgeglichenheit der ganzen Gruppe.

Selbstverständlich und zum Glück standen die Tiere nicht teilnahmslos, sondern sorgten immer wieder für irgendwelche „Streiche", nicht immer lustig und durchaus Grund für zusätzliche Arbeit. Na und?! Allein Thara verfiel häufiger ins „Weben". Bei ihr vermute ich psychischen Druck als Ursache. Sie war ziemlich allein in der Herde. Die Kleinen waren Lieblinge der „Großen" und Thara stand altersmäßig dazwischen. Zu gerne boxte sie die Kleinen bei passender Gelegenheit, wenn sie sich unbeobachtete fühlte. Und bekam es dann doch von den Großen doppelt zurück.

Unsere Elefanten-Gruppe war ab 1979 auf Tourneen regelmäßig im Engagement bei namhaften Zirkus-Unternehmen der BRD, Österreich und Niederlande. Die Devisen waren gut, alles andere schlicht eine Katastrophe (das gab einen Vorgeschmack auf heute…). Allein die einfachste Grundversorgung der Tiere war - trotz Verträge – ein ewiger Kampf und der Staatszirkus musste dazu kaufen. Schon da klafften Meinungen und Einstellungen beider Seiten weit auseinander.

Nun bin ich schon sehr viele Jahre nicht mehr mit Elefanten tätig und ich habe nur den direkten Umgang mit ihnen gekannt (und geliebt). Aber: gleich ob Direkter oder Geschützter Kontakt, die Grundvoraussetzung einer Tierhaltung ist innere Berufung und Engagement für seine Pfleglinge, nicht Geld oder Geltungsbedürfnis. Da hakt es gern bei den Zoos (seltener bei den Pflegern) und weit häufiger im Zirkus. Was nutzt ein Prunkbau von vielen Millionen Euro den Tieren wirklich und wieviel geht nur für teures Blendwerk drauf? Was nutzt ein großes Gehege wirklich (auch dieses ist naturgemäß schnell erkundet), wenn dann die Tiere wieder nur stehen? Was nutzt ein Stromgehege vorm Zirkus wirklich, als kahle Ödnis ohne Beschäftigung? Und mit Beschäftigung meine ich keineswegs das Fressen an einem Heuballen, das zusätzliche Abrufen von Kommandos oder das hastige Abfertigen von Menschenmassen im Elefantennacken zum Fototermin. Elefanten sind intelligent, eventuell hin und wieder mehr als ihre Halter. Wenn sie schon nicht in einer gewachsenen Herde leben können, brauchen sie Herausforderungen. Mich wundert es nicht, immer und immer wieder von Unfällen, Ausbrüchen oder sonstigen „Zwischenfällen" zu lesen. Zwischen einem geschlossenen Stallzelt ohne Sicht auf die Außenwelt (es gibt schon lange glasklare Zeltbahnen!), dem trostlosen Stromgehege, dem dunklen Transporter und der Manegen-Arbeit (der wohl dann größten „Abwechslung") pendelnd, als Körperpflege eiligst die gröbsten Späne vorm Auftritt abgefegt und hier und da mit der Drahtbürste herumgewirkt – da erstaunt es mich eher, wie geduldig diese grauen Wesen mit ihren Zweibeinern eigentlich sind… Gerade die ausgiebige Körperpflege im direkten Umgang ist angenehme Beschäftigung und die beste (und schönste) Gelegenheit für gegenseitiges Vertrauen, Sympathiebekundung, intensiven Kontakt, aber auch für Respekt und Achtung für beide Seiten. Der langjährige, erfahrene Stallmeister des Zentral-Zirkus/Staatszirkus Aeros wusste das genau und forderte es von uns Pflegern ein, wenn er das mit seinen Worten umschrieb und uns drohte: "Ich will weiße Elefanten sehen!" Es hat beiden Seiten gut getan.

In den kommunal geführten Unternehmen Barlay (ab 1950), Busch und Berolina (beide ab 1952) und dem 1960 gegründeten VEB Zentral-Zirkus/Staatszirkus der DDR/Berliner Circus Union bis zur Liquidierung 1999 wurden in den 49 Jahren 1,1 Afrikanische und 2,31 Asiatische Elefanten gehalten. In den 39 Jahren Existenz des letztgenannten Unternehmens gab es einen schweren, d.h. tödlichen Unfall = Angriff: durch die von klein an strikt einzeln, mit einer Ziege als Gefährtin, gehaltene Asiatin Seetha gegen einen langjährigen Pfleger beim Zirkus Berolina in Nitra 1984. Sollte dies nicht nachdenklich stimmen?

Mit diesem Beitrag möchte ich an den Stand der Elefantenhaltung im Staatszirkus erinnern, wo er schon einmal war und wo er heute – 30 Jahre später – im Zirkus steht. Es war damals keineswegs perfekt, aber fortschrittlicher und tierorientierter als fast alles, was heute reist. In welch grauer Vorzeit ist die Tier-Haltung eigentlich einmal stehen geblieben?

Epilog
Nach der Wende wurden Tiere und Material des Staatszirkus durch die Bundesanstalt für vereinigungsbedingte Sonderaufgaben, gegen die Bemühungen um Umstrukturierung und Überleben der von ehemaligen Staatszirkusleuten eilig gegründeten Berliner Circus Union GmbH, durch einen Liquidator zu Spottpreisen verramscht. Langjährig gewachsene Tiergruppen wurden mit Hilfe einer sogenannten Sachverständigen zur Tierproblematik auseinandergerissen und mit finanziellen Anreizen für die Übernehmenden versehen. Der laut vorgetragene Grundsatz, kein Tier werde an einen Zirkus abgegeben, war schnell Gerede von gestern. So landeten Eisbären gar im mexikanischen (!) Circus Suarez Bros. – und wurden zwei Jahre darauf bei einem Gastspiel in Puerto Rico von US-Behörden wegen der Haltungsbedingungen beschlagnahmt und im Zoo

Tacoma untergebracht. Völlig undurchsichtig war die Abgabe der Elefanten Pitoly und Saida an den elefantenunerfahrenen Zirkus des vormaligen Betreibers eines kleinen Theaters – dem entsprechend gestaltet waren die Anlagen in seinem späteren „Erlebnis-Park" und ist die Abgabe von Saida bei ihrem Alter nach dem Tod von Pitoly in einen weiteren Zirkus zu verstehen.

Mit dem - rechtmäßig erworbenen - Warenzeichen Berolina und Aeros dürfen ein wegen der Tierhaltung fragwürdiger (B. Spindler) und ein kleiner Zirkus (G. Frank, Arena) diese so traditionsreichen Namen tragen.

Mit dem Total-Abriss des Winterquartiers Ende 2000 war die Liquidation abgeschlossen. Der überwiegende Teil der ehemaligen Staatszirkusleute hat nach der Liquidierung ihrer Unternehmen nie wieder einen Zirkus besucht.

Daten aller Elefanten des Staatszirkus der DDR

Bemerkungen zu den Daten

Da, wie damals üblich, keine oder kaum Dokumente geführt wurden oder diese verloren gingen, sind viele Daten nicht exakt zu klären. Zudem machen verschiedene Quellen widersprüchliche Angaben. Grundpfeiler ist die Statistik: „Elefanten und deren Verbleib" aus dem Buch „Es kamen 60 Millionen…Der Staatszirkus der DDR in Zahlen und Fotos" von Liese & Winkler und deren Korrektur in „Auf 2000 Rädern durchs Land" von Liese, welche hier vom Autor aufgrund neuer Erkenntnisse überarbeitet wurde. Für die Rubrik Verbleib war die umfangreiche Datenbank des Elefanten-Schutz Europa E.V. – European Elephant Group eine große Hilfe. Weitere wichtige Quellen: Winkler „Zirkus in der DDR", Günter & Winkler „Zirkusgeschichte", Zapf „Jumbo auf dem Drahtseil", das Internet-Portal www.staatszirkus-der-ddr.de und eigene Recherchen und Notizen.

Gewisse Angaben sind in Frage zu stellen und mit (?) bezeichnet. Leider waren für einige Tiere keine Lebensdaten zu finden und nur ihr Name ist nachweisbar. Sie sind trotzdem genannt und gehörten zum Zirkus wie die anderen.

Die Daten beginnen mit Übernahme der Zirkusse Cliff Aeros, Jacob Busch und Harry Barlay in kommunale Unternehmen (*Kursive Schrift* betrifft Angaben vor dieser Zeit) und führen über die Gründung des VEB Zentral-Zirkus Berlin 1960, ab 1980 Staatszirkus der DDR, ab 1991 Berliner Circus Union GmbH (BCU), bis zur Liquidation durch die „Treuhand-Anstalt" 1999.

In diesen Jahren wurden 33 (2,31) Asiaten und 2 (1,1) Afrikaner gehalten.

Die Auflistung der Tiere:
  Geschlecht, Name
  geboren in, evtl. Vorbesitzer
  Jahr im Zirkus/auf Tournee und Dresseur
  Verbleib

Erklärungen der Abkürzungen:
  WQ Hoppegarten Winterquartier Hoppegarten
  ÖNC Österreichischer Nationalcircus Elfi Althoff-Jacobi

Der ceylonesische Dresseur Epi Vidane hieß mit vollem Namen Allewathegomme Pallegiddere Puntha Vidane. Epi waren die Englisch gesprochenen Anfangsbuchstaben der Vornamen.

Die Elefanten:

01   0,1   Bala
1984 Myanmar

09/1990	Busch-Berolina	Peter John
1992-07/1994	Great Belgium Circus	-"-
09/1994-02/1995	Circo Medrano (I) in Griechenland	-"-
1995+96	Cirque Amar (F)	-"-
1997	Aeros/Samel	-"-
1998+99	Circus Arnado (N)	Peter John

22.09.1999 Tierpark Hagenbeck
10.11.2003 Zoo Münster
02.10.2013 Zoo Liberec

----

02   0,1   Bombay
1948 Indien   →   Zirkus Strassburger?

1955-1960	Aeros	Karl Langenfeld/Hans Bungartz
1960-77	Aeros	Gerhard Quaiser
11/1977-01/1978	Nouvel Hippodrom de Paris	-"-
1978	Cirque Jean Richard (F)	-"-
1979+80	Berolina	-"-
1981-83	Busch	-"-
08-11/1983	Berolina in Griechenland	-"-
1984	Busch	-"-
1985	Japan/Ensemblegastspiel Staatszirkus	Gerhard Quaiser
1986	Aeros + ÖNC (A)	Markus Quaiser
1987	WQ Hoppegarten	Peter John
1988-90	Busch	-"-
1991	Busch-Berolina	-"-
1992-07/94	Great Belgium Circus	-"-
09/1994-02/1995	Circo Medrano (I) in Griechenland	-"-
1995+96	Cirque Amar (F)	-"-
1997	Aeros/Samel	Peter John
1998	WQ Hoppegarten	---

26.05.1999 Zoo Antwerpen
05.07.2003 Zoo Amiens
Tod 17.02.2005/ Altersleiden

03 0,1 Birma
1930 ?   → Zirkus Strassburger?

1955-60 Aeros	Karl Langenfeld/Hans Bungartz
1960 Aeros	Gerhard Quaiser

12.03.1973 Zoo Leipzig
Tod 24.07.1980

----

04 0,1 Ceylon
1949 Indien

1952 Busch	Epi Vidane
1953-55 Busch	Epi & Banda Vidane
1956-58 Busch	Banda Vidane
1959-61 Busch	Epi & Banda Vidane
1962 Busch	Banda Vidane
1963-68 Busch	Siegfried Gronau

Tod während der Tournee 1968 in Stralsund/ Aflatoxin-Vergiftung
----

05 0,1 Carla
1925 (?) Indien   →   Zirkus Jacob Busch

1946-48 Jacob Busch	*Hermann Althoff*
1949-51 Jacob Busch	*Epi Vidane*
1952 Busch	Epi Vidane
1953-55 Busch	Epi & Banda Vidane
1956 Rumänien	Epi Vidane
1957 Busch	Banda Vidane
1958 Cyrk Warzawa	Epi Vidane
1959-61 Busch	Epi & Banda Vidane
1962 Cyrk Poznan	Epi Vidane
1963 Busch	Siegfried Gronau

09.11.1963 Zoo Erfurt
Tod 05.10.1979/ Altersleiden

06 0,1 Daisy
   1975 Indien

01/1978	Busch	Siegfried Gronau
1979	Aeros	-"-
09-12/1979	Jaroslavl + Kasan	-"-
03-05/1980	Circus Sjoukje Djikstra (NL)	-"-
06-10/1980	Circus Carl Althoff	-"-
1981	Aeros	-"-
09-12/1981	Ufa + Kriwoi Rog	-"-
1982	Aeros	-"-
1983	ÖNC (A)	-"-
1984	Aeros	-"-
1985	Busch	Siegfried Gronau
1986+87	Berolina	Günter Dorning
12/1987-03/1988	Budapest	-"-
1989+90	Berolina	Günter Dorning
1991	Busch-Berolina	Peter John
1992	Great Belgium Circus	Peter John
1993	Aeros/Samel	Uwe Schwichtenberg
1994	Spreepark Berlin	Uwe Schwichtenberg
1995+96	WQ Hoppegarten	Horst Krause
1997	Great Belgium Circus	-"-
1998	Cirkus Agora (N)	-"-
ab 06/1998	WQ Hoppegarten	Horst Krause

19.05.1999 Zoo Antwerpen
18.04.2006 Zoo Maubeuge
14.03.2014 SafariZoo Mallorca

----

07 0,1 Dinah
   vor 1926 Indien   →   Zirkus H. Strassburger

1955	Aeros	Karl Langenfeld/Hans Bungartz
1956-59	Aeros	Karl Langenfeld/Maxi Niedermeyer
1960	Aeros	Gerhard Quaiser
ab 1961	?	

Tod nach Operation (?) im Winterquartier / Datum unbekannt

08   0,1 Delhi
1964 Indien

1966-72   Aeros   Gerhard Quaiser

Tod 03(?)/1972 Hradec Kralove/ Elefantenpocken
----

09   0,1 Deoli
1970 Indien

1972-79 Aeros   Gerhard Quaiser

Schicksal unbekannt
----

10   0,1 Dina
1974 Indien

1976+77	Aeros	Gerhard Quaiser
11/1977-01/1978	Nouvel Hippodrom de Paris	-"-
1978	Cirque Jean Richard (F)	-"-
1979+80	Berolina	-"-
1981-83	Busch	-"-
08-11/1983	Berolina in Griechenland	-"-
1984	Busch	-"-
1985	Japan/Ensemblegastspiel Staatszirkus	Gerhard Quaiser
1986	Aeros + ÖNC (A)	Markus Quaiser
1987	WQ	Peter John
1988-90	Busch	-"-
1991	Busch-Berolina	-"-
1992-94	Great Belgium Circus	-"-
09/1994-02/1995	Circo Medrano (I) in Griechenland	-"-
1995+96	Cirque Amar (F)	-"-
1997	Aeros/Samel	Peter John
1998	WQ	---

26.05.1999 Zoo Antwerpen
18.04.2006 Zoo Maubeug
14.03.2014 SafariZoo Mallorca

11 0,1 Ditta
1930 (?) Indien → Zirkus A. Schumann

1946-48 Jacob Busch	*Hermann Althoff*
1949-51 Jacob Busch	*Epi Vidane*
1952 Busch	Epi Vidane
1953-55 Busch	Epi & Banda Vidane
1956 Rumänien	Epi Vidane
1957 Busch	-"-
1958 Cyrk Warzawa	Epi Vidane
1959-61 Busch	Epi & Banda Vidane
1962 Cyrk Poznan	Epi Vidane
1963-66 Busch	Siegfried Gronau

11.09.1966 Zoo Leipzig
Tod 16.04.1976/ Altersleiden

----

12 0,1 Indra
1963 Indien

1966-77 Aeros	Gerhard Quaiser
11/1977-01/1978 Nouvel Hippodrom de Paris	-"-
1978 Cirque Jean Richard (F)	-"-
1979+80 Berolina	-"-
1981-83 Busch	-"-
08-11/1983 Berolina in Griechenland	-"-
1984 Busch	-"-
1985 Japan/Ensemblegastspiel Staatszirkus	Gerhard Quaiser
1986 Busch	Markus Quaiser
1987 ÖNC (A)	Uwe Schwichtenberg
1988 Aeros	-"-
1989 Circus Busch-Roland	-"-
1990 Aeros	-"-
1991 Aeros-Olympia/Kaufmann	-"-
1992 Busch-Berolina	Uwe Schwichtenberg
1993-96 Aeros/Samel	Silvio Schwichtenberg
1997 Circus Royal (NL)	-"-
1998+99 Circus Hermann Renz (NL)	Silvio Schwichtenberg

25.10.1999 Zoo Blackpool
Tod 13.01.2015

13 0,1 **Jana**
1975 Indien

01/1978	Busch	Siegfried Gronau
1979	Aeros	-"-
09-12/1979	Jaroslavl + Kasan	-"-
03-05/1980	Circus Sjoukje Djikstra (NL)	-"-
06-10/1980	Circus Carl Althoff	-"-
1981	Aeros	-"-
09-12/1981	Ufa + Kriwoi Rog	-"-
1982	Aeros	-"-
1983	ÖNC (A)	-"-
1984	Aeros	-"-
1985	Busch	Siegfried Gronau
1986+87	Berolina	Günter Dorning
12/1987-03/1988	Budapest	-"-
1989+90	Berolina	Günter Dorning
1991	Busch-Berolina	Peter John
1992	Great Belgium Circus	Peter John
1993	Aeros/Samel	Uwe Schwichtenberg
1994	Spreepark Berlin	Uwe Schwichtenberg
1995+96	WQ Hoppegarten	Horst Krause
1997	Great Belgium Circus	-"-
1998	Cirkus Agora (N)	-"-
ab 06/1998	WQ Hoppegarten	Horst Krause

19.05.1999 Zoo Antwerpen
05.07.2006 Zoo Amiens

----

14 0,1 **Jasso**
1947 (?) Indien

1952	Busch	Epi Vidane
1953-55	Busch	Epi & Banda Vidane
1956-58	Busch	Banda Vidane
1959-61	Busch	Epi & Banda Vidane
1962	Busch	Banda Vidane
1963-68	Busch	Siegfried Gronau

Tod während der Tournee 18.07.1968 in Stralsund/ Aflatoxin-Vergiftung

15 0,1 Jenny
1915 (?) Indien

1946-48 Jacob Busch	*Hermann Althoff*
1949-51 Jacob Busch	*Epi Vidane*
1952 Busch	Epi Vidane
1953-55 Busch	Epi & Banda Vidane
1956 Rumänien	Epi Vidane
1957 Busch	Banda Vidane
1958 Cyrk Warzawa	Epi Vidane
1959-61 Busch	Epi & Banda Vidane
1962 Cyrk Poznan	Epi Vidane
1963 Busch	Siegfried Gronau

09.11.1963 Zoo Erfurt
Tod Frühjahr 1965/ Altersleiden

----

16 0,1 Jenny
1984 Myanmar

09/1990 Busch-Berolina	Peter John
1992-07/1994 Great Belgium Circus	-"-
09/1994-02/1995 Medrano (I) in Griechenland	-"-
1995+96 Cirque Amar (F)	-"-
1997 Aeros/Samel	-"-
1998+99 Cirkus Arnado (N)	Peter John

22.09.1999 Tierpark Hagenbeck
27.07.2006 Zoo Heidelberg
20.11.2009 Zoo Karlsruhe

----

17 0,1 Kendy
1948 Indien   →   Zirkus Strassburger ?

1955 Aeros	Karl Langenfeld/Hans Bungartz
1956-59 Aeros	Karl Langenfeld/Maxi Niedermeyer
1960-65 Aeros	Gerhard Quaiser

02.12.1965 Zoo Erfurt
Tod 08.07.1975/ Nitrat-Vergiftung durch Grünfutter

18 0,1 **Meneke**
1951 Indien

1952	Busch	Epi Vidane
1953-55	Busch	Epi & Banda Vidane
1956-58	Busch	Banda Vidane
1959-61	Busch	Epi & Banda Vidane
1962	Busch	Banda Vidane
1963-68	Busch	Siegfried Gronau

Tod während der Tournee 18.07.1968 in Stralsund/ Aflatoxin-Vergiftung

19 0,1 **Oly**
1961 Indien

1964	Olympia	Werner Hädrich
1965	Olympia	-"-
09-12/1965	Jaroslavl + Minsk	-"-
1966-67	Olympia/ab`68 Berolina	Werner Hädrich
1969-73	Busch	Siegfried Gronau
1974+75	Polen	-"-
1976-78	Busch	-"-
1979	Aeros	-"-
09-12/1979	Jaroslavl + Kasan	-"-
03-05/1980	Circus Sjoukje Djikstra (NL)	-"-
06-10/1980	Circus Carl Althoff	-"-
1981	Aeros	-"-
09-12/1981	Ufa + Kriwoi Rog	Siegfried Gronau

Tod 12/1981 nach Rückkehr aus der UdSSR im Waggon an der Verladerampe Hoppegarten in der Nacht vor der Ausladung/ Salmonellose
Oly war während des Gastspieles im Zirkus-Bau von Kriwoi Rog erkrankt.

20 0,1 Olympia
1930 (?) Indien

1946-48	*Jacob Busch*	*Hermann Althoff*
1949-51	*Jacob Busch*	*Epi Vidane*
1952	Busch	Epi Vidane
1953-55	Busch	Epi & Banda Vidane
1956	Rumänien	Epi Vidane
1957	Busch	Banda Vidane
1958	Cyrk Warzawa	Epi Vidane
1959-61	Busch	Epi & Banda Vidane
1962	Cyrk Poznan	Epi Vidane
1963	Busch	Siegfried Gronau

09.11.1963 Zoo Erfurt
Tod 09.07.1964/ durch Grabensturz

----

21 0,1 Punschi-Lotte
1954 Indien   →   Zirkus Frankello

12/1957 Barlay   Werner Hädrich

Punschi war nie in der Vorstellung

19.05.1961 Zoo Rostock
Tod 06.09.1965/ schweres Fußleiden

----

22 0,1 Punschi
         ?   →   Zirkus Strassburger ?

1955-60 Aeros   Karl Langenfeld/Hans Bungartz
 1960   Aeros   Gerhard Quaiser

Schicksal unbekannt

23 0,1 **Pia**
1961 Indien

1964	Olympia	Werner Hädrich
1965	Olympia	-"-
09-12/1965	Jaroslavl + Minsk	-"-
1966-68	Olympia/ab`68 Berolina	Werner Hädrich
1969-73	Busch	Siegfried Gronau
1974+75	Polen	-"-
1976-78	Busch	-"-
1979	Aeros	-"-
09-12/1979	Jaroslavl + Kasan	-"-
03-05/1980	Circus Sjoukje Djikstra (NL)	-"-
06-10/1980	Circus Carl Althoff	-"-
1981	Aeros	-"-
09-12/1981	Ufa + Kriwoi Rog	-"-
1982	Aeros	-"-
1983	ÖNZ (A)	-"-
1984	Aeros	-"-
1985	Busch	Siegfried Gronau
1986	Busch	Markus Quaiser
1987	WQ	Peter John
1988-90	Busch	-"-
1991	Busch-Berolina	-"-
1992-94	Great Belgium Circus	-"-
09/1994-02/1995	Circo Medrano (I) in Griechenland	Peter John
1996	WQ	----

Eingeschläfert 1996 im WQ Hoppegarten/ schwere Knochenerkrankung (?)

----

24 1,0 **Radja**
1951 Indien → Zirkus Frankello

12/1957	Barlay	Werner Hädrich
1958-60	Barlay	-"-
1961	Olympia	Werner Hädrich

02.11.1961 Tierpark Berlin
Getötet 12.09.1962 wegen „Gefährlichkeit"

25 0,1 Rani
    ?

1968	Aeros	Gerhard Quaiser
1969-77	Busch	Siegfried Gronau

Tod 12/1976 beim Gastspiel im Zirkusbau Budapest an Paratyphus

----

26 0,1 Pitoly
1963 Indien

1966-77	Aeros	Gerhard Quaiser
11/1977-01/1978	Nouvel Hippodrom de Paris	-"-
1978	Cirque Jean Richard (F)	-"-
1979+80	Berolina	-"-
1981-83	Busch	-"-
08-11/1983	Berolina in Griechenland	-"-
1984	Busch	-"-
1985	Japan/Ensemblegastspiel Staatszirkus	Gerhard Quaiser
1986	Aeros + ÖNC (A)	Markus Quaiser
1987	WQ	Peter John
1988-90	Busch	-"-
1991	Busch-Berolina	-"-
1992-94	Great Belgium Circus	-"-
09/1994-02/1995	Circo Medrano (I) in Griechenland	-"-
1995+96	Cirque Amar (F)	-"-
1997	Aeros/Samel	Peter John
1998	WQ	Olaf Griesche

1999 Verkauf durch die „Treuhand-Anstalt" an Zirkus Charivari/Fleischmann
2005 Erlebnispark Memleben/Fleischmann
Tod 27.07.2010/ Altersleiden

27 0,1 Punsha
1953 Indien   →   Zirkus Jacob Busch

1955-62	Busch	Banda Vidane
1963-78	Busch	Siegfried Gronau
1979	Aeros	-"-
09-12/1979	Jaroslavl + Kasan	-"-
03-05/1980	Circus Sjoukje Djikstra (NL)	-"-
06-10/1980	Circus Carl Althoff	-"-
1981	Aeros	-"-
09-12/1981	Ufa + Kriwoi Rog	-"-
1982	Aeros	-"-
1983	ÖNZ (A)	-"-
1984	Aeros	-"-
1985	Busch	Siegfried Gronau
1986	Busch	Markus Quaiser

Tod 11/1986 nahe Hoppegarten/ „Plötzlicher Tod" (?)
beim Marsch von der Verladerampe Bahnhof Hoppegarten zum Winterquartier- nach der Rückkehr von der UdSSR- Tournee.

----

28 0,1 Seetah
1967 Indien

1969-77	Berolina	Günter Dorning
1978	Aeros	-"-
1979-80	Busch	-"-
1981-84	Berolina	Günter Dorning

06.05.1984 nach Angriff mit Todesfolge in Nitra/ĆSSR Abgabe an Zoo Sofia
Tod am 04.06.2002

29 1,0 Sahib-August
1925 ?   →   Zirkus Frankello

12/1957 Barlay
Durch Ausreise Zirkus Frankello in die BRD kurzfristige Einstellung.
Nach Erhalt von 1,0 **Radja** und 0,1 **Punschi-Lotte**
Rückgabe am 19.12.1957 an Zirkus Frankello.

Tod 17.03.1968/eitrige Fußgeschwüre
----

30 0,1 Saida
1963 Indien

1966-77	Aeros	Gerhard Quaiser
11/1977-01/1978	Nouvel Hippodrom de Paris	-"-
1978	Cirque Jean Richard (F)	-"-
1979+80	Berolina	-"-
1981-83	Busch	-"-
08-11/1983	Berolina in Griechenland	-"-
1984	Busch	-"-
1985	Japan/Ensemblegastspiel Staatszirkus	Gerhard Quaiser
1986	Aeros + ÖNC (A)	Markus Quaiser
1987	WQ	Peter John
1988-90	Busch	-"-
1991	Busch-Berolina	-"-
1992-94	Great Belgium Circus	-"-
09/1994-02/1995	Circo Medrano (I) in Griechenland	-"-
1995+96	Cirque Amar (F)	-"-
1997	Aeros/Samel	Peter John
1998	WQ	Olaf Griesche

1999 Verkauf durch die „Treuhand-Anstalt" an Zirkus Charivari/Fleischmann
2005 Erlebnispark Memleben/Fleischmann
2011 Circus Universal Renz
Tod 02/2013 / Fußleiden

32 0,1 Tina
    ?   →   Zirkus Strassburger

1952-1955	Aeros	Karl Langenfeld/Hans Bungartz
1956-59	Aeros	Karl Langenfeld/Maxi Niedermeyer
1960	Aeros	Gerhard Quaiser

Schicksal unbekannt

----

33 0,1 Thara
   1966 Indien

1969-73	Busch	Siegfried Gronau
1974-75	Polen	-"-
1976-78	Busch	-"-
1979	Aeros	-"-
09-12/1979	Jaroslavl + Kasan	-"-
03-05/1980	Circus Sjoukje Djikstra (NL)	-"-
06-10/1980	Circus Carl Althoff	-"-
1981	Aeros	-"-
09-12/1981	Ufa + Kriwoi Rog	-"-
1982	Aeros	-"-
1983	ÖNZ (A)	-"-
1984	Aeros	-"-
1985	Busch	Siegfried Gronau
1986	Busch	Markus Quaiser
1987	ÖNC (A)	Uwe Schwichtenberg
1988	Aeros	-"-
1989	Circus Busch-Roland	-"-
1990	Aeros	-"-
1991	Aeros-Olympia/Kaufmann	-"-
1992	Busch-Berolina	Uwe Schwichtenberg
1993-96	Aeros/Samel	Silvio Schwichtenberg
1997	Circus Royal (NL)	-"-
1998+99	Circus Hermann Renz (NL)	Silvio Schwichtenberg

25.10.1999 Zoo Blackpool
06/2014 eingeschläfert/ Altersleiden

31 0,1 Shura
1975 Indien

01/1978	Busch	Siegfried Gronau
1979	Aeros	-"-
09-12/1979	Jaroslavl + Kasan	-"-
03-05/1980	Circus Sjoukje Djikstra (NL)	-"-
06-10/1980	Circus Carl Althoff	-"-
1981	Aeros	-"-
09-12/1981	Ufa + Kriwoi Rog	Siegfried Gronau

Tod 11/1981 während des Gastspieles im Zirkusbau Kriwoi Rog an Salmonellose
----

Afrikanische Elefanten

34 1,0 Sudan
1953 Tansania

1955+56	Aeros	Hans Bungartz
1957	Aeros	Toni Hochegger
1958	Aeros	Maxi Niedermeyer
1959	Aeros	?

02.04.1960 Zoo Leipzig
Tod 20.11.1980/ Magendurchbruch
----

35 0,1 Safari
1953 Tansania

1955+56	Aeros	Hans Bungartz
1957	Aeros	Toni Hochegger
1958	Aeros	Maxi Niedermeyer
1959	Aeros	?

02.04.1960 Zoo Leipzig
Tod 01.09.1979/ Kreislauf-Kollaps nach Grabensturz

Signet 1960-1980

Signet 1981 - 1985

Signet 1986 - 1990

Entstehen und Geschichte des Staatszirkus der DDR

Part 1, Zur Geschichte der Ursprungszirkusse vor 1960

Zirkus AEROS

Julius Jäger, am 04.06.1889 in Hamburg geboren und gelernter Tischler, kam über den Amateursport zur Artistik. Ab den 1920er Jahren war er mit seinen Todessprüngen im Zirkus Busch-Berlin von Paula Busch im Engagement, wo er sich den Künstlernamen Cliff Aeros zulegte. Er arbeitete auch als Kraftakrobat und Sensationsartist, dann als Raubtierdompteur. 1935 war er mit seiner Gemischten Raubtiergruppe im Zirkus Belli unter Vertrag. Hier lernte er seine spätere Frau Babetta Belli kennen und gründete mit ihr 1942 den Zirkus AEROS. Noch im November 1944 spielte er in Gleiwitz, den Winter 1944/45 in einem Varieté in Görlitz. Als die Kriegsfront nahte, flüchtete Cliff Aeros mit seinem Zirkus in einen Wald bei Oranienbaum und überstand dort mit Material und dem gesamten Tierbestand die letzten Kriegsmonate. Kurz nach Kriegsende begann er sofort wieder zu spielen, zuerst unter freiem Himmel. Aber am 07.12.1945 eröffnete Aeros einen provisorischen Holzbau auf dem Gelände des zerstörten Krystallpalastes in Leipzig für Zirkus- und Varieteprogramme. 1949 ging zusätzlich sein Reiseunternehmen auf Tournee. Erst nur mit einem 2-Mast-Chapiteau, aber 50 m Prunkfassade, und ab 1951 mit einem 12-Masten-Chapiteau.

Am 18.02.1952 starb Cliff Aeros an einer Rippenfellentzündung in Leipzig. Der Zirkus wurde bereits wenige Wochen darauf auf Grund der *"Feststellung von Steuerschulden"* unter Treuhandverwaltung gestellt und nachdem Frau Jäger nach Westberlin gegangen war, ab 01.01.1953 als kommunales Unternehmen der Stadt Leipzig weitergeführt: VE Zirkus Aeros der Stadt Leipzig. 1957 erhielt AEROS ein neues, größeres Chapiteau für 4000 Besucher. Der AEROS-Bau wurde mehrfach umgebaut und modernisiert. Mit dem Übergang des Zirkus AEROS (und seines Zweigunternehmens Eisrevue) 1961 in den VEB Zentral-Zirkus wurde das feste Haus aufgegeben und vom Rat der Stadt Leipzig übernommen.

Zirkus BUSCH

Jacob Busch, am 05.11.1879 in Würzburg geboren, entstammte einer Schaustellerfamilie. 1910 gründete er seinen Zirkus Busch-Nürnberg. In den 1940er Jahren übergab er die Führung des Unternehmens an seinen Pflegesohn Fritz van der Heydt (Johann Heydt). Im Winter 1944/45 fand der Zirkus ein Quartier in Meerane und überstand dort, schwer angeschlagen, den Krieg: Bei dem Bombenangriff auf Chemnitz kam ein Großteil der Tiere um, weitere starben in der Folgezeit. Chapiteau, Sitzeinrichtung und Wagenmaterial waren verbrannt. Aber im Herbst 1945 spielte der Zirkus unter freiem Himmel in Meerane vor der Roten Armee. Es gelang van der Heidt, Material aus Nürnberg zu überführen, ein noch in einer Zeltfabrik vorhandenes neues Chapiteau aufzutreiben und das Gradin zu erneuern. So feierte Zirkus Busch im April 1946 den Saisonstart in Chemnitz. 1948 starb Jacob Busch in Nürnberg. 1950 bezog Zirkus Busch sein Winterquartier in Magdeburg. Dort hatte Jacob Busch bereits 1943 den festen Zirkusbau von C. Borutzky (und dieser vorher von der jüdischen Zirkusfamilie Blumenfeld) erworben, er wurde aber bereits 1944 von Bomben zerstört.

Am 21.12.1951 starb überraschend Fritz van der Heydt während eines Aufenthaltes in Nürnberg. Da er keine Nachkommen hinterließ, wurde ein Treuhänder eingesetzt und der Zirkus als kommunales Unternehmen der Stadt Magdeburg zugewiesen. Buchprüfungen ergaben „*hohe nichtverbuchte Einnahmen*" (welche van der Heydt für den Schwarzankauf von Material, Futter, Lebensmitteln u. ä. für das Funktionieren eines Zirkus in der Mangelwirtschaft nutzte) und damit zusätzlich hohe Steuerschulden. Beides stellte einen Straftatbestand dar und somit wurde das Unternehmen eingezogen (enteignet).

Das Magdeburger Winterquartier war ein Notbehelf, so bezog Zirkus Busch 1953 ein Neues in Hoppegarten, gegenüber von Zirkus Barlay. Die Stadt Magdeburg zeigte als eingesetzter Rechtsträger wenig Begeisterung für den zugewiesenen Zirkus und bemühte sich über Jahre, ihn in andere Verantwortung abzugeben. Schlechte Wirtschaftsführung und damit beständige Subventionierung und Krediterteilung erhöhten das Interesse nicht unbedingt. Zudem war Busch durch seinen Sitz in Hoppegarten von Magdeburg aus schlecht leitbar. Schließlich wurde Zirkus Busch 1956 direkt dem Ministerium für Kultur Berlin unterstellt.

Zirkus BARLAY

Reinhold Kwasnik, am 02.01.1898 in Hindenburg geboren, schloss sich nach einer Kaufmannslehre den Reckakrobaten "Die Barlays" an, welche vorrangig in Varietés, aber auch in Zirkussen auftraten. Bei einem Engagement 1931 im Zirkus Dominik Althoff kam er mit der Tochter des Unternehmens, Carola Althoff, zusammen, beide heirateten und gründeten mit L. Boresch das Unternehmen "Groß-Raubtierschau Wilhelm Hagenbeck, Hamburg und Viermasten-Circus-Barlay". Nach dem Aussteigen des Mitbeteiligten 1935 und der Scheidung von seiner Frau führte Harry Barlay das Geschäft alleine. Bei Neustadt/Orla erwarb er ein Winterquartier, in welches er sich mit seinem Zirkus ab Herbst 1944 zurückzog. Er überstand den Krieg ähnlich unbeschadet mit Material und Tieren wie Cliff Aeros und nahm im Sommer 1945 seinen Spielbetrieb im nahen Umfeld wieder auf. 1946 ging Zirkus Barlay von Halle aus auf seine erste Nachkriegstournee. Auf einem enttrümmerten Platz an der Friedrichstraße in Berlin entstand 1948 sein hölzerner Zirkusrundbau, am 25.12. desselben Jahres startete das Eröffnungsprogramm. 1949 erwarb Barlay ein Grundstück als Winterquartier in Dahlwitz-Hoppegarten, und ab 1949 reiste er auch mit zwei Reisezirkussen durch die sowjetische Besatzungszone.

1950 verließ Harry Barlay mit seinem Partner G. Brumbach den sowjetischen Sektor und ging über Westberlin mit Hilfe der Westallierten nach Westdeutschland. Den größten Teil seines Zirkus nahm er mit, zurück blieb nur der Winterbau, wenige Tiere und veraltetes Material. Dieser Rest wurde unter Treuhandverwaltung gestellt und dem Magistrat von Ostberlin zugewiesen. Der feste Bau und auch das marode Reiseunternehmen wurden weiter betrieben. Der Neubau einer Spielstätte scheiterte, aber 1957 wurde der alte Bau renoviert. Der Reisezirkus spielte auf Verschleißniveau, hatte mit zu wenig Tieren, einem fast unbrauchbaren Wagenbestand und beschädigtem Zelt zu kämpfen und musste ständig von Berlin stark subventioniert werden.

Barlay und Brumbach gaben nach der Flucht in Helmstedt ein Gastspiel, dann trennen sich ihre Wege und Harry Barlay reiste alleine weiter. Im Januar 1957 musste er das Ende des Zirkus Barlay erklären und Konkurs anmelden. Am 23.01.1989 starb Harry Barlay in Berlin.

AEROS, BUSCH und BARLAY
waren nach 1945 weiterhin Privatbetriebe in der sowjetischen Besatzungszone/DDR. Harry Barlays Flucht nach Westdeutschland, der Tod von Cliff Aeros und von Fritz van der Heydt stellten die Behörden unter Entscheidungszwang. Die drei Unternehmen spielten im Gesamtgefüge der Wirtschafts- und Kulturunternehmen eher eine unwichtige Rolle, doch unter der Vielfalt der nach dem Krieg wieder reisenden und neu entstandenen Reiseunternehmen jeder Art nahmen diese Großzirkusse durch ihre Geschichte und Programmqualität eine Sonderstellung ein, und sie veränderten nach der Gründung des VEB Zentral-Zirkus die Zirkusszene in der DDR drastisch.

Part 2, **Die drei Großzirkusse ab 1960**

1960 Die Gründung des VEB Zentral-Zirkus Berlin mit Zirkus Busch und Zirkus Barlay. Umrüstung des Zirkus Barlay in einen Mittelzirkus (für kleinere Städte) und mit kompletter Erneuerung zum modernsten Reiseunternehmen.
1961 Zirkus AEROS trat mit seinem Zweitunternehmen Eisrevue dem VEB Zentral-Zirkus bei. Der AEROS-Bau in Leipzig wurde dem Rat der Stadt Leipzig unterstellt.
1962 Der Barlay-Bau in Berlin wurde in Busch, der Zirkus Barlay in Zirkus Olympia umbenannt. Ende der Saison wurde das Reiseunternehmen Eisrevue eingestellt, die Technik war überaltert und es gab zu viele künstlerische Probleme.
1962/63 Nach der Winterspielzeit endete die Ära der Bespielung im festen Bau in Berlin. Wegen schwerer bautechnischer Mängel wurde der Zirkusbau für die Öffentlichkeit geschlossen, er blieb vorerst Probiermanege für Artisten.
1963 In Dahlwitz-Hoppegarten begannen die Bauarbeiten für das Winterquartier des VEB Zentral-Zirkus auf dem ehemaligen Überwinterungsareal von Zirkus Barlay und Zirkus Busch (Objekt 1) und setzten sich 1965, auf der anderen Seite der Rennbahnallee, für das Objekt 2 fort. Mit festen Stallkomplexen, Raubtierhalle, Probemanegen, Werkstätten, Unterstellhallen, Wohnheimen, Heizhaus und Kantine war das modernste

und mit 11,5 ha größte Winterquartier eines Zirkus in Europa entstanden.
1967 Der feste Bau in Berlin wurde abgerissen, das Zentralbauwerk, der eigentliche Zirkusbau, demontiert und als Probemanege in Hoppegarten im Objekt 2 errichtet.
1968 Aus Zirkus Olympia wurde Zirkus Berolina.
1977/78 Erstes Ensemblegastspiel im "westlichen Ausland", in Frankreich. Vorausgegangen waren bereits viele Einzelengagements von Dresseuren und Artisten im "nichtsozialistischen Wirtschaftsgebiet" in Europa und den USA.
1980 Umbenennung des VEB Zentral-Zirkus in Staatszirkus der DDR.
1983 Der komplette Zirkus Berolina gastierte in Griechenland.
1990 Der Staatszirkus wurde der Treuhand zugeordnet.
07/1990 Aufspaltung in die AEROS GmbH, Busch GmbH, Berolina GmbH und CircCommerz GmbH (Winterquartier).
08/1990 Zirkus Busch stellte seinen Spielbetrieb ein.
09/1990 Auflösung der Generaldirektion.
1991 Die Einzel-GmbHs wurden in der Berliner Circus Union GmbH zusammengefügt. Zirkus AEROS reiste in Kooperation mit Zirkus Olympia (Kaufmann, Staßfurt). Zirkus Busch und Zirkus Berolina reisten zusammen als Zirkus Busch-Berolina.
1992 Die Treuhand verfügte die Auflösung des Zirkus AEROS. Verkauf des Zirkus Busch-Berolina an die "Selekta Zirkus Entertainment GmbH" Essen für 1,- DM.
09/1992 Eröffnung der Liquidation über die Berliner Circus Union GmbH.
1992 Verkauf der Namensrechte für AEROS an Chr. Samel (Aufgabe 1997, 1999 Namensrecht weiter an Zirkus Arena, G. Frank). Verkauf der Namensrechte für Busch an Zirkus Busch-Roland.
1993 Rückführung des hochverschuldeten Busch-Berolina von der Pleite gegangenen "Selekta Zirkus Entertainment GmbH" durch die Treuhand, auch hierfür wurde die Liquidation eröffnet.
1995 Projekterarbeitung für einen Zirkusbau unter Beteiligung der Berliner Circus Union GmbH und des Circo Americano (Enis Togni). Der Senat von Berlin plante den Standort am Nordbahnhof.
1997 Projektaufgabe Zirkusbau auf Grund fehlender langfristiger Mietverträge für das Gelände sowie aus bautechnischen Gründen.
1999 Verkauf der Namensrechte für Berolina an B. Spindler, welcher den Namen schon mehrere Jahre gemietet hatte.
Verkauf des letzten Materials und der letzten Tiere.
Verkauf des Geländes Winterquartier Hoppegarten.
2000 Totalabriss/Schleifung Winterquartier und Abschluss der Liquidation.

Zum VEB Zentral-Zirkus/Staatszirkus der DDR gehörten zudem verschiedene moderne, im westlichen Ausland erworbene, Karussell-Reiseunternehmen. In den Anfangsjahren auch Holzachterbahnen, welche wegen der aufwendigen Aufbauarbeiten jedoch bald an feste Einrichtungen abgegeben wurden.

Part 3, Tourneen der Staatszirkusunternehmen

	Zirkus auf DDR-Tournee	*Zirkus auf Auslandstournee in*
1960	Barlay	Busch > Bulgarien
1961	Aeros, Barlay und Busch	-----
1962	Busch und Olympia	Aeros > ĆSSR
1963	Aeros, Busch, Olympia	-----
1964	Aeros, Busch, Olympia	-----
1965	Aeros, Busch	Olympia > ĆSSR
1966	Aeros, Busch	Olympia > ĆSSR
1967	Aeros, Olympia	Busch > ĆSSR
1968	Busch	Aeros > Ungarn, Berolina > ĆSSR
1969	Aeros	Busch > Polen, Berolina > ĆSSR
1970	Aeros, Busch, Berolina	-----
1971	Busch	Aeros > Polen, Berolina > Rumänien
1972	Busch, Berolina	Aeros > ĆSSR
1973	Aeros, Busch	Berolina > Ungarn
1974	Aeros	Busch > Rumänien, Berolina > ĆSSR
1975	Aeros, Busch	Berolina > ĆSSR
1976	Aeros, Busch, Berolina	-----
1977	Aeros, Berolina	Busch > Ungarn und ĆSSR
1978	Busch, Berolina	Aeros > ĆSSR
1979	Aeros, Berolina	Busch > UdSSR
1980	Aeros	Busch > UdSSR, Berolina > ĆSSR
1981	Aeros, Berolina	Busch > UdSSR
1982	Busch, Berolina	Aeros > UdSSR
1983	Busch	Aeros > UdSSR, Berolina > ĆSSR und Griechenland
1984	Busch	Aeros > UdSSR, Berolina > ĆSSR
1985	Aeros, Berolina	Busch > UdSSR
1986	Aeros, Berolina	Busch > UdSSR
1987	Aeros, Berolina	Busch > UdSSR
1988	Busch	Aeros > UdSSR, Berolina > ĆSSR
1989	Busch	Aeros > UdSSR, Berolina > ĆSSR

Part 4, **Ensemblegastspiele und Einzelengagements 1960-1989**

Neben den Tourneen der drei Zirkusse gab es zahlreiche Gastspiele von zusammengestellten Ensembles in Festbauten der damaligen UdSSR sowie in der BRD, den Niederlanden, in der Schweiz, in Frankreich, Österreich, Griechenland und Japan.

Einzelne Darbietungen und Dressuren wurden in insgesamt 39 Länder der Erde vermittelt, davon 28 in das "Nichtsozialistische Wirtschaftssystem".

Einzeldressuren reisten durch mehrere Länder Südamerikas (H. & M. Mettin) und mehrjährige Tourneen führten durch die USA (zwei Jahre die Gemische Raubtiergruppe von E. & Chr. Samel und sechs Jahre lang die Eisbären von U. Böttcher und M. Horn).

Part 5, **Betriebsteile des Staatszirkus der DDR**

- Generaldirektion
  Sitz in Berlin, Hessische Straße 11-12
- Winterquartier
  Sitz in Dahlwitz-Hoppegarten, Bollensdorfer Weg 1
- Zirkus Aeros
- Zirkus Busch
- Zirkus Berolina
- Volksfesteinrichtung Twister I und Air-Tramp
- Volksfesteinrichtung Twister II und Babyflug
- Volksfesteinrichtung Satellit und Astroid
- Zeltvermietung Arena-Express

Literaturnachweise

Winkler, Dietmar: Zirkus in der DDR, Edition Schwarzdruck 2009

Winkler, Dietmar: Wie beerdigt man einen Zirkus? Das langsame Sterben des Staatszirkus der DDR, Books on Demand GmbH 2001

Liese, Bodo: Auf 2000 Rädern durchs Land, Zahlen und Fotos zum Staatszirkus der DDR, Books on Demand GmbH 2009

Liese, Bodo und Winkler, Dietmar: Es kamen 60 Millionen.... Der Staatszirkus der DDR in Zahlen und Fotos, Books on Demand GmbH 2006

Zapff, Gerhard: Jumbo auf dem Drahtseil, Elefantendressuren von gestern und heute, Henschel-Verlag Berlin 1987

Archive Staatszirkus der DDR, Internetportal

Foto-Galerie

1978 bis 1984

Zirkus AEROS
Elefanten
Auslandsgastspiele

AEROS,
ČSSR-Tournee 1978

Eingangswagen

Eingang und Hauptkasse

in Plzen

in Děćin nad Labem

links das Stallzelt

Aufbautag

Sanitätswagen,
Eingang zur Tierschau,
Gradinwagen

Aufstellen der Masten

Mast Nr. 1 wird aufgerichtet…

und mit seiner Statik Mast Nr. 2

Francesco Capri's Raubtiergalerie, rechts der Fleischwagen

Nr. 3 und Nr. 4 werden gleichzeitig aufgestellt

Gradinwagen,
Raubtiergalerie

Der 2. Masten-Satz
(vgl. Bemalung),
Chapiteauladewagen

Tierschau:
Pferde-Exoten-Zelt (l.),
Affenwagen,
Elefantenstall,
Tierschauwagen (r.)

G. Dorning & Seetha

G. Dorning,
Hohe Schule, vor der
Raubtiergalerie F. Capri

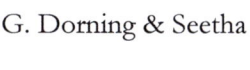

203

Tierschau:
Tierschauwagen (l.)
Pferde-Exoten-Zelt,
daneben Elefantenstall,
Ladewagen

Tierschauwagen:
Hundewagen (l.),
Antilopen, Emu,
Hühner, Nasenbären (r.)

Bild u. l.: Sattelgang (l.) ▼
und Stallzelt (r.)
Bild u.r.:
Eingang Sattelgang

Tierschau

Nichts geht mehr: „Land unter", irgendwo ĆSSR 1978.

▼ verpackte Chapiteau-Teile Chapiteau-Areal ▼
Requisitenwagen und Raubtiere (r.) Stallbereiche (hinten), Raubtiere (r.)

Bratislava

Kaukasische Schäferhunde *Odett & Owina* vor dem Mastenwagen

Abbautag in Bratislava, der leere Platz

Bildmitte: die Pferdetransporter, Elefantenstall (r.)

Abreisetag, ▼
zum Abtransport bereite Wohnwagen

Vor dem Auftritt, AEROS 1979
▲ Elefantin *Pia* und der Autor *Pia* und *Thara,* Autor, Conny ▲

AEROS 1979

Siegfried & Helga Gronau mit *Punsha*

S. Gronau vor *Jana* und *Daisy*, H. Gronau auf *Punsha*, *Oly* und *Pia*

Beim täglichen Putzritual *Punsha*, Autor und *Oly*

Reise in die UdSSR 1979

hinten die Tierwaggons

Podiumwagen Elefanten, die Tierwaggons

Umspurbahnsteig Brest

Gleise für europäische und russische Spurbreite

Umspurbahnsteig Brest

Pia ungeduldig im Waggon

Zirkusbau Kasan 1979

im Zirkusbau Jaroslavl,

die Lipizzaner laufen vom Sattelgang in die Manege

Zirkusbau Jaroslavl, ▼
Fassade und
Wirtschaftstrakt

Elefantenfreizeit
in Jaroslavl

Punsha, Daisy, Pia (Mitte),
Jana, Oly, Thara (*Shura*
unsichtbar)

Wirtschaftstrakt
Zirkusbau

Thara, Pia & Oly
(mal von hinten)
*Jana, Shura,
Daisy, Punsha*

*Punsha, Daisy, Pia, Jana,
Shura* (stets gerne un-
sichtbar mittendrin),
Oly, hinten *Thara*

Elefanten-Freizeit:
Oly gestaltet emsig einen Eimer um

hinter dem Zirkusbau:
Elefanten-Gewusel

Circus Sjoukje Dijstra,
Amstelveen 1980

Circus Sjoukje Dijkstra, Zaandam 1980

Nach dem Crash: nun Circus Carl Althoff, Den Haag 1980

Circus Carl Althoff, Deutschland 1980

Ensemblegastspiel in Ufa und Kriwoi Rog 1981

Ankunft in Kriwoi Rog

Zirkusbau Kriwoi Rog 1981

Zirkuskomplex Kriwoi Rog

Zirkusbau, Wirtschaftstrakt, Stallungen und Artistenhotel (ganz r.)

Verladung von *Oly* für den Weg zum Bahnhof Kriwoi Rog, Dez. 1981

Die kranke *Oly* auf dem Podiumwagen, Zirkusbau Kriwoi Rog

Aufbruch vom Wirtschaftshof des Zirkus zum Verladebahnhof

Unterwegs im vereisten Kriwoi Rog

Daisy, Jan, Punsha, Pia, Thara (vom Hänger verdeckt) und *Oly*

Fernsehaufzeichnung ZDF „Zirkus, Zirkus" Offenburg Jan./Febr. 1982

ZDF „Zirkus, Zirkus"

Daisy, Punsha, Jana, Pia und *Thara* (v.l.) in der Oberrheinhalle Offenburg

Punsha, Jana, Pia und *Thara* (v. l.)
Daisy ist verdeckt

Elefanten und Autor beim Duschen in der Elefantenhalle Winterquartier Hoppegarten

Winterquartier Hoppegarten 1982

Daisy, Jana und *Pia*

Pia und *Punsha*

Pia ▼
Hintergrund rechts:
Objekt II, Sitz des Zirkus Berolina

AEROS 1982
Kaukasus-Tournee

Der vordere Teil des
(einen) Zirkuszuges
Berlin - Ordschonikidse

▼ Rangierbahnhof Brest,
rechts Wassertankhänger

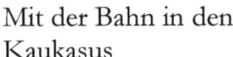 Der Zug am Don ▲

Mit der Bahn in den Kaukasus

Bahnhof Rostow/Don wird durchfahren ▼

Zirkuszug, vordere Hälfte (anschließend der komplette Stallbereich) ▲
AEROS in Ordschonikidse 1982 ▼

Ankunft in
Ordschonikidse,
Pias lange Nase

Wie *Pia*, so *Jana*. Hier
nach meinem Wohnwa-
gen angelnd (erfolgreich)

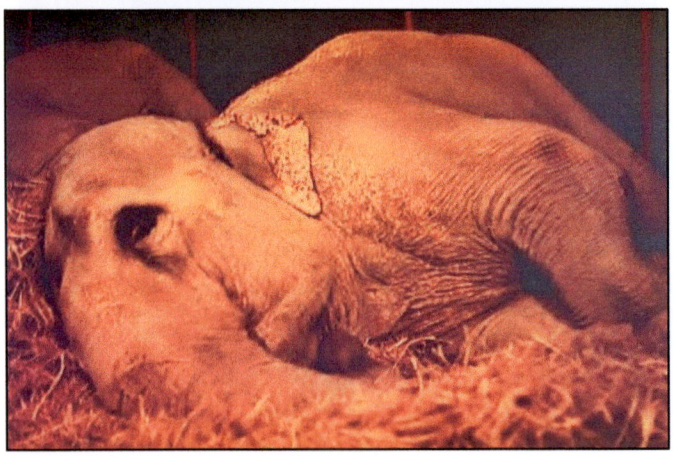

Pia
im Elefanten-Traumland

Der AEROS-Stallmeister mit einheimischen Hufschmied

im Hintergrund: Sattelgang und Bärenwagen der 2 Marko

▼ Die Elefanten-Gang im Tiefschlaf

Thara, Pia, Jana, Punsha und *Daisy*, Maikop 1982

▼ hinter dem Chapiteau, Raubtierwagen der Coldams

Blick vom Sattelgang ▼ in das Chapiteau

Rückseite Chapiteau, Sattelgang

l. am Chapiteau: Raubtierwagen, neben d. Sattelgang: Bärenwagen (blau) r. dicht am Chapiteau: Garderoben
l. Elefantenstall, daneben Pferdestall, Wohnwagen Stallpersonal, Sattlerei und Futterwagen
r.u.: Duschwagen (3.v.r.), Werkstattwagen, davor Küchenwagen mit Packwagen, r. daneben: Clubwagen mit aus gezogener Seitenveranda und Packwagen, dann div. Wohnwagen

AEROS 1982

Die Braune Lipizzaner-Freiheit von Siegfried & Helga Gronau

Mit Zirkus AEROS
durch den Kaukasus

Momentaufnahmen einer Umsetzung von Stadt zu Stadt: enge Schotterpisten, schroffe Felswände, hohe Berge, steile Straßen und Esel auf den Wegen

Nach dem Orkan in Sumgait:
Aufbau in Mingetschaur
ohne Chapiteau

Montage der Orchester-Bühne
und Schleuse zur Manege

sichtbar auch der
Eingangswagen

im Hintergrund die Gebirgskette

Vom Zuschauer-Eingang: Logen, Manege, Artisteneingang mit Schleuse und Orchester-Bühne

AEROS Open-Air in Mingetschaur:

Die Longenbären der 2 Marko gehen in die Vorstellung

…am Solotrapez: Petra

2x Garderobe, Stallrequisitenwagen

▲ Löwen-Tiger-Dressur von Hanno & Marcella Coldam
▼ die Tiere kehren über den Laufgang aus der Manege zurück

Abbau des Zentralkäfigs ▼

Die Lipizzaner vor der Schleuse, bereit zum Auftritt
S. & H. Gronau, J. & R. Schilinski, Karin

AEROS Open-Air

das vollbesetzte Chapiteau

in der Manege:
S. & H. Gronau mit ihrer Lipizzaner-Freiheit

Österreichischer Nationalcircus Elfi Althoff – Jacobi, 1983 in Kufstein

LKW vom Ensemble (l.), hinten die Wohnwagen

vorne: Polarbären-Show von Tibor

Quellen & Danksagung

Mein Dank

Thematik Elefanten

dem Elefanten-Schutz Europa e.V./European Elephant Group und hier besonders Olaf Töffels für die Manuskript-Korrekturen, der Bereitstellung wichtiger Daten und der gemeinsamen Überarbeitung der Lebensdaten aller im Staatszirkus der DDR gehaltenen Elefanten.

*Für tieferes Wissen zu Biologie, Verhalten, Umgang, Unfällen und
der Problematik von Elefanten in Zoo und Zirkus
besuchen Sie das umfangreiche Internet Portal der European Elephant Group*

Thematik Staatszirkus

ehemaligen Mitarbeitern des Staatszirkus für die schnelle Hilfe bei mir fehlenden Daten aus ihren Archiven, Jürgen Oertel (*Gruppe Majongs*) und ganz besonders Bodo Liese.

*Besuchen Sie das umfangreiche Internetportal
über den Staatszirkus der DDR*

Fotos

Fotograf Harald Kirschner und seiner Frau, Autorin Jutta Kirschner, für das freundliche Verständnis meiner Anfrage, die schnelle Durchforstung Ihrer Archive und der Bereitstellung von Fotos der Elefanten für fehlende Porträts im Kapitel „Daten der Elefanten der Geschichte" und für die schöne Fotostrecke „Die Elefanten-Gang 1981"- als wunderbare Erinnerung an die dicken Mädchen. **Vielen Dank!**

Literatur für tieferes Wissen um den Staatszirkus der DDR:

Liese, Bodo und Winkler, Dietmar
Es kamen 60 Millionen.... Der Staatszirkus der DDR in Zahlen und Fotos
Books on Demand GmbH 2006

Liese, Bodo
Auf 2000 Rädern durchs Land, Zahlen und Fotos zum Staatszirkus der DDR
Books on Demand GmbH 2009

Winkler, Dietmar
Zirkus in der DDR
Edition Schwarzdruck 2009
&
Wie beerdigt man einen Zirkus? Das langsame Sterben des Staatszirkus der DDR
Books on Demand GmbH

Shawn Ayahuasca Vega

Galaxien und Labyrinthe, *Part 1*

Die Geschichte von Tiffany
Von der abenteuerlichen Lebensreise einer kleinen Hündin

Ein 2Beiner verliebt sich in das stille Hundekind vom Brüsseler Tiermarkt und so zieht es in die Fremde und in ein neues Zuhause, umtost vom bunten Alltag eines Zirkus. Er nennt die Kleine „Tiffany" und beide werden unzertrennlich. Zaghaft erwacht in der Zwergin die Terrier-Natur, hartnäckig geschickt stellt sie sich den Widrigkeiten der plötzlich so großen Welt und die leuchtenden Augen zeugen von Freude und unendlichen Hunger auf das Hiersein. Tiffany wird Abenteurin und lernt Hundegangs, 4Beiner-Freunde, Märchenwälder, Meeresstrände und Palmen während ihrer Drift durch Europa kennen. Es sind wahre Geschichten vom steten Reisen und Entdecken, vom Aufwachsen und Altwerden mit Krokodilen und Riesenschlangen, von aufregenden, hautnahen, oft skurrilen Begegnungen mit Elefanten, Flusspferden, Land- und Seelöwen, ausgebüxten Bären, durchgeknallten Affen und ihrem Top-Ärgernis Tiger. Als Winzling tappst Tiffany neugierig alleine ins Rampenlicht des Great Belgium Circus, mustert von der Mitte und beim Pistenlauf die Besucher und erobert alle Herzen. Sie tritt nie in einer Show auf, weiß aber als intelligente Terrierin aus emsig erlernten Kunststücken clever Kapital zu schlagen und ist bald ausgebuffte Privatartistin. Die Magie des Zirkus zieht Tiffany in ihren Bann, nie vergisst sie diesen Zauber der Jugendjahre. Fast zwanzig Jahre reiste die Titelheldin durch ihr außergewöhnliches Leben und der Autor entführt den Leser in jene Zeit mit Tagen voller Wunder, erzählt Lustiges und Bewegendes, auch vom schweren Abschied und seinem Erstaunen, dass seine Weggefährtin in Spanien in der Erinnerung lebt. Episoden streifen die Veränderungen in der rollenden Welt, berichten vom Verglühen des Staatszirkus der DDR und vom Kämpfen, Verlieren, Wiederaufstehen und den Sorgen danach.

Neuauflage 2016, überarbeitet und erweitert

ISBN 978-3-8370-7313-3
Paperback, 212 Seiten, Farbfoto-Galerie
– auch als E-Book –

bei Buchshop BoD Norderstedt,
bei Amazon, allen anderen Online-Buch-Shops und in jeder Buchhandlung

Shawn Ayahuasca Vega

Galaxien und Labyrinthe, *Part 3*

Monster`s Ball
Von Reisen durch Ebenen der Zeit, von Erinnerungen, Begegnungen und Schwarzen Feen

Die Zeitebenen, sie sind oft derart verflochten und gedreht, dann existiert kein Gestern, keine Heute, kein Morgen – alles scheint ein Ganzes.

Während einer langen Reise verwischen an einzelnen Stationen die Grenzen der Zeit und Geschichten von dem kleinen Hundemädchen Tiffany, den Elefanten des Staatszirkus der DDR und den eigenen Krokodilen und Riesenschlangen werden ebenso gegenwärtig, wie dunkle Geschehnisse anderer Epochen im Teutoburger Wald, in Waterloo, Orleans, Spanien, Peru und Amazonien. Sie führen in entscheidende Lebensphasen u.a. von Varus, Napoleon, Jeanne d`Arc, Kolumbus, Pizarro, Orellana und springen zurück in das Jetzt, in reizvolle Landschaften und Treffen mit Walen vor Afrika. Greifbar ist das Nichtalltägliche, das Wiedersehen nach Jahrzehnten mit Elefantin Jana in Amiens, ist die Begegnung mit Lynn in der staubigen Hitze der Extremadura und die unvergessliche Zeit zusammen in Andalusien. Die Episoden wechseln in den Zeiten, sind ein wilder Trip durch Realität & Phantasie, sie erzählen von Apokalypsen, verlorenen Nächten, von Freisein, Schönheit und Glück, von Monstern und Schwarzen Feen.

„...Könnt ihr innehalten, den Augenblick von Zeit befreien? Seid ihr offen, hinter der Sinne Illusionen zu blicken, über den Horizont des Sichtbaren? Dann atmet ruhig und formt die Hände vor dem Antlitz zu einer fragilen Schale. Spürt ihr den warmen Hauch? Seht ihr, wie das Glitzern im Halo sich zu einer Galaxie ordnet? Nur leise, leise...Und unter dem Lichtband wird eine Sphäre klarer. Seht! Dort..."

ISBN 978-3-8370-7049-1
Paperback, 180 Seiten, Farbfoto-Galerie
- auch als E-Book –

bei Buchshop BoD Norderstedt,
bei Amazon, allen anderen Online-Buch-Shops und in jeder Buchhandlung